杜近芳口述实录

齐心

杜近芳 口述
张正贵 陆 蕾 采写

人民出版社

出　　品：图典分社
统　　筹：侯俊智
组稿编辑：刘志宏
责任编辑：侯　春　刘志宏
编辑助理：肖　睿　张锦俊
封面设计：汪　阳
版式设计：王　婷
责任校对：刘　青

图书在版编目（CIP）数据

杜近芳口述实录／杜近芳 口述；张正贵，陆蕾 采写．—北京：人民出版社，2019.11
ISBN 978－7－01－021110－7

I. ①杜…　II. ①杜…②张…③陆…　III. ①杜近芳－传记　IV. ① K825.78
中国版本图书馆 CIP 数据核字（2019）第 159299 号

杜近芳口述实录
DU JINFANG KOUSHU SHILU

杜近芳　口述　　张正贵　陆　蕾　采写

人民出版社 出版发行
（100706　北京市东城区隆福寺街 99 号）

北京新华印刷有限公司印刷　新华书店经销

2019 年 11 月第 1 版　2019 年 11 月北京第 1 次印刷
开本：710 毫米 ×1000 毫米 1/16　印张：19.5　彩插：8
字数：315 千字

ISBN 978－7－01－021110－7　定价：70.00 元

邮购地址 100706　北京市东城区隆福寺街 99 号
人民东方图书销售中心　电话（010）65250042　65289539

人民的艺术家

贺《杜近芳口述实录》

齐心

二〇一九年八月

齐心同志为本书题词

▲ 1957 年，杜近芳参加第六届世界青年与学生和平友谊联欢节，获得两枚金质奖章、一枚银质奖章，载誉回国后留影。

▲ 2018 年 4 月 27 日，杜近芳参加中央广播电视总台央视中文国际频道《中国文艺 · 向经典致敬》栏目之“杜近芳专辑”的录制（和卫 / 摄）。

▲ 京剧《白蛇传》中，杜近芳饰演白素贞。

▲ 京剧《柳荫记》中，杜近芳饰演祝英台。

▲ 京剧《谢瑶环》中，杜近芳饰演谢瑶环。

▲ 京剧《桃花扇》中，杜近芳饰演李香君。

▲ 京剧《谢瑶环》演出后，田汉（前排左四）、郭沫若（前排左六）、曹禺（前排左七）与该剧主演杜近芳（前排左五）等人合影。

▲ 京剧《玉簪记》中，杜近芳饰演陈妙常，孙盛武饰演艄翁。

▲ 京剧《佘赛花》中，杜近芳饰演佘赛花。

◀ 现代京剧《林海雪原》中，李少春饰演少剑波，杜近芳饰演白茹。

▶ 京剧《满江红》中，李少春饰演岳飞，杜近芳饰演岳夫人。

◀ 京剧《野猪林》中，李少春饰演林冲，杜近芳饰演林娘子。

▲ 京剧《西厢记》中，张君秋饰演崔莺莺（左），叶盛兰饰演张君瑞（右），杜近芳饰演红娘（中）。

▲ 京剧《蝴蝶杯》中，杜近芳饰演胡凤莲，叶盛兰饰演田玉川。

▲ 京剧《吕布与貂蝉》中，叶盛兰饰演吕布，杜近芳饰演貂蝉。

▲ 杜近芳的恩师王瑶卿在京剧《新茶花女》中的剧照。

▲ 杜近芳与恩师梅兰芳。

◀ 杜近芳（右）、梅葆玥（中）、高玉倩为梅兰芳扫墓。

▲ 京剧《梁红玉》中，杜近芳饰演梁红玉。图为该剧演出后，杜近芳与田汉亲切交谈。

▲ 京剧《十三妹》中，杜近芳饰演何玉凤。

▲ 京剧《穆柯寨》中，杜近芳饰演穆桂英。

▲ 京剧《霸王别姬》中，杜近芳饰演虞姬，袁世海饰演项羽。

▲ 京剧《木兰从军》中，杜近芳饰演花木兰。

▲ 京剧《贵妃醉酒》中，杜近芳饰演杨玉环。

▲ 京剧《凤还巢》中，杜近芳饰演程雪娥。

▲ 京剧《穆桂英挂帅》中，杜近芳饰演穆桂英。

▲ 京剧《宇宙锋》中，杜近芳饰演赵艳容（前右），景荣庆饰演赵高（前左）。

▲ 现代京剧《白毛女》中，杜近芳饰演喜儿，李少春饰演杨白劳。

▲ 现代京剧《红色娘子军》中，杜近芳饰演吴清华。

▲ 现代京剧《烘房飘香》中，杜近芳饰演林里香（右），李世霖饰演邓春山（中），郑维屏饰演肖翠林。

◀ 1958 年，杜近芳（前排右二）等人在北京人民剧场演出现代京剧《白毛女》，招待来访外宾。

▶ 1960 年，中国艺术团到访古巴。古巴最高领导人菲德尔·卡斯特罗（前排左四）、切·格瓦拉（前排右一）等人，与中国艺术团团长陈忠经（前排右二）、杜近芳（前排左三）等艺术团代表亲切交流并合影。

◀ 1955 年，杜近芳的大幅剧装头像照片刊登在民主德国《新柏林画报》封面上。《新柏林画报》是德国第一本大量发行的周刊，创刊于 1892 年，原名为《柏林画报》，1945 年改为现名。这期杂志封面左下方的小字图片说明为："神奇的中国京剧，充满魅力的陌生音乐，神奇的舞蹈，奇妙的面具，完美的技巧。我们的照片：《霸王别姬》京剧中霸王与她（杜近芳在剧中扮演的女主人公虞姬）的分离。就像所有的歌剧一样，剧本来自中国的民间传说。"

▲ 杜近芳、吴葆桢夫妇（1960 年摄）。

▲ 杜近芳、吴葆桢的爱女吴香妹。

▲ 杜近芳的丈夫吴葆桢荣获“陈嘉庚医药科学奖”的获奖证书。

▲ 2016 年“七一”前夕，杜近芳（前排左六）在文化部纪念中国共产党成立 95 周年“两优一先”表彰暨群众歌咏大会上受到表彰。

▲ 1992 年，杜近芳获第二届中国金唱片奖。

▲ 在纪念中国共产党成立 95 周年之际，2016 年 6 月 24 日，杜近芳荣获“中央国家机关优秀共产党员”称号。

▲ 2018年4月27日，杜近芳（左五）、孙毓敏（右二）、郭宝昌（右五）、翟惠生（右三）、张正贵（左二）、窦晓璇（左三）、付佳（右一）等人，参加中央广播电视总台央视中文国际频道《中国文艺·向经典致敬》栏目之“杜近芳专辑”的录制（和卫/摄）。

▲ 本书的三位合作者：杜近芳（中）、张正贵（左）、陆蕾。

目　录

出版前言

国家京剧院是中华人民共和国文化和旅游部直属的国家级艺术院团，成立于1955年1月。首任院长是京剧艺术大师梅兰芳先生。自建院以来，剧院汇集了几代杰出的表演艺术家和剧作家、导演、作曲家、舞台美术家等。他们以善于继承、精于借鉴、勇于创新的艺术精神，继承、创编、上演了五六百部优秀的传统戏、新编历史剧和现代京剧，展现出思想内容丰富、行当阵容齐整、艺术严谨、舞台清新的艺术风格，组成了精英荟萃、实力雄厚、享誉海内外的京剧艺术表演团体。在这个辉煌灿烂的集体中，从艺逾80载的杜近芳是极具代表性的杰出艺术家之一。

杜近芳是享誉海内外的著名京剧表演艺术家、国家京剧院艺术风格的奠基者之一，是为新中国文艺事业和京剧艺术推陈出新作出卓越贡献的前辈大家。她自幼学艺，转益多师，受教于众多梨园前辈。特别是拜京剧大师王瑶卿、梅兰芳为师后，杜近芳以优越的先天禀赋、坚韧的勤学苦练精神和执着的艺术追求，继承了王派、梅派的艺术精华。20世纪40年代，她先后参加了叶盛兰、杨宝森、谭富英、李少春等京剧名宿的班社，崭露头角；后自行组班，领衔演出于祖国的大江南北，受到业内外的普遍赞誉和热烈欢迎。1951年，她加入隶属于文化部的中国戏曲研究院所属京剧实验工作一团。1955年，以中国戏曲研究院实验京剧团为基础，成立中国京剧院。自此，她长期与叶盛兰、李少春、袁世海等艺术大家同台合作。在几十年的艺术生涯中，她创演了《柳荫记》《白蛇传》《谢瑶环》《桃花扇》《玉簪记》《蝴蝶杯》《佘赛花》《野猪林》《桃花村》《白毛女》《红色娘子军》《柯山红日》《林海雪原》等几十出新编历史京剧和现代戏，塑造了大量鲜活生动、感人至深的舞台艺术形象，形成了独树一帜的艺术特色与风格。她曾多次作为中国艺术团的主演，代表祖国出访法国、英国、意大利、比利时、丹麦、瑞典、挪威、加拿大、智利、乌拉圭、巴西、阿根廷、古巴、哥伦比亚、苏联等近20个国家。1957年，她参加在莫斯科举行的第六届世界青年与学生和平友谊联欢节，获得两枚金质奖章和一枚银质奖章，为祖国赢得了荣誉。她为推动中国京剧艺术走向世界和中华文化在世界的传播作出了突出贡献。杜近芳曾担任第三届全国人民代表大会代表，第六届、七届、八届、九届、十届全国政协委员，第四届、五届全国青年联合会副主席。她是国家级非物质文化遗产项目（京剧）代表性传承人、享受国务院政府特殊津贴专家。1960 年，她荣获北京市劳动模范称号；1979 年，她主演的《谢瑶环》一剧荣获全国调演编剧、演出、演员三项一等奖；1992 年，她荣获中国唱片总公司颁发的第二届中国金唱片奖；1995 年，她被第四届世界妇女大会授予嘉奖证书；2004 年，文化部授予她“表演艺术终身成就奖”；2013 年，中国文联、中国戏剧家协会授予她“中国戏剧终身成就奖”。

可以说，杜近芳 80 余载艺术人生历程折射出时代的变迁，是京剧当代发展史的缩影和国家京剧院院史的重要组成部分，也是国粹京剧艺术的宝贵财富和遗产。有鉴于此，国家京剧院开始策划为杜近芳立传，于 2013 年立项并开始实施。

文化和旅游部雒树刚部长、李群副部长热情关心该书的出版情况，国家京剧院几届班子和主要负责同志高度重视此项工作，剧院相关部门和人员精心策划、精心组织，委派优秀青年学者张正贵等负责采访、写作和保障工作，其间克服种种困难，付出辛勤劳动，经冬历夏，历时 6 年多，终于使该书得以和广大读者见面。

让我们感到极其荣幸的是，老一辈革命家齐心同志在鲐背高龄，热情地为本书题词。这饱含了齐心同志对杜近芳的高度评价和对京剧艺术的浓浓深情。无论是杜近芳还是国家京剧院全体演职员，都感到无比振奋和鼓舞，由衷地向齐心同志表示崇高的敬意，并恭祝她老人家健康长寿。

我们希望社会各界朋友和广大读者能够从书中有所收获、获得启迪，并对该书提出宝贵意见。

国家京剧院

2019 年 9 月

我的一点感想

杜近芳

从很多年前开始，我就产生了出一本传记的想法，对自己的艺术与人生做一个总结，但由于诸多原因未能完成。直到现在，这个愿望才得以实现。

我对自己曾有一个“四世论”的总结：生于乱世，长于治世，成于盛世，流传后世。这本口述实录，是对我80多年人生过往的一个全面的回顾，是对我艺术生涯的一次很好的总结。当然，我也说了，我不希望它只是一本给内行看的太专业的书，而是希望能让大家在书中看到我成长的整个经历和国家的发展变化，看到像我这样一个生在旧社会唱戏的苦孩子在党和国家培养下，成为文艺工作者的那种翻天覆地的变化。我后来能够进入国家京剧院（原中国京剧院），能够继承并创作出许多艺术作品被广大观众所喜爱，能够代表祖国在国际舞台上展示京剧艺术并获得盛誉，取得的这些成绩，甚至超过了我年轻时所想。这些绝不能记在我个人的功劳簿上——是党和国家培养了我，是这个时代造就了我。我希望这本书能为后人留下一些人生的经验和艺术感悟。如果读者同志们能从这本书中了解到我一生对京剧的热爱与追求，了解到我们京剧发展的不易与辉煌，了解到时代的发展进步和祖国的不断兴盛强大，我也就非常满足了。

让我感到无比激动和幸福的是，老一辈革命家、给予我几十年关怀指导的齐心同志为我亲笔题词“人民的艺术家”。这么高的荣誉和褒奖，这样的关怀和鼓励，我实在不敢当！我要向他们表示崇高的敬意和由衷的谢意！我想我只有为祖国的文艺事业奋斗工作到最后一刻，才不辜负领导对我的鼓励！

我要感谢文化和旅游部及国家京剧院对我这个老同志的关怀与厚爱。在这本书的成书过程中，文化和旅游部、国家京剧院的领导和剧院的同事们以及许多同行都给予了我很多宝贵的支持与帮助。国家京剧院历任的各位领导、相关部门的负责同志及许多做具体工作的同志为我出谋划策、保驾护航，帮我排忧解难、扫除障碍，为我的这本书能够顺利出版提供了许多方便，并付出了辛劳。由于帮助我的同志们太多了，恕我不能一一鸣谢。我在此向他们深深地鞠上一躬，并永志不忘他们的情谊。

在此，我不能不提并要万分感谢的是帮助我的两位年轻“老师”——张正贵、陆蕾。这两位老师文学水平高、理论素养好，令我没想到的是对京剧也这么在行，能唱能演，特别是对我的创作、表演非常熟悉，进入工作状态极快，省去我许多口舌。我由于年岁大了，记忆力衰退，文化水平又不高，说话缺乏条理性，有时候说过的话经常重复，总之是像聊天一样，给两位老师的写作、整理、成稿工作带来了巨大困难。但他们总是极有耐心地听我述说，从不厌烦，坚持不懈地一点一滴、一个字、一张图地记录，帮我查漏补缺，给了我数不尽的帮助。可以说，为了我的这本书，好几年了，他们舍弃了其他更重要的工作和许多休息的时间，付出了十二分的辛劳与汗水。我由衷地感恩，若不是他们，这本书恐怕还是遥遥无期，不知何时才能完成！

最后，我要说，我爱我的京剧事业。只要还有一口气，我就不会放弃对京剧的追求，我总要为她再做点什么事。

我因年纪大了，许多记忆模糊了。如若书中对人对事有不准确甚至错误的地方，由我本人负责，并提前致歉，望祈谅解。如果广大读者看了这本书，觉得有味道、挺过瘾、有收获、没白看，我就心满意足了。欢迎朋友们不吝赐教。

2019 年春

一、为戏而生

京剧家庭“幸运儿”

我是名幸运儿。关于我的出生，首先要提到的是京剧行的陈家。我刚出生不久，便被一条毯子包裹着抱到了陈家。于是，我姓了陈，有了陈玉华这个名字。

我是 1932 年生人，猴年腊月生的。我父亲陈喜光就是不告诉我是腊月哪一天，他说不能让别人知道。所以，我到现在都不知道我生日的具体日子。我的堂哥比我大 10 个月，他对我说：“你记住了，我是农历猴年二月生的，你是十二月生的。”他还说：“可是，你是猴年腊月里来的，没多少天，很快就迎来了鸡年。咱们中国人不按这公历，不信这洋菩萨，还是按照猴年来计算。”所以说，这非常有意思，我生下来没有几天就 1 岁了。到我真正 1 岁的时候，按传统的算法，我都 3 岁了。京剧里有一出戏叫《白猿教刀》，讲的是关老爷在梦境中跟一只通灵的白猿学习刀法。这只白猿非常有本事，而且孝母。因为我是猴年生的，皮肤很白净，所以，长辈们又给我起了个小名，叫“小白猿”。

我从小就有些奇怪的习惯。拿吃东西来说，我不吃别人的奶，碰都不碰。那时候没有卖牛奶的，我父亲想办法买到最好的羊奶，用开水冲了，放在一个船形的容器里喂我，但我死活都不吃，只是不停地哭。家里人着急了。我父亲想，再这么光哭不吃东西，这么点儿大的孩子很快就没气了呀！他急得不能工作。恰巧米粮店的老板到我家里来，看到这情况，就把我父亲叫到一边，问：“这是南种还是北种？”意思就是，这孩子是南方人生的还是北方人生的？我父亲说根子是“南种”。米粮店的老板就让他用老米面试着喂喂看。老米面就是把比较粗的老米，碾碎压成面，上屉干蒸，蒸完后添水打成米浆，干了以后就像一个汤圆。我父亲就试着用老米面喂我，这一喂不要紧，我是又不哭又不闹，就像得了饱灾似的。所以，是老米面把我救活的，我也是吃老米面长大的。老北京人一般不太会焖饭，我们家只有四婶母会，因为我四叔陈喜兴喜食米，所以有时候焖一点米饭吃。我的这种饮食习惯一直持续到现在，无米不成炊，没有大米吃，小米都成。

我小的时候，家里是比较拮据的，逢年过节才能吃得好一点，但对小孩子来说，倒并没觉得特别的苦，反倒是养成了我杂食而不挑食、什么都吃的习惯。我有两个爱好：一是喜欢吃硬的食物、带壳的东西，这让我的钙质比别人都强；另一个就是馋饮，从小就爱喝茶。那时候，北京城居民喝的都是玉泉山的水，后来人一多，水也变了味儿。

陈家虽然不算书香门第，但是这家人有诗书的传统，男丁都要从小上私塾，学习传统国学经典，读书习文。就以我的爷爷来说，他就是一位很受人尊敬的文化人。他在世时，每逢年节，都会有些有文化、有身份的人，比如教私塾的先生，来给他拜年。虽然我与爷爷未曾谋面，也未曾从家人嘴里听到过他的名字，但我心里老想着他老人家。据说，他是位极善良慈祥、疼爱孩子的老人。晚年，他虽跟一般老年人的作息一样早睡早起，然而每天后半夜 3 点总要准时起来，打着灯笼在各屋门口给大人打招呼，提醒大人不要睡得太死，留神别压着孩子，可见他对隔代人的怜惜关爱之情。

陈家不知什么缘故，传到我爷爷这代已经有些败落了。我爷爷有七个孩子，五龙二凤，人丁比较多。为了生计，不得已将男孩子送进了京剧科班。那时把孩子送进科班有两种情况：一种情况是梨园行自己的子弟，进科班是为了继承梨园的血脉；另一种情况则是穷苦人家，生活无着，养不活孩子了，只能让孩子学戏，既有口饱饭吃，又能学门手艺。科班十年俗称“十年大狱”，都有“关书”，即合同，说得更透彻些，就是卖身契。学戏练功是非常苦的，一般家庭不到山穷水尽之时，是绝不肯让自己的孩子去“受罪”的。我爷爷那时，大抵是后一种情况。也正是如此，便成就了梨园行的陈家。

说起来，陈家全家都与京剧有缘。我的大爷是后台管大衣箱的，相当于现在管服装的舞美人员。我父亲陈喜光排行老三，工铜锤花脸。我的四叔陈喜兴工文武老生。我的五叔是拉京胡的。家里的长辈们除了唱京戏，也有喜欢古曲的，我的姑姑兴致来时会教我唱旦角。我就是在这么一个戏曲氛围极其浓郁的环境里成长起来的。

我们家很有意思。我叔叔先进的富连成科班，他是在家里读完《论语》进去的。我父亲是在家里念完了四书五经，大约十一二岁的时候进的富连成。我父亲和我叔叔都排在第一科——“喜”字科。当时在“喜”字科的除了“六大弟子”（雷喜福等人），还有带艺入科、搭班唱戏的梅喜群和周喜芳。梅喜群就是梅兰芳先生在科班时的艺名，周喜芳就是周信芳先生在科班时的艺名。按现在的话说，梅先生是走读，白天来、晚上走，不住宿。所以说，我父亲、我叔叔和梅先生、周先生是同科的同学。

我叔叔条件挺好，老生嗓子很不错，出科以后开始搭班唱戏。那时候，王府常有堂会戏（有钱人家祭祖、婚丧、祝寿、过节时组织的私人演出），我叔叔常常参加堂会演出。因为是在王府演出，那里的规矩大，我爷爷怕我叔叔唱砸了或坏了什么规矩，所以每次都跟着去王府。有一次，我爷爷太累了，就先回家休息。我叔叔那时候年轻，不懂世事的险恶。人家对他说：“你累了困了，抽口福寿膏吧。”福寿膏其实就是鸦片、大烟。就这样，我叔叔染上了大烟瘾，把唱戏给耽搁了。1930 年，梅兰芳先生赴美访演，约请我叔叔同行，但提出一个要求：尽快戒掉鸦片烟。我叔叔想照办，但医生说：“不能快，要循序渐进，否则，心脏、神经就不工作了。”我叔叔很遗憾地告诉梅先生这个情况，并给梅先生介绍了一个学生——王少亭，说这个学生人好，会的戏也多。梅大师采纳了我叔叔的意见，用了王少亭，这一用就合作了一辈子。四大名旦的另一位荀慧生先生最早是唱梆子戏的，后来坚决改唱皮黄（京剧）。他邀请我叔叔与他合作，我叔叔欣然答应，和荀大师合作了一辈子。后来，荀大师不演戏了，我叔叔就到北京市戏曲学校任教，高寿去世。医疗费用、在北京八宝山大礼堂举行遗体告别仪式等，都是由荀家向北京市文化局请求，由北京市文化局承担、主办的。所以，陈氏家族对荀家的恩德永记不忘！

思念恩父陈喜光

我父亲因为从小上私塾，养成了读书的习惯，进了科班以后也利用各种时间和机会读书。当时，富连成对科班学员的作息是有严格规定的，每晚睡觉有规定的时间，并有专人看管守夜。富连成科班的总教习萧长华先生发现我父亲天天很晚了还老是上厕所，感到非常奇怪，后来才知道，原来我父亲是偷偷在那儿借着月光看书呢。萧老先生亲自到我家里来调查，他对我父亲说：“你们家也不知哪朝哪代，老出秀才，到你这儿落魄了，

但你是富连成的秀才。干脆，我给你取一名儿，你就叫'秀才'得了。"于是，"秀才"这个名号就在科班里传开了。

富连成社的出资人是吉林的牛子厚，因此，经常有从沙俄来的人到富连成约已经出科的学员，组织一班人马去东三省唱戏跑码头。之后，一拨人去立陶宛，另一拨人去海参崴（今符拉迪沃斯托克——编者注）。我父亲也跟着去演戏。他人很瘦，唱戏的声音却洪亮。那里的人讶异于这种强烈的反差，经常请我父亲唱戏，他因此挣了不少钱。后来，他买了房，准备将来年纪大了，教徒并写剧本。谁知后来，房子让我外公焦家人写上了他们的名字，没写我父亲的名字。这是我父亲一生的心血呀！我知道这件事后非常生气，再不与他们焦家人来往。

然而，我父亲到底不愿意出北京。在北京唱戏，一来能够兼顾家里，生活上有余钱剩米；二来还能继续跟萧长华先生学戏。我父亲毕业出科后，既搭班唱戏，也在富连成效力。搭班唱戏虽然能养活家人，却不是他最喜欢做的事情。最能使他感到愉悦的，是帮着萧长华先生排戏。那时候，他经常协助萧长华先生给"连"字辈科班学员排《三国》戏。对于《三国》戏，我父亲能够"抱总讲"（这是我们中国独特的排练导演方式，必须会唱念表演、剧本台词、音乐等），实际上就是"六场通透"。

后来，我父亲嗓子坏了，怎么办呢？动笔杆子。由于他读过私塾，有点墨水，又有在富连成学戏、排戏的实践，在萧长华先生的指导下，我父亲开始做编剧工作，在戏班里叫作"打本子"。他给哪儿写过戏呢？比如天津有名的科班——稽古社，他们演出的《麒麟送子》《宝莲灯》就是我父亲编写的。还有《临江驿》（又叫作《潇湘夜雨》）、李万春先生的《十八罗汉收大鹏》等，也是我父亲编写的。我小时候特别喜欢看罗汉的画，4岁的时候就开始描画十八罗汉，用圆规按照演员头型的尺寸一比一放大，烤干后上颜色。

我父亲还给他的同科同学——周信芳先生编过戏。周先生在北方一直唱不红，什么原因呢？就因为倒仓以后，周信芳先生的嗓子没有得到很好恢复，那时候不懂得进行科学治疗与恢复。这北京人听戏，没嗓子的别起哄。京剧四功以唱为首，那时北京上戏园子的人不叫"看戏"，叫"听戏"，没嗓子的演员就必须在身段、武功上下功夫多琢磨。北京人比较承认麒派的做功即表演，但也有些人不喜欢周信芳先生的唱腔。他在北京一

⊙ 2014年12月，杜宅旧址，原李铁拐斜街38号，今铁树斜街87号。

直站不住，没怎么红，唱不过马连良。但周先生到底是大家，技艺极高，对艺术又肯钻研。他长期在南方，但还是愿意学北方的戏，对谭（鑫培）派艺术研究很深。那时，周先生根据自己的条件，创造了很多新唱腔、新板式，大家都承认。他把我父亲请到上海去给他编戏。我父亲肠胃不好，不爱吃米饭，周先生就专门给他雇了一个做面食的北方人。周老伯对我父亲是很尊重和优待的，所以，我见了周老伯也非常亲切，非常尊重他老人家。我17岁在上海巡演，周老伯是华东局文艺方面的领导人，他一个月就给了我2500块钱。当然，一方面是因为我演得非常叫座能赚钱，另一方面跟两家的交情也有关系。他要把我留在上海培养，我谢绝了。我的理由是北京的老师岁数大，我都17岁了才会30多出戏，得赶紧回北京抓紧时间向老师们学戏去。我向周老伯说情，周老伯眼睛一亮，说："娃娃！有志气！什么时候想到上海，给伯伯打电话！"

我父亲是比较宠爱我的。在陈家，我父亲不许任何人把我逗哭了。不论男女老少，都是如掌上明珠般地看待我。我小时候难免淘气。小姑娘时候的我是蔫蔫地淘，本应该是批评教育纠正的行为，我父亲却怕吓着我，总是和颜悦色地说："孩子啊，别那样了。要是真出问题，等会儿砸着你、摔着你。"我父亲、叔叔们抽烟时，会特意把烟盒里的烟纸取出来，比如外国烟中的风景画、动物画，国产烟中的"十二金钗"人物肖像，积攒起来留给我。这些东西都是我孩童时期喜欢玩的。说来也怪，我从小就不爱女孩子玩的诸如打扮、编辫子、过家家之类游戏，也不喜欢像家庭妇女一样整天围着厨房锅台转。我不喜欢这些，觉得没出息。

我因为生在这个从事京剧艺术的穷苦家庭，生活环境里接触到的都是普通人家，甚至是很贫苦的人，可以说很小就看尽了人间百态、世态炎凉。我这个人从小的个性是很强的，说话很迟，不爱说话，也不爱笑，但是爱琢磨，老是站在墙根旁，脑子成天不停地想事情。因为见的悲欢离合太多，我在很小的时候就有种想法：上不靠父母，中不靠夫婿，下不靠子女。现在想想，我小时候就对自己说过：你只有靠自己。靠自己什么呢？我觉得，我要学本事、长能耐。我有这样的想法并不说明我早慧，而是当时家里条件不好，我父亲身体差的客观情况促使“穷人的孩子早当家”。

我父亲在旧社会的环境下染上了大烟瘾，这在当时的梨园行是比较普遍的。常年抽烟使他的烟瘾很深。新中国成立后，政府号召老艺人戒烟，不让他抽大烟，他就偷着买，生吃。后来，专门把他送到医院戒大烟瘾，我父亲和杨宝忠先生住一个病房。这两个抽大烟最厉害的凑在一块儿，难受的时候就想办法，把门环拽下来，在屋子里自己做大烟用具。护士说，这俩在一块儿，肯定戒不了。

不喜诗书爱唱戏

我前面说了，陈家还是很重视子嗣教育的，孩童都被要求上私塾。从 3 岁到 6 岁共读 3 年书，每天由家里人接送，还得拿着一个小红凳子。在私塾里要拜孔圣人像，然后依次学《三字经》《百家姓》《千字文》。我小的时候，家里拿我当男孩子看待，也送我去私塾，这可累坏我了。念“赵钱孙李”还好一点，“人之初，性本善”，再往下念就不行了。最后念到《千字文》更要命了，东一句，西一句，背不下来。《弟子规》就会背一句：“弟子规，圣人训”，下句就不会了。但是我自觉，知道背不上书来，不等老师惩罚，就拿戒尺递给老师，赶紧给老师跪下准备受罚。私塾没上几天，我就病了。家里人一研究，干脆去念“洋学”，也就是新式学校。我不梳小辫，剪了学生头，穿上裙子和布带鞋。根据校规，有时穿白衣服，有时穿竹色衣服。可能是年龄太小，也可能是根本没有学习的这根筋，上的什么课，我都不记得了。结果 3 年下来，我没读会 3 本书，倒会唱了 3 出戏。

在牙牙学语之时，我每天伴着父亲和叔叔们练功、喊嗓子、吊嗓子，开始了与京剧的不解之缘。我觉得，任何一门艺术也好，学问也罢，氛围很重要，从小受到耳濡目染的熏陶至关重要，首先是熏陶出兴趣，然后是“早学、早看、早练、早演、早感悟体会”。因为生在这个家庭，我好像天生就是为唱戏而来的。要说我开始学习京剧艺术的第一个老师，那便是我的父亲，他教给我京剧的原生态。

那时，每天天未亮，我四叔简单洗漱完就出门，步行至城墙根。梨园戏谚讲：“没有百步走，千万莫开口。”所以，凡是早上出去喊嗓子的，都是步行很长一段路到瑶台（今北京陶然亭公园附近）、城墙根等地。这样，全身活动开了，身子也暖了，再喊嗓子、念戏词儿。这其实是很科学的。我四叔是谭派，也研习余派。我天天听父亲和叔叔吊嗓子，所以，对老生戏、谭派戏、余派戏很熟，还会唱。后来，好多人发现我对老生戏那么熟，还能唱，就开玩笑说我是“唱余派的”。

我父亲帮助李万春先生组建了鸣春社科班，为了养家糊口，在做教师的同时，还给李万春先生编本子，非常辛苦。那时，家里人口多，一大家子人混住在一起。我父亲看我确实喜欢戏，干脆把我带到科班里，既能给家里腾地方，又能让我在科班里练功。到今天，我心里都感恩李永利爷爷、李万春大叔能收容我。我从 3 岁左右就开始在科班练基本功了。因为我是女孩子，从小愿意一个人独睡，在科班里安排我一个人单独住，后来一家三口人都住在科班。小时候的我就知道一门心思要唱戏，好好练功学本事，要为家里和父亲挣钱，改变这贫穷的日子。我小时候就是在戏班里成长起来的。

后来，我父亲在大吉巷租赁了一个简易的屋子，原来是一所米粮店的磨坊，地面是下洼的，为了排水方便。我们家是向一个回民的二房东租住的，实际上就是和另一个回民家庭合租在一起。小时候的生活让我在吃穿住上没什么挑剔，唯独一样，千万别影响我练功。

“夺三九，抢三伏”

有一天，我父亲和庆乐园的东家杨老板聊天。我父亲说：“我这孩子，一念书就有病，一天到晚地哼哼唧唧，不是老唱戏，就是拿着马鞭跑圆场，要不就是拿把胡琴待在没人的地方自个儿琢磨玩。”杨老板就跟我父亲说：“孩子要愿意干这个，你拦不住；她要不愿意干这个，你哄也不成。你孩子既然这么魔怔，你就趁早让她学戏吧。”他当时正好进了一批跷，就送了我一副。跷是专门的木质仿小脚形状的道具，绑在旦角演员的脚上。我听别人说，南唐李后主怕再出武则天，于是把妇女的脚用石头压成小脚，连走路都困难。他带头娶小脚女人为妃，后来引为时尚，从此产生了三寸金莲。在我小的时候，凡是演旦角的演员，不管唱不唱花旦，必须会绑跷，能踩跷演出。跷功最好就是 10 岁以里练，在 10 岁以外练跷功的都有伤。小时候练没关系，因为筋骨软。我虽然是学习青衣行当，但也得学，也得会。我当时是 4 岁，就开始绑跷练功，但并不觉得苦。我练跷功也是整天地绑着，天天绑上跷在大街上跑，砖地、土地、石子地，什么路都敢走。我堂哥后来老拿我打趣："那时候，你跟疯了似的，有时候遇见石头过不去，就翻虎跳（一种跟头）过去了。"后来，跷功不太时兴了。

我自己常常思索着，能早一点给家里挣钱就最好了。我 5 岁的时候，就想着自己要唱戏。那时候在科班里练功的都是男孩子，就我一个小姑娘，还扎一小辫儿。这既不合群，又破坏人家的规矩。何况梳那么长的辫子，多耽误练功啊！所以，我一直琢磨着，自己要男孩子打扮。有一天，我一看家里没人，就把房门反锁上，一手揪着自己的辫根儿，一手拿着家人裁剪做活儿用的剪子，把辫子给剪了，头发绞得跟花猫似的。当我把头发剪到还剩一绺的时候，突然，门被踹开了。我妈妈冲了进来，看到眼前这幅场景愣住了，然后拿着我的辫子，坐那儿非常伤心地哭。从这件事就能看出我的个性非常强，对戏有"魔怔"。小姑娘美还美不过来呢，为了能更好地练功，有几个小姑娘可以像我这样，自己动手剪掉辫子的？也是为了戏，我这一生就留过两次长头发。一次是演《白毛女》中的喜儿，另一次是演《红色娘子军》中的吴清华，因为饰演这两个角色必须留长发接假辫子，不然到台上舞蹈，小辫子该飞了。

我小时候在饮食上是杂食的，在练功、学戏上更是这样。我练功极野，什么技巧、功夫都学。别说是各种剧目中的各个角色，包括鼓曲、武术，有机会学的，我都认真学，老北京话叫"闲时置，忙时用"，什么都往兜里装。除了跷功，没事的时候，我就拿顶、搬朝天蹬。在鸣春社科班，我跟着大家一块儿练毯子功，比如前桥、虎跳、飞脚、旋子、倒插虎（京剧中有一定难度的技巧）、翻跟头。当时，我年纪小，腰围才一尺二寸，筋骨相当软。在大毯子上，有人抄功，我可以过小翻，能走三小翻加蛇腰（小翻、蛇腰都是京剧的一种跟头功）。我生完小孩时的腰围是一尺

四寸，到 1983 年戒了药瘾是一尺五六寸。我就加紧练功、节食，又恢复到一尺四寸。当然，现在年岁大了，已没有当年的腰身了。

《泗州城》是一出高难度的武旦戏，演好了非常精彩。其中有一个高难度技巧，叫“旱水”，就是以单手支撑全身重量并造型，还要双手交替皆能。我很要强，想下一番功夫，憋着劲就是想唱这出《泗州城》。我先靠墙拿顶，然后手往后挪，变成空顶。等耗了一会儿之后，慢慢地，我就想往“旱水”那儿走了。看功的老师过来一看，说我不是练这种功夫的料，就在我拿顶的时候，一脚给我踹下来了。不能学习演出《泗州城》，对于我来说挺遗憾的。我最喜欢练习武旦的打出手，当时练鞭砸着鼻子，我都满不在乎。我那时候非常爱武戏，比如武生戏《四杰村》中的夜行，也跟师哥们一块儿走“过桌子”的技巧。我小时候什么都干，跟一个假小子似的。

那时，腊月初一要封箱（将所有服装、道具用封条封在衣箱里，意为休息，暂停演出），但我的习惯是不唱戏的时候也练功。有句话叫作“夺三九，抢三伏”。越是在最冷、最热的季节，越是要练功，甚至于比平时练得还要多、还要狠，这样才能长功夫。我学戏的时候，主学青衣，但别的门类甚至行当也都学，都有一定的了解。我很小的时候，我父亲就让我背口诀：“生旦净末丑，行行都有九,四十五种怎么开口，四十五种怎么行走。”也就是说，每个行当有九种类型，每个类型有一种讲法和特性，一共四十五种。所以，即使我是唱青衣行当的，彩旦的身形、步法、指法、演法等也得知道，心里必须得清楚，并且严格区分。比如，我要是不了解彩旦的表演方法，唱青衣时用了彩旦的手眼身步法，那就不合规矩了，而且是自我丑化。

我学戏时还有个特点，就是甭管小妖小鬼，都学都练。为什么呢？因为我是以唱戏为生，如果肚子里不多装点儿本事，将来生活就要成问题。我没名气的时候，指不定今天这儿缺一个小鬼、明天那儿缺个什么角色，我都得能演下来，只要我能唱戏，就得给我开份儿（指劳动报酬）。很小的时候，我的想法就是要多学，就是这个学戏的理念：要能养活自己并给家里挣钱。这样不是能减轻我父亲的压力吗？

每逢不去科班，在家的时候，我早上起来都会跟着父亲和叔叔去瑶台喊嗓。我一般是 4 点钟起床，5 点钟走到瑶台。起初，他们不带我，说我太小会走丢了，被拐走。我就不依不饶，一直央求："才不会呢。你们走路不可能走那么快，我肯定能跟上你们，不会走丢的。"路那么远，我就跟在大人后面慢慢蹭。一开始，我确实走不动，就在地上趴一会儿休息休息，然后再跟着走，后来习惯了，慢慢就好了。到了瑶台，大人们练他们的，我练我的，把老师教的全部练一遍。我和大人们练功的时间一样长，要练一个小时。

⊙ 京剧《玉堂春》中，杜近芳饰演苏三（1957年7月摄）。

说到练嗓，我就想到张君秋老师。他母亲买大胆瓶时，卖家说："奶奶，你买那大的不值钱，这小的才值钱呢。"她说："我不为值钱。我那儿子下雪、下雨出不去，他要喊嗓子，怕吵邻居，就让他冲着瓶子喊，那声音出不去呀。"原来，君秋老师的好嗓子有胆瓶的功劳。

我是青衣唱功戏开蒙，头三出戏就是《贺后骂殿》《女起解》《二进宫》。我的开蒙老师是鸣春社的教师律佩芳，他曾帮助梅先生录制京剧唱片。律老师本人是不唱《贺后骂殿》的，但在我刚学戏那会儿，《贺后骂殿》是旦角的开蒙戏。他不仅在科班里教戏，还作为私人教师，去学戏的人家里单独给学生教戏。他到别人家里教戏时，跟主人家说好了，带着我一块儿去。每次他在人家屋里教戏的时候，我就站在门外一边听一边学。等到律老师教完，主人家留他吃饭时，我就离开。因此，一出戏，律老师在鸣春社里教我一遍，然后，我在人家门口"听蹭儿"学一遍。这样，我就学了两遍。律老师对我父亲说："这孩子也奇怪，你说，她怎么两遍就会了？那咱们下地（指排练身段）吧。"其实，我也并非是神童。因为我父亲天天给学生教戏、排戏、说戏，晚上得去戏园子给学生把场（指督看舞台演出），所以，我练完了功，也跟着科班的学员们一块儿去戏园子。我确实是对戏着魔，在学戏上用心。我就站在后台那儿，跟台上的演员一样，都是面对观众的方向。台上演员唱的时候，我就小声跟着唱；他做什么身段动作，我也跟着模仿练习，跟着他做。所以，等到这第三遍、第四遍的时候，我就能把戏背下来了。这就是让律老师觉得不解的原因。

小“贺后”艺惊四座

到 6 岁的时候，我觉得自己挺有信心的，很想上台唱一次戏。于是，我就跟我父亲说：“爸爸，我觉得我能唱一场戏了，就是不知道有没有地方唱啊？”

要说我的第一场戏，很有意思，是在开明戏院唱的。当时有一个票社（指戏迷爱好者组织），票友们要组织一场演出。有人就把我介绍过去，他们问我：“你能不能唱？”我说：“我能唱啊。”但也有人怀疑：“她这么小，又是头一回上，要是砸锅了怎么办？”我就非常肯定地说：“砸不了。”我还是很有信心的，因为我这一整套都是按照鸣春社来的，是专业的。唱什么呢？最后确定就唱《贺后骂殿》。这折戏长三刻钟，我饰演贺后。饰演赵光义的老生不是一般人，是李宝櫆。我问我父亲：“打鼓的是谁？”我父亲说，打鼓的是谭世秀（谭富英先生的弟弟）。我又问：“拉胡琴的是谁？”拉京胡的是给我吊嗓的老师。

那时候，演戏之前不说戏，都是台上见。我父亲在旁边歇一会儿，抽香烟。他特别紧张，不一会儿就到前台去了。我在旁边背戏。就跟李宝櫆说：“大叔，您台上有什么绝的，您告诉我。”那个时候，定调门可不像现在，乐队得跟着我。假如今天我嗓子冲，我就跟场面（指乐队）说：“上台见呢。”这样，他们就知道了，我今儿嗓子不错。如果我今天嗓子有点不太舒服，也跟他们打个招呼：“您兜着点”，别出问题。

要上台唱戏了，律佩芳老师给我再说说戏。说到脚步的时候，律老师告诉我程砚秋先生的步法。我说，我不能学程先生。他是根据他的个头才那么走的。我这么点儿个头，再那么走，就找不着了。我确实是戏班里泡

出来的，这么一小孩，说的都是行话，走到哪儿，指挥到哪儿。人家一瞧，哪儿来的这么个“小大人”。

那时是王美环的父亲王振明给我化妆。我个子小，坐在椅子上没法化妆，他就把我抱到桌上。化妆还是够不着，我就向鼓师借了个凳子，跟他说：“谢谢您，一会儿化完了，给您送来。”我坐在桌上的板凳上，人家给我拍粉、梳头。妆化完了，我就跳到地上，再给我头上戴点翠装饰。他们问我：“你看怎么样?”我说：“今天，我什么都不管。您看着哪儿好就哪儿好。我今天是头一次上台，别砸锅。”这是我主要的事情。至于穿什么、戴什么，我根本就不考虑。别人说什么，我也不听，奉行“三不”：不说、不听、不看。

我一出场，跟紧锣鼓节奏，亮相稳，心里想，我是皇后。大家全乐了，都鼓起掌来。其实，观众都是在鼓励我，担心这小孩儿别唱砸了。我呢，上台可不在乎。我心里就是这么想的：不管在台下我是谁、是否承认我；台上，我是角儿，是贺后。《贺后骂殿》唱的是正二黄，用现在话来说就是A调。我父亲坐在台下，那真叫如坐针毡、战战兢兢。他不敢看戏，拽着一个师兄弟跑到开明戏院楼上，站在最后一排面对着墙，让那个朋友看我的戏，然后不停地问人家：“她怎么样？台上砸锅没有?”比我紧张多了。我师大爷说：“好，整个一个老在行。”

我演完戏之后，我父亲到了后台直给人家作揖，向人家道辛苦。李宝櫆从台上下来说：“妈耶，这小家伙可够闹的，这不是省油的灯。”意思就是说，我调门高，台上会做戏。律佩芳老师对我父亲说：“师哥，我跟您说吧，这孩子我简直离不开了。有些地方的身段我没教，也不知道她怎么就会了。”你看，我第一次上台唱戏，自己还加身段。我现在还记得很清楚，比如说，“大皇儿且把金殿上”，在“大皇儿且把”时的锣鼓“呛答吧”中，我还加了左右两个水袖。因为大皇儿的个子比我这个母亲高，我若拉着他，观众反倒觉得是他拉着我，所以，我就以水袖来示意。唱完戏之后，我这小孩儿还挑毛病：那打鼓的有两鍵子不好，再给点劲就好了。我父亲赶紧拦着我，叫我别说。我唱戏从小要求就高，说话太直不转弯，说出话来不好听，尽得罪人。之后，李万春先生还特地把我演出的消息登了报：“陈喜光的女公子陈玉华在开明戏院唱整出《贺后骂殿》……”我还一直留着。

后来，票友朋友们就问：“这小孩儿唱得挺不错的，她还会什么戏呀?”我父亲说：“还会两出呢!”人家说：“下次，我们要是再聚会演出，还让这小孩儿来唱。”我心里美滋滋的，觉得不错呀，能搭班唱戏啦。

果不其然，第二次，我又受邀在开明戏院唱了《女起解》。我跟我父亲央求着说：“爸爸，这小花脸（在剧中饰演崇公道），您别找别人，就找茹富蕙。”我父亲非常诧异，又带乐地说：“哎哟，我的千金！你这么点儿小就挑角儿呀。”茹富蕙是小花脸，是茹富兰的弟弟。我小时候看戏，觉得他在台上干净、不贫嘴、台风好。我不喜欢丑角耍贫嘴，再添油加醋弄点现代的词儿，我觉得不好。《女起解》演出后反响很好，有人说：“这姑娘再唱戏，就要让她拿戏份儿了。”我赶忙说：“不用，不用。”能让我上台唱戏锻炼，我就非常高兴了。

我把京剧业余爱好者当良师益友、知音知己、社会基础和传播媒介。这次《女起解》，我还是跟着业余爱好者一起唱的。对业余爱好者，我觉得，他们是良师益友。没有良师，没有这些业余的老师，我就没有这块平台，就没有上台的机会。另外，业余爱好者尽管在台上达不到专业演员那种水平，但他们是知音知己。他们虽然没有专业演员那么熟练，可他们知道演员的甘苦。很多大艺术家，如言菊朋、奚啸伯等人，当年就是票友，官儿也不当，丰厚的待遇也不要了，就是为了唱戏，追求京剧艺术。我们不能轻视业余爱好者，还要向他们学习。

感恩启蒙老师们

对于自身艺术水平的提高，我是肯下苦功、勤奋好学的。我走到哪儿，不管大城市还是小码头，不管大角色还是小角色，只要人家有好的地方，我就想方设法向他请教，一定要学到手。很多人都想找名角儿学，名角儿确实有上乘的技艺，但是他演出极忙，没有时间教学。我的很多老师并不是名师，但他们见多识广，有真才实学，又教学科学，是真正的“明师”和“严师”。

我从 6 岁到 12 岁，在鸣春社学戏、练功，都是由鸣春社的老师传授技艺。教我毯子功、小跟头功的是邢德月老师。不知何因，他在鸣春社是

专门教基本功、跟头功的，我跟他学了诸如前桥、虎跳、小翻、倒插虎等许多翻跟头的技巧。另外，我还向鸣春社教把子功的老师学了许多武旦的技巧，比如打出手。

有几位教戏非常好的老师，我每每想起他们给我打下的扎实基础，常怀感恩之情，至今难忘。

之前说过，青衣戏，我首先是跟律佩芳老师学。我跟他学了很多旦角的基础戏、唱功戏，比如《贺后骂殿》《女起解》等。

还有一位教我青衣戏的老师叫陈世鼐，他是富连成“世”字科的毕业生。实际上，他的梅派戏极好，张派戏也好，唱出来的声音堪比张君秋老师，声音甜美极了，嗓子好，唱得韵味绵长。他的局限就在扮相和个头上，他的个儿矮，人也胖，小时候得过天花，脸上有些痕迹，所以，没有上台唱青衣的条件。但是，他有丰富的艺术经验，对艺术很精通，给予我丰厚的艺术营养。

另一位是赵绮霞，我忘不了这位老师。他是梅派，能教青衣、花衫、花旦戏，教了我许多梅派戏。他的梅派规矩，说得清楚、教得快，我学得也快。后来，我不管在北京还是去外地演出，都把赵老师请出来，跟团为我把着。他有一个绰号，叫“会得多”。那个年代，正是京剧繁荣时期，能人辈出，名家云集，群星荟萃。能叫“会得多”的，那得多渊博，肚囊得多宽绰呀！比如说，梅派早期剧目如《廉锦枫》《童女斩蛇》，赵老师都会，而且都传授给我，我小时候都实践演出过。再如《贵妃醉酒》这出戏，赵老师教了我两个路子、两派，一个是大家比较熟悉的梅派，另一个是独树一帜的“花旦大王”于连泉（艺名“筱翠花”）先生的筱派。我先后都学会了，也得到赵老师的认可。他还跟我说：“要是在比较大的场合演出，那就唱梅派的路数，显得大气而规矩；要是在像三庆园这样的小戏园子演戏，那你就按筱派的路子演，适合这个气氛，台上讨俏儿，观众能叫好。”这是多么好的老师，如今再难找到这样的教戏先生了，所以，我很怀念赵老师。

再一位是刘玉芳，他是专教我把子功的老师。听说，前辈武旦大家阎岚秋（艺名“九阵风”）晚年偶尔演出，恰巧刘玉芳就在那个班社里头。刘老师见过前辈的舞台表演，甚至同台过，所以会得多、懂得多。比如《虹霓关》的“枪套子”、《霸王别姬》的“剑套子”，刘老师都传授给我。

他教我《霸王别姬》时就问我："你要学梅兰芳的剑舞？你拿什么剑练？"我说不知道啊。他说："不知道不成，得拿钢剑练。"正好，杜丽云大姐不唱戏了，行头里面有钢剑，我就用这对剑练。当时，我人小个矮，这对钢剑比我人还高呢。我的《霸王别姬》"舞剑"是用钢剑练出来的。后来，我在台上使包铁皮的剑都觉得不称手，拿木头剑更觉得跟拿铅笔似的使不上劲。当我练钢剑有一段时间后，刘老师就把"剑套子"教授给我。他说："梅先生的《霸王别姬》'剑套子'，我就会这一时期的。后来，梅先生随着不断地演出实践，'剑套子'逐渐变化、发展，这就需要你自己留心研究了。"

虽然刘老师教了我《霸王别姬》，但当我跟赵绮霞老师学戏时，为了多学一个路子，我就说不会《霸王别姬》。于是，赵老师也教了我一遍，我又会了一套"剑套子"。这是我小时候学戏时常遇到的情况：老师问我会不会某出戏，会的戏，我也说不会，就想多学。我想看看，到底哪个人的路子是最好的。

我的花旦戏是跟谷玉兰学的。他教的是官中的路子，也就是普通的大路子。他不是花旦一行里的佼佼者，因为他个子高大，不适合演唱花旦。但是，他勤于思考钻研，特别能分析问题。他谈出来的观点，很多是我心里有朦胧的感觉，却说不出来的。所以，我经常把看筱翠花（于连泉）的花旦戏时弄不明白的地方，向谷老师提出来。谷老师就会以他的经验，帮助我分析剧情、剧理和表演手法，每次都让我获益匪浅，而且培养了我思考的习惯。

我觉得，我的这些老师，虽然都不是多么有名的艺术家或大师，但他们有着丰富的艺术积累，真诚、无私地把自己多年的经验，传授给还是个小学生的我。我能 16 岁挑班，跟他们对我的教导是分不开的。所以，我永远感恩他们、怀念他们！

"写"给了杜菊初

我们陈家人口多、负担重，我父亲又有病。为了给家里减负，也为了让我能进一步地学戏、演戏，家里决定把我"写"（写字据的意思，即由他负责我的吃、住、行和学戏、演戏的一切费用）给杜菊初。我父亲是非常不愿意的，他知道这样我会受很多苦。反倒是我来劝我父亲，因为在杜家能有条件组班唱戏，还能挣钱养活家里。

杜菊初何许人也？他原来在米粮店里做小伙计，后来发现领小孩学唱戏这种投资赢利是他将来发家致富的路子。他从黄金荣那儿混到杜月笙那里，是管约角儿的。这是因为，在上海，观众是非常爱看京朝派的京戏的。杜菊初看上一个很有钱的女人，把她哄到手，生了一个儿子。这个女人已经有一个女儿，就是后来对我非常好的大姐杜丽云，杜丽云就算是杜菊初的养女。杜丽云的母亲死了以后，杜菊初又找了一个苏州妓院里的女人。杜菊初后来把杜丽云嫁给了国民党高官蒋伯诚，并向蒋伯诚要了 300 根金条。

把我“写”给杜菊初的时候，一开始规定的是四六分账，即我的演出收益六成归杜菊初、四成归我父亲。但由于中间的保人和杜菊初勾结，定成了八二分账。其实，一直到最后，杜菊初也没给我父亲一分钱，这是后话了。

我进了杜家之后，我们家坚决跟杜家提出两个条件。第一条，我到杜家，还得是唱戏，不能干别的，不能给我们家丢脸。这是我们全家的坚决主张，否则，我们就不干了。第二条，是我自己的主意：必须得想办法让我跟王瑶卿先生学戏。若不能跟他学，而是随随便便地跑码头唱戏，我也坚决不去。我自己为什么提出要跟京剧宗师王瑶卿学戏呢？我当时并不知道他是培养出“四大名旦”的巨匠，但从小就听戏班里的大人老提“王（瑶卿）大爷如何如何”，都对他极为敬仰，都服膺他的艺术；而且我知道，他和皇家、和升平署有关系，年轻的时候老上宫里去唱戏。所以，我下定决心，要学戏就跟他学。杜菊初虽然是封建把头，从经济和人权上剥削我们家，但我这个学戏的条件，他是答应了。“写”给杜菊初之后，我就住在杜家，跟老阿姨住在一个屋子里，晚上睡不好，就睡地板。那时候，我除了学戏、练功，就是给杜家干许多杂活。

二、大师浇铸

王门来了只“怪鸟”

我第一次入王瑶卿王大爷家门，是杜菊初带着我去的。我年纪小，不知道害怕，而且学戏心切，就是想学到真本事，把戏唱好，能养家。照例，老师见到学生总要“拷问一番”，一般都是老师威严、学生紧张。可我不是，我是对答如流，并且出乎王大爷的意料。王大爷第一个就问：“我知道你家里的事情。你是自己愿意上老杜这儿，还是你家里非让你来啊？”我说：“我爸爸舍不得我，但是，唱戏不那么容易。没有真玩意儿，没有社会上的关系，内行里头、班里头没人，都不成，有多少个不成。我要不就不唱，要唱就想好。我不当鸡。”王大爷一惊：“你说什么？”我说：“我不当鸡，我当鹤。仙鹤多好，多珍贵。鸡给人宰了，到时候还给人下蛋去，我不当！”我知道“鹤立鸡群”这个成语，但是不会说。王大爷又问：“你是准备唱一时啊，还是唱一世啊？”我说：“唱一时不行，那都是业余爱好者。要是在宫里头呢，那就是‘走龙票’，吃饭都是在西厢房的。”王大爷一听，我怎么连这些事也知道。他又问：“那你唱一世，是当好角儿还是成好角儿啊？”我说：“谁不想当好角儿啊，问题是当得了当不了。谁学戏也没想跑龙套。我要成好角儿，就跟您似的。《长坂坡》里的‘跑剑’，那是您跟杨小楼先生嘀咕出来的，那观众承认呀。”“哎哟，这孩子，你在家里就跟你爸爸这么讨论的吗？”“我爸爸不说话。他除了抽烟就是看书，一天到晚看好几本书。”王大爷又问：“你说的话都是跟谁学的？”我说：“哎哟，您说，在戏班里头不说戏班话，您说什么呀？”王大爷说：“那你要唱到一定程度。你如果不红，没人瞧得起你；你这一红，大家就抢你。你说你怎么办呢？”我说：“可以出家修行去呀，顺便练功，先躲一阵子。等过了这阵儿，咱们再唱啊。”王大爷说：“行了，行了！你知道我呀？”我说：“我知道您，都说您是‘通天教主’，但我不知道这句话是好话还是坏话，它是从《封神榜》上下来的。《封神榜》是哪朝哪代的戏呀？”“嘿！今天是你考我，还是我考你呀？”我说：“您考我呀！”王大爷说：“不行。大家出来吧，关山门了哈，这鸟儿可不一般。我有这么些个学生，还没看见过这样的。”他把凤二爷（王瑶卿先生的二弟、著名老生艺术家王凤卿）请了过来，又问我："你多大了？"我说我12岁。他说："关山门！我没看见过你这么一鸟儿，这么怪！"周围的人心里嘀咕，这王大爷今儿这是高兴啊还是生气啊？说了这么些个回合，我这当学生的倒先着急了。我说："说了半天，有一个问题：我什么时候给您磕头啊？"王大爷说："嘿，我还没问完呢，你这儿就急了。"我们两个人接着是有问有答。王大爷是越问越刁钻。我的回答也是不按套路出牌，越答越怪，好几个来回。这哪儿像是师徒刚见面的聊天啊！就是怪问怪答。最后临别时，我还来了句："您要是不收我，我就天天跟您泡。"

⊙ 京剧《雁门关》中，王瑶卿饰演萧太后。

所以后来，我在我师父那儿有两个外号，也是师父对我的昵称。一个叫"笑宝"，因为我爱笑；另一个就叫"怪鸟"，我太怪了。

我是1945年在丰泽园拜的师。我想，无论如何，拜师宴的钱，杜菊初是一定要出的。那天拜师请的人不多，就是王家一家，两桌人。自从我进了王门以后，师父把掏心窝子的东西教给了我。他很喜欢我，看我出身太苦，学戏又用心。而且，我了解了他的生活习惯和作息规律后，也伺候得很尽心，戏班里说是"傍得严实"。那时候，师父已经64岁了，教我一个10多岁的小丫头，是祖孙辈的年龄差距，但是，他偏爱我、很疼我。

"长"在了大马神庙

我早上起来，在杜家拖地板、刷茶碗、刷马桶，赶紧把活儿干完了，就去大马神庙王家学戏。我师父是南方人，爱干净，家里一尘不染。所以，我在清洁卫生方面非常注意。每次去王家，我都带上一大包鞋，进屋前先把路鞋旧袜脱了，搁在外边的窗台上，换上干净的袜子和彩鞋。有时候，我穿上“花盆底”（旗鞋），师父一看，就说：“你请个蹲安吧。”蹲安就是满族妇女的礼数，在舞台上也是一门功夫。师父由于常年在宫里升平署唱戏当差，对于旗人的言谈举止非常熟悉，常常化用在戏中。比如，他说：“请蹲安可不能撅着，后腰板、颈椎都得挺直，越佝着越下不去，脚里得使劲。”我因为从小练跷功，有功底，所以，很快就找着了师父说的蹲安的“范儿”（技术技巧的关键点、窍门儿）。

我向师父学戏的时候，实际上是带艺学戏。青衣、花旦等的一些基础戏，我基本都学过。但师父给我说戏时，我会的，他给我重新下挂（指教授）；我不会的，他是一字一句地说。比如，学《孔雀东南飞》时，我一边唱，师父闭着眼睛，一边拍击桌面，也不说话。等我唱完了，他就告诉我说：“你这儿应当在板上，你拉长了，碰了眼了。”有一次，我在他面前放开了唱，师父直直地盯着我看。等转天再来时，我一看，师父在他经常坐着说戏的太师椅旁，挂了一面镜子。我问：“师父，您怎么想起在这儿挂镜子啊？”“啊？是。你随便吊一段唱，就照着镜子吊。”我还挺纳闷儿：为什么让我照着镜子唱呢？我一边唱，一边看着镜子。一会儿，我就不唱了，我说：“师父啊，我不唱了。”师父说：“怎么了？”“这嘴太难看。”“你看这镜子好吧？你是徒弟大爷，这是师父给你钉的镜子。这嘴型不好看，那你改啊！”中国的古典美人，应该有一种含蓄的美。从此之后，我就非常注意自己的嘴型。

不管是生戏，还是重新下挂的戏，我学得都比较快。现在回想起来，最重要的原因就是学戏之前，师父要说一番道理。讲的是什么道理呢？就是戏情戏理、塑造人物的方法和创作的思想。为什么我现在教学生快呢？因为我也是给她们讲道理。这是受到了师父教我时的启发，也是我自己多年来整理、研究、创作和演出所有剧目的经验和必经阶段。过去因为唱戏的文化水平低，大多数人对于自己扮演的艺术形象和舞台上运用的技法理解不深、思考不透。师父经常对我说，学一个戏或演一个戏之前，你要先把戏里故事的来龙去脉弄清楚，什么朝代，什么年代，政治、历史背景是什么，饰演人物的年龄、家庭、性格、身份、受教育程度是什么，把这些弄清楚；你再来分析这个人物怎么打扮穿戴，怎么运用唱念做打，往哪一点或哪几点使劲琢磨与表现。有人觉得，这么学戏或唱戏太麻烦、太慢。

实际上，只有经过了这个阶段，你的戏才经得住推敲，也才可能成为优秀的演出作品。

师父经常跟我聊天，聊的也都是戏。我的很多从艺理念和对于京剧艺术的理解，都是从这种看似漫不经心的聊天中受到启发和教诲的。有一次，师父问我："你是学梅兰芳还是学程砚秋，是学荀慧生还是学尚小云？"我说："我跟他们不一样，我都学不了。我该怎么学，师父？"师父就给我解释，要学源不学流。流是手段，是根据个人条件和理解发展出来的东西。源是源泉，就是分析他是怎么创造的、为什么这么创造、哪些好东西可以拿过来为我所用。所以，要学源泉，从根上学。师父这番话深深地印在了我的心里，成为我日后学习、演出和创作一直坚持的艺术理念。

我进师门后不久，师父让我先学《易经》。我说："师父，您怕我将来学不好戏，去摆卦摊给人家算命去呀？"师父说："有些东西，我教别人就浪费了，我教给你得了。你学学《易经》，我以后跟你说话就省事了。"后来，师父给我分析《易经》和编腔的关系、《易经》和做人的道理，真是取之不尽、用之不竭，我受用至今。

⊙ 1904 年，王氏兄弟的《四郎探母》剧照，当时，王瑶卿（中）27 岁，王凤卿（右）25 岁。

师父教我《貂蝉》的时候，问我："守身如玉怎么讲啊？"我说："那手伸出去，跟葱白似的，是不是如玉般好看啊？"我当时不能识文断字，仅能凭自己的想象思考。师父感到，没有文化基础，怎么学戏词啊！于是，他就让姚玉芙的儿子姚保瑄教我念戏词，给我讲解戏词的含义，并且让金大军给我吊嗓子。给我吊嗓子的还有一位名琴师——周昌泰。他是非常虔诚地向王瑶卿先生问艺，精研王派艺术和王派京胡的拉法，几十年如一日，学了二十多年。荀慧生先生最著名的代表作《红娘》，就是周昌泰帮着一块儿创作出来的。

师父经常拄着拐棍给我说戏，拐棍可以当作各种把子道具。我记得，后来，我要跟杨宝森搭班去天津唱一期戏。有些戏，我还没学过，比如《打渔杀家》。那天，学这出戏的时候，是师父王瑶卿跟二爷王凤卿两位一块儿教我的。他们告诉我谭富英是什么路子、杨宝森是什么路子，两个人给我比画。我跟师父一边学，王凤卿先生一边陪着我走身段、练盖口（指角色间的唱念对白）。现在回想起来，我都觉得自己够多么幸运，太幸福了！

大马神庙的王家就是梨园界最高级的"文艺沙龙"，可以说是出入皆鸿儒，往来无白丁。每日里访客不断，络绎不绝，所谈的内容大多与京剧相关，但也经常谈别的话题，比如政治。我要么是一边帮着干活，一边竖着耳朵听；要么就是在一旁伺候师父。他们谈论政治的时候，我听不懂。但是，他们一说到清宫里演戏的情况，谁谁什么戏有绝招，边说边比画，这时，我就竖起耳朵听，目不转睛地看。我 16 岁挑班的时候，余派名坤生张文娟对我说："大妹子，捧捧我啊，咱们唱唱《珠帘寨》。"《珠帘寨》中的张月娥，我没学过，但在师父那儿听他聊天时说过。有什么凑合什么，反正我上了，还没"砸锅"。有很多戏，我愣是听会的，很多演戏的关门诀窍是听聊天长的见识。这对于我来说，是另一种学习。而且，我越发地感觉到这种学习对我后来成长的帮助。有的时候，班社里让我演没学过的戏，怎么办呢？我就跟师父说，这出戏，我是听会的，您再给我说说。

记得有一次给师父做寿，王门弟子都来了，谭富英、杨宝森等先生也都来了。大家商议演王派代表作——《红鬃烈马》，大家都叫它"王八出"（即《花园赠金》《彩楼配》《三击掌》《平贵别窑》《探寒窑》《武家坡》《算

粮》《大登殿》)。杨宝森先生是师父的侄子，师父做寿，他是必须参与祝贺的。杨宝森先生唱《武家坡》里的薛平贵，《武家坡》里的王宝钏由梁小鸾饰演。谭富英先生也为师父贺寿，演《大登殿》里的薛平贵。王玉蓉大师姐演《大登殿》里的王宝钏。师哥师姐们把这戏都挑了，就一个地方没人唱——《武家坡·回窑》。《回窑》让谁唱，谁都不唱，还有人说不会。有人说风凉话："我不坐那儿听戏。"师父说话了："你们都不演啊？嘿，笑宝，咱们爷儿俩练练怎么样啊？"我说："行啊，我听戏就上台上，还不用买票。"我这么说，是因为《回窑》里的薛平贵是杨宝森先生演的，我在师父那儿叫他杨三哥。别看我小小年纪，但说出一句是一句，现在想想是够伶牙俐齿的。师父说："笑宝，明儿演《回窑》啊。你怎么样啊？咱们爷儿俩说的那个让他们瞧瞧。"我说："师父，您就擎好儿吧。"师父说的是王宝钏进窑的身段，这是王派的绝活。师父是仔细给我说的，我也是下功夫练的。那天演出是在老长安剧场，我前面演《回窑》。后面，我们几个小师妹都扮上宫女，给大师姐王玉蓉抬台。那天，我和宝森三哥的戏完成得很好，特别是我那个进窑，"炸窝了"（观众热情叫好、鼓掌）！师父对我的演出非常满意。

还有一件我至今想起来都觉得可乐的事。20 世纪 50 年代初，苏联向中国派出了许多专家，帮助我们搞建设。在文艺界，特别是戏剧界、京剧界，开始大量介绍斯坦尼斯拉夫斯基的戏剧表演体系。京剧界也开始学习，有些人以此为风尚，有些人则觉得生搬硬套这一理论对京剧不利。师父说："咱们也得派一个人去学，不然，咱们不知道，将来就落后了。"有一天，我们好多人都在师父家。程玉菁大师哥也在，他向师父汇报自己听苏联戏剧专家列斯理的课去了，现在整个京剧界都号召学习苏联。我师父问程师哥今天上的什么课，让他也给我们上上课。程师哥就说，列斯理给大家分析京剧《汾河湾》。哪一段呢？就是薛仁贵误将一位打雁的少年（其实是他的儿子）射死。在舞台上，柳迎春问："你把他怎么样了？"薛仁贵答："我一箭把他射死了。"这时，柳迎春惊呼："哎呀！"然后晕厥。这是京剧舞台上的表演。程师哥说，列斯理给他们分析柳迎春的表演，说不能这样演，不能晕厥。柳迎春应该说："你走了以后，我给你生了一个儿子。这 18 年，我给人家浆浆洗洗，一个人抚养他不容易。如今，都是他打渔、打雁来照顾我。现在，你把他打死了，今后我的生活怎么办？我的日子怎么过？哎呀，我活不了啦……”我师父打断程师哥说：“那这柳迎春还气闭不气闭啊？”程师哥说：“还得气晕过去啊！”师父紧接着说：“气不死了，她头脑这么清楚。你们上的这是什么课啊?!”“学的斯坦尼。”师父一乐，说：“嘿，他叫斯坦尼，你们管我叫王坦尼得了。”我们满屋子的人全乐了。

可以说，我在师父那儿把能学的都学了，无论是青衣、花衫、闺门旦还是花旦戏。我是“戏疯子”，爱笑，爱问，爱说怪话和俏皮话，把师父伺候得也好，师父是特别地喜欢我、偏爱我。王家人都说，我要是哪天不来，王大爷都要问：“笑宝呢？”家人说：“今天不是有事吗？不是得演戏嘛。”王大爷就说：“哦，对，忘了。”有时候，我看师父心情不太好，就逗他说：“师父，您瞧我还会这个呢！”我就拧个旋子，走个蛇腰。师父一乐，也就不想烦心事儿了。

遨游王门大学堂

我在王家向恩师王瑶卿先生学艺期间，可说是天时、地利、人和都占了。那时候，正值抗日战争结束、解放战争开始，时局、环境不稳定，所以，影响到了北平（现北京）的梨园界。那段时间里，向王瑶卿先生学戏的人很少，也就是我，每天像长在王家似的。而王家又聚集着许多有真本领的大家和不为外人知道的“高人”。所以，我除了向王恩师学习外，教我的还有很多位，也可以说老师众多。比如，名须生王凤卿先生和他的女儿，恩师王瑶卿的女儿王铁瑛，王凤卿先生的大公子王少卿先生、三公子王幼卿先生等等。师父常跟别人说：“这小子在学戏上像一头饿狼。这边学着，那边她一旁听着。这边会没会她不管，那边她会了，叼上了。”只要一有师姐来王家，我就问师父：“师姐都有什么绝的?”师父就很神秘地告诉我，谁哪儿有绝的：“你注意，别放走这个，这儿有绝的。”因此，我也常常向师姐们学绝活，学特殊的本领。

我的绸子功是向大师姐张冠珠学的。我之前没看过她的戏，师父跟我说：“此人在上海，演蜘蛛精的戏，她有绝的。”让我跟她去学绸子功。我的《嫦娥奔月》就是跟她学的。她的绸子在台上是一百尺。她一只手要，一根一百尺。她手里拿一个盘子，还带出手的，另一只手是绸子，脚踩皮球，绸子舞得一点儿不沾地。她熟到什么程度啊，一百尺的绸子一只手耍，不耍的时候就这么一带、一扔，绸子整个飞在天上。她向前迈几步，绸子飘然挂落在脖子上。她说："你量吧，少一寸都不干。"两边的绸子一般齐，熟到那种程度。张冠珠教我的时候，我说："师姐，我再练也没您那本事，我顶多五十尺。"后来，我到英国演出的时候，用上了张冠珠师姐向我传授的绸舞。张春华要演《闹龙宫》，他演孙悟空，我演龙女。我说，龙女不能耍两把刀，与《霸王别姬》的双剑冲突了。于是，我就舞绸子，还编了几段昆曲。我把那绸子叠出一朵花来，又唱又舞地到了台口。我跟打出手似的，就这一下，绸子就进正中间的包厢了。我再从这正中包厢里观众的头顶上把绸子收回来，一个造型亮住。哇，这台底下就炸了窝了！由于中国艺术团还有一个长绸舞的节目，为了给她们留出表演的空间，自此之后就再不让我舞绸子了。因为不但我的绸子比她们舞得精彩，而且我们京剧是载歌载舞，又表现人物又有剧情，所以在艺术效果上相差很大。

我记得拜完师不久，王少卿在家看见了我。王大哥说："哎，笑宝，过来过来。"我不知何事，赶紧过去。王大哥说："我教给你梅大爷的戏，你学不学？"我一听，要教我梅大爷的戏，心里想，我拜了"通天教主"王瑶卿，又学"伶界大王"梅兰芳，天底下哪有这样的好事情？怎么这么大的馅饼掉我头上了？我急不择言，也不知怎么就冒出了一句："那真是佛光普照，天神下界呀。"王少卿一听，盯着我问："你认识多少字呀？""我不认识字。""那你怎么会说这话呀？""这不是戏词吗？您的佛光照上我了，您这天神下界了，我这小孩儿走运了。""嘿！你可真有意思！"王大哥就告诉我，什么时间去他那儿学戏。

于是，我跟师父学完戏后，师父要睡觉了，我就在旁边伺候着。等师父睡下了，我就看着表，等到了时间，估摸着王大哥已经起床了，就去王大哥那边学戏。王大哥就给我说戏。我一边学，一边注意着钟点，估摸着时间差不多了，就说："王大哥，我走了，我师父该起来了。""嘿，好小子，学完戏就走，都不说给我倒碗茶喝啊。"我说："我再给您换一壶好不好？""行了，行了，你走吧。你师父找你呢。"我就是这样两头学，在王大哥那儿天天上两个钟头的课，学了一出昆曲《春香闹学》、一出梅派的

《凤还巢》，紧接着又学了昆曲《金山寺》和梅派的《生死恨》。几乎我的所有梅派戏，都是王大哥给我说的唱念。后来，梅先生教我戏时，知道我的梅派戏是王少卿教的，他非常认可。梅先生说："那是我风华正茂时的唱法！"而且嘱咐我，就按王大哥教的唱。后来，三哥王幼卿从南方回到北京后，给我说了一出《祭江》。

让我受益很深的，还有我师父和凤二爷的两个女儿。我这两位师姐的学习条件得天独厚，天天在家里听我师父和众多名家的高论，看我师父演戏、说戏，对于京剧艺术的方方面面十分精通，她们常常给我讲解、分析。特别是我师父的女儿王铁瑛师姐，那是相当有本事的，可以说琴棋书画、诗词歌赋样样精通。比如，我向师父学习《孔雀东南飞》的时候，王铁瑛师姐给我开小灶，帮我分析，还问我："你应当怎么出来呢？"我问王铁瑛师姐："我怎么出来呀？"王铁瑛师姐说："我给你走走。"她先活动了活动，然后示范了一遍，身段步法非常漂亮。她告诉我："你是少女。虽然是媳妇，但你是过门不久的新媳妇，所以，你的出场步法身姿还应有少女的感觉，别像夫人一般的那么慢、那么稳。"王铁瑛师姐一说，我就找到感觉了。

所以，我在王门无时无刻不受到恩师和众多老师的教诲与熏陶。有的时候，一句话的点拨、一个幽默的笑话，我就能记一辈子，而且深刻地影响着我的艺术道路。

"有面子"——随杨宝森闯津门

我拜了师父后，1949 年开始组班，唱戏了。我搭了不少班，和许多名家合作过，先后参加过谭富英先生的同庆社、叶盛兰先生的育化社，还有杨宝森先生的宝华社、李少春先生的起社等。这样边学边演，使我的艺术水平提高很快。

1949 年，杨宝森先生要去天津演出，对我师父王瑶卿先生说："姑爹，我现在没有挎刀的旦角，让笑宝跟我去天津唱一期吧。"这是我头一次搭班去外地演出，而且是跟"四大须生"之一杨宝森先生，去的又是京剧艺术重镇、梨园行的人称之为"戏窝子"（意指观众欣赏水平高）的天津。

我当时很兴奋、很期待，倒不是特别紧张，就是一门心思，可别砸锅，一定要唱好。

天津那一期的演出，一共演了 27 天，在新民剧场，是戏园子的舞台。头三天的“打炮戏”（一个演员搭班或一个班社到外地演出的头三天，尤其是第一天，要演出拿手好戏，向观众展示这个演员或班社的实力），真是惊险不断。我记得，第一天的“打炮戏”，前面垫了一出小武戏，什么戏，我想不起来了；第二出是我的《玉堂春》。《玉堂春》唱完后，剧场休息。最后大轴是杨宝森先生的《失街亭》《空城计》《斩马谡》。第一天演出，我下午没有吃饭。为什么呢？因为我紧张，我的琴师误场了。给我拉胡琴的老先生睡觉睡过了时间，我在后台都扮好戏了，他人还没来。我紧张得吃不下东西。好在第一天的演出还算顺利，我完成得不错，天津的观众对我们的演出挺满意的。这头天没出事，第二天可就热闹了。第二天前面是什么戏，我也忘了，应该是垫的武戏，大轴是《大保国》《探皇陵》《二进宫》。那天，前面的《大保国》，我先上场，铆（指全力以赴）着唱，观众挺欢迎的。后面是老生和花脸的交替奏本，也就是交叉着唱。演出时，我并不知道，杨宝森先生可能嗓音有些失润，到他唱的时候，落调门了。我和王泉奎老师没有阻碍，因为是“打炮”的第二天，都铆上了唱。天津的观众大多懂戏，又是这么熟的戏，杨先生落调门，台底下就不干了。杨先生唱一句，台底下就给“通”（叫倒好、哄演员）一句。王泉奎老师和我只能装听不见，照常唱，不然就更不得了，非把我们“通”下去不可。那天算是唱砸了。

第三天就更让人哭笑不得了。当天的戏码也是三出：第一出是《春秋配》；第三出是《二堂舍子》；中间是杨先生的一出老生戏，什么戏，我忘了。前后两出戏的旦角都是我，所以第一出演完了，我需要赶第三出。这第一出《春秋配》可闹笑话了。演的是《春秋配》的“拷打”“别家”“砍柴”“砸涧”，我当时唱的是梅派的路数，唱到了要紧的地方，“蒙君子”的原板，在全然不知的情况下，灯“噗”地一声灭了！场面没停，我的唱也没停，但心里头着急。这时候，检场师傅上来了，拿了一根很短的半拉儿的蜡烛，就举在我脑袋上。就这样，我还得接着唱。除了我头上这根蜡烛的地之外，舞台周围和下面的观众席那里全是漆黑一片。那蜡烛本来就短，我没唱多长时间，就快烧没了，要烫着手了。这时，下面有一个观众大声地说了一句："您这蜡烛拿根长的成不成？您再烫着她！"检场师傅赶紧下去，换了一根长蜡烛上来举着。好嘛，这出戏眼看就要这么举着蜡烛唱下来。当我演到姜秋莲逃跑遇见强盗侯尚官，然后推其下崖，揣石头砸涧，砸完后，乳娘先下，姜秋莲看看那强盗真死了没，于是在舞台上，我得跟饰演乳娘的老旦穿场。然后，老旦拉着我走身段下场，锣鼓打的节奏是"锵锵令台一个台锵"。富于戏剧性的一幕出现了：正好在最后一锣的"锵"上，突然，灯全部大亮了，观众一下子全部叫好、鼓掌。这场戏演得真是惊险刺激，我特别紧张，到了后台还挺后怕的。我正要揼头（指把头面装扮卸下来），好让自己缓缓，压压惊，因为后面还有一出《二堂舍子》呢。给我配乳娘的是天津当地的老旦，是一位女士。她很有经验，赶忙阻止我卸妆："姑娘别动，别揼头，到时候来不及。"我懵懵懂懂的，不知道她是什么意思。天津的观众可不是一般的懂戏和一般的不容易对付，当时，台下的观众就说了："谁是管事的？请上台来，我们有话说。"管事的赶紧上台作揖，问有什么事。观众说了："刚才是瞎打瞎拉瞎唱，我们坐在这儿是瞎听。我说，咱们商量商量，这灯从哪儿灭的，咱们的戏就从哪儿接，再唱一遍，好不好？我们先出去抽根烟。"管事的回到后台一说，我就说了："干脆从头来，不然，连我都忘了，找不着了。"我赶紧喝了两口茶水，补补妆，又开戏了。戏园子的人把观众们请回来，管事的又上台了，说："咱们这小杜觉得对不起大家，她说了，从头来。"观众们说："好，有面子！""这小孩儿真不错，小孩儿有面子！"这样，我在天津又有一个小外号，叫"小孩儿"。我又从头到尾唱了一出《春秋配》，所幸这回没灭电。唱完了戏，观众们还问我："小孩儿，明儿什么戏啊？"我在天津有台缘，就是从这儿开始的。

真是福无双至，祸不单行。由于前面的《春秋配》给我折腾得够呛，我又急匆匆地赶场，结果到《二堂舍子》的时候又出状况了。前面都挺好，等到念台词的时候，我应该念："老爷，打死秦府关宝有几个孩儿？"结果，那天我到这儿，不知怎么的，念到"老爷呀……"我叫起来之后，突然脑子一片空白，没词儿了。哎哟，我这辈子印象太深了，这台上忘词儿比死了都难受。这时，我想起王凤卿先生嘱告过我，他说："你要忘词儿了就走身段，可别在那儿愣着，一愣着就显形了。"我干脆转身，对着下场门望门。然后，我这脑子里拼命在想，应当说什么词儿来着。没想出来，我赶紧做看看秋儿的身段，然后又返回去望门。哎！我想起来了，赶紧转身面对杨宝森先生。我发现，这时杨先生脸上，汗都下来了，他在替我着急呀。我赶紧念："老爷，请问打死秦府关宝有几个孩儿？"杨先生答："秦府关宝就一个孩儿。"我紧着念："那打死他一个孩儿，难道叫我两个孩儿前去偿命不成吗？"我这也铆上了，就怕观众有看出有什么不对劲。我就使了一个水袖身段，随着念词砸袖，跟刀切的一样。其实，观众已看出我忘词儿了，但我没傻站着。台下观众冒出一句："好身段！"可能也是因为头两天的戏唱得不错，我又主动重唱了一遍《春秋配》，有了些台缘，观众们不但没叫倒好，还给我的身段叫正好。我心里暗念"阿弥陀佛"，想着千万别再忘词儿了。再忘词，倒好就该上来了，非给我哄下去不可！那时候就想着在什么情况下和谁演出都得成功，就是上台必须成功，否则，饭碗就丢了。

所以，那时候唱戏是非常不容易的，竞争激烈；而且，演戏是多么的紧张，艺人们是多么的艰辛。现在的年轻演员们演戏要经过很多次排练，他们真的是太幸福了！我们那时候，谁给你排练呀？全是场上见。所以，这种习惯和方式，也锻炼了演员，必须"文武昆乱不挡"，必须"六场通透"，不管在何种情况下、和谁合作、遇到什么样的观众，都能应对。不但能应对，还得成功、出彩，这得多难呀！

这次在天津演出，戏班里有些人说我"奴欺主"了。为什么呢？是因为我日场演出全部《霸王别姬》，上座儿有九成；等到晚上演《玉堂春》基本满了，九成以上。剧场的人就问，姑娘还会什么戏？我说《凤还巢》。问是谁教的？我说，王大少（王少卿）教的。剧场的人一听，我是"京胡圣手"、京二胡发明家、参与创造梅派声腔的王少卿教的，十分惊喜，说："那还有错儿？"就这么把《凤还巢》放在了周末的日场，结果一贴又是满座。我自己都没想到，这出戏这么厉害。

与大师们合作的小坤角

我觉得，我是非常幸运的。在随杨宝森先生演出前，16 岁不到的我就搭了"四大须生"之一谭富英先生的班。这是怎么回事呢？还得感谢我的师姐梁小鸾。那时，梁师姐参加谭富英先生的同庆社，与谭富英挂双头

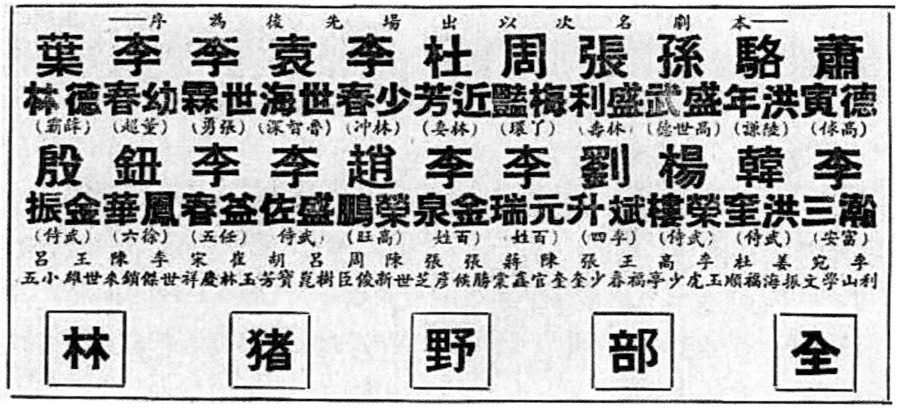

⊙ 杜近芳与李少春、袁世海等人合作时的戏单。

⊙ 杜近芳与李少春、袁世海等人合作时的戏单。

牌。梁小鸾因为要结婚，一时就不唱戏了。谭先生对她说："你别一结婚就不管了，得给我再找一个挎刀的旦角。"梁小鸾说："我师父有一个笑宝，我的一个小师妹。你要不嫌她岁数小，让她陪着你唱。"谭先生说："这瘦小的，行吗？"梁师姐说："我这小师妹不一般，师父特喜欢她，教了她不少玩意儿。台上，你可留神。你别看她这么瘦小，台上可不会尊老让着你。"谭先生说："那来出《桑园会》吧。"能和谭先生一块儿演戏，我可不敢怠慢。那天演出，我铆上了，台上可没让步。演出结束后，谭先生说："这小姑娘真不含糊。"过两天的《红鬃烈马》，我就更放开了演。谭先生就跟我师父说："这笑宝在台上够咬人的！她上台不乱。"我师父笑呵呵地说："你可留神，这笑宝挨着死、碰着亡。"

1949 年，搭杨宝森先生的戏班在天津演出后，我回到北京自个儿组了一个班社，去山东济南府北洋大戏院演了一期。原来预定是演两个礼拜的，结果，我唱得一场比一场更红，剧场不让我走，一再要我加演。最后，我连唱了 40 天，天天"拉铁门"（指旧时剧场客满后，为了防止还要入场看戏的热情观众涌入，用拉上铁门的方式避免出现意外）。

我回到北京，继续学戏，时常演出。一天，袁世海老师请我们到大外廊沿的一家餐馆去吃饭，跟杜菊初谈邀我去上海演出的事。原来，李少春要组班去上海演出，缺一个当家旦角，袁世海老师推荐了我。去上海演出前要谈好几样事情，比如戏码（唱什么戏）、多长时间、包银、随行人员等。特别是戏码，那得跟我师父王瑶卿先生去谈，因为这是我第一次去上海演出。师父王瑶卿先生给我分析了我自身的优势，应该演什么戏，和李少春、袁世海在台上要注意些什么，嘱咐了我很多。特别是，恩师命我三件事：一是不挂三牌，另打一格。二是亲笔写信，让我拜师梅畹华（梅兰芳）。三是新戏就上《野猪林》，其他新戏一概不接。这样，我随李少春的起社在上海演了 100 多天，大受欢迎。先演了一个月的传统戏，这期的小生是姜妙香先生，这是我师父提出来的。这一个月，演了《玉堂春》《凤还巢》《春秋配》《刘兰芝》等，袁世海老师捧我演了《霸王别姬》，李少春老师的《长坂坡》中，我演糜夫人。传统戏演完，休息 7 天排《野猪林》。师父跟我说过："这出戏里的林娘子，唱腔、身段都要重新设计，得按角儿唱。"这《野猪林》的演出海报一贴出来，上海的观众就跟疯了似的，场场爆满，我记忆中起码演了 40 场。有人跟我说，演了有 60 场。

在上海，我还有幸和姜妙香先生演了全部《奇双会》。我跟姜六叔演这戏时，还是 16 岁的孩子。让姜六叔给我说梅先生的戏，特别是如何演对儿戏，他怎么给我说呢？我说："就我这水平，跟六叔一块儿演，到台上别给我轰下去了。"当时，一位高人"救"了我，她就是姜六叔的夫人冯金芙，也是冯志孝的姑姑。她专门在中国戏曲学校唱"戳杆"（指老太太）。一至八本的《雁门关》是她的拿手戏，嘴里干净利落，就她能唱，别人接不了。冯金芙老师还很有文化素养，能分析剧本和人物表演。她说："不要紧的。六爷，您吃完了饭就休息。来，笑宝，我给你说戏。"她就从出场开始给我说，姜先生跟梅先生怎么演、梅先生有什么绝的，都教给我了，还帮我分析。然后，姜先生又跟我仔细地说对儿戏。所以，我在上海这出《奇双会》唱得很不错，观众很欢迎。我后来再看梅先生演的《奇双会》，果然，冯金芙老师说得一点儿不差，教的是真好呀！冯金芙老师、姜妙香先生对我的教诲，我一辈子忘不了。

上海演完，我又去南京演了一期。南京演完之后，其他人都回到北京了，我还得赶回上海去拜梅兰芳先生为师。梅先生特地把姜妙香先生留在上海，做我拜师的举香人。拜完师之后，泰州（梅先生的故乡）方面邀我去演出。我自己组班挂头牌，请余派坤生张文娟大姐一块儿到泰州演了一期。这期也有 40 天，也是几乎天天“拉铁门”。张文娟大姐当时跟我说：“你捧捧我，给我来一个二皇娘。”她的意思是要唱《珠帘寨》。我二话没说，答应了。我没学过这个戏，就跟当地的老师请教，凑合着演了，演得还不错，这都是在王家给熏出来的。当时还有一个二旦（指演主要配角的旦角演员），也跟我说好话：“你唱完了，也捧捧我，让我过一过演戏的瘾吧。”我也答应了。那天，我忘了前面我是什么戏了，大轴是那个二旦的《大劈棺》。我就问她：“我不会这戏呀！我演什么呀？”她问我：“你多少斤重？”我说：“不到 80 斤。”她说：“得了，你轻，你演‘二百五’吧。”我说：“我演的是男的还是女的呀？”她说：“你演的是男的呀，这活儿事挺多的。”我就乐了，说：“你别捅我鼻子眼儿（指在台上别逗我），我受不了。”还好，我在台上还能绷得住，算是完成了捧人的任务。这在当时的梨园班社比较常见，一般演一期中，一些挎刀的演员很希望自己也唱一两次大轴，头牌演员一般都会答应。有时，头牌演员也会主动提携挎刀行当中有潜力的演员。这是因为，在外面跑码头，还是要注意同班社其他演员的和谐关系，也是为了班社团结和有更好的营业效果。

当时的营业演出真是好，在泰州也很成功。我刚准备动身回北京，谭富英的班社又去杭州演出，缺旦角。一封电报过来，随即，我就赶到了杭州。在那里，我参演了谭先生班社的 10 天戏，每晚演一场，再加一个白天，一共演了 11 场。我演得最多的戏是《打渔杀家》，谭富英先生的萧恩，我的萧桂英。谭先生还带着我一起演《武家坡》。

我正在杭州演得起劲，这时，东北的一位大师级艺术家唐韵笙先生到上海演出。这位唐先生可不是一般的人物，和北京的马连良、上海的

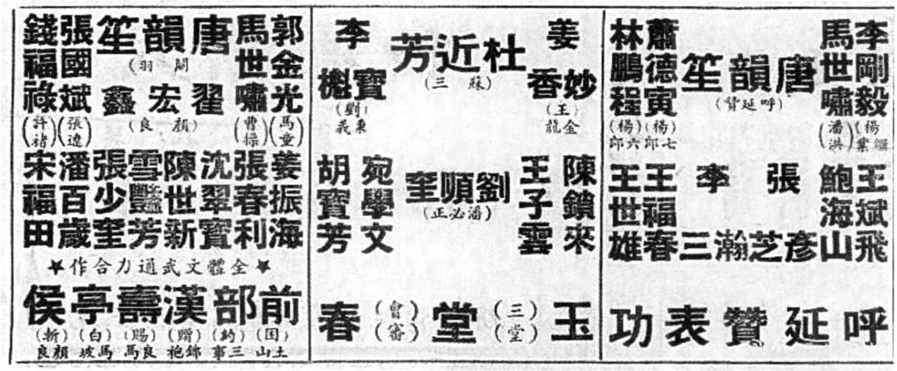

⊙ 杜近芳与唐韵笙、姜妙香等人合作时的戏单。

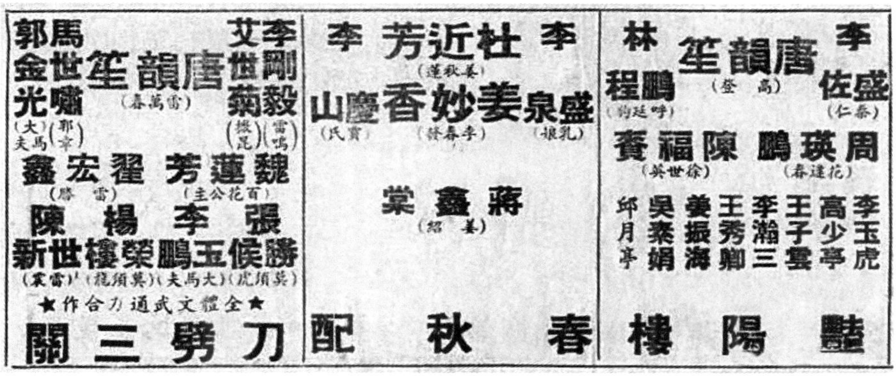

⊙ 杜近芳与唐韵笙、姜妙香等人合作时的戏单。

周信芳齐名，人称“南麒北马关外唐”。我非常有幸，从杭州到上海，与唐韵笙先生又演了一期，使我很开眼界。由于年代久远，加之手头没有戏单，这段时间里，我是从杭州去的上海，还是从泰州去的上海，有些记忆模糊了。

说起和唐韵笙先生合作的事情，刚开始的时候还挺有趣的。那时是1950年，抗美援朝战争已经开始了。这时候，一方面，我在上海演出，给杜菊初挣钱，他不让我回北京。另一方面，许多去上海演出的同人是为了义演集资，支持抗美援朝。东北的唐韵笙先生就来上海演出了，不知道是缺旦角，还是觉得我唱得挺红，他约我合作一期。在我学戏时，师父王瑶卿先生就很郑重地跟我说过：“你要搭班，就是搭富英跟宝森。别人，你可别跟着唱，会把你唱乱了、唱野了。”我当时确实不知道有“关外唐”这一号，也不知道唐韵笙先生是什么分量的艺术家，就对杜菊初说：“我师父有嘱咐。问我师父，我能不能演，我自己做不了主。”于是，杜赶紧给我师父王瑶卿先生去电报。我师父很快回电，说了：“‘南麒北马关外唐’，唐韵笙先生是东北三省一家‘诸侯’。这是老前辈，赶快跟人家学习。”我接着师父的电报了，这才和唐先生一块儿演出。

唐韵笙先生有自己独特的艺术特色，非常全面，除了不贴片子唱旦角，可以说，生行的戏，他都能胜任，他的“红脸戏”、“关老爷戏”更为突出。现在谈“关老爷戏”，不怎么提唐韵笙先生。真要比起来，恐怕别人唱的“关老爷戏”是唱不过唐先生的。他还有一个特点，就是喜欢唱老旦戏，而且嗓子好，擅长唱老旦戏，有很多以老旦为主的戏。唐先生还有许多自己独门的戏，都是整本、整出的。我跟唐先生合作得很愉快，也得到很好的学习机会。唐先生主动提出来要捧捧我，傍着我唱一出。他说：“姑娘，你在台上跟一般人不一样。我捧捧你吧，跟你唱《霸王别姬》。”他跟我唱了一场整出的《霸王别姬》，我的虞姬，他的楚霸王。

我这一生演《霸王别姬》，遇到的都是“好霸王”。我最早是跟杨（小楼）派大武生孙毓堃演，那确实是杨派风范。和袁世海老师演，我感觉他的霸王最好，与我最合适。他主要的是杨派，又借鉴了金（少山）派的某些处理方式，同时，大量地融入了自己的理解和发挥。“金霸王”重气势，声震屋瓦，但在表演的雕刻上，不如“杨霸王”那么深入。唐韵笙先生演的霸王不是金派的，基本上靠近杨派，而又有自己的特色。特别是在音乐上，比如说杨派、咱们的京朝派，霸王出场时用的是〔大开门〕曲牌。唐韵笙先生不这么用，他用的是〔朝天子〕曲牌。〔朝天子〕一般用于帝王角色，实际上，我感到唐先生这么用是有道理的。楚霸王把阿房宫烧了以后，实际上，他已经称帝了，所以可以用〔朝天子〕。在乐队上，唐先生的也非常丰富，唢呐、海笛、大筛等，文武乐齐奏，气势相当好。唯独有一个问题：在这么雄伟壮丽的曲牌声中有一个小镗锣，“扑才起”。我一听就想乐，感觉这声音在里面特别不和谐，像是卖糖豆的在招揽生意。旁边的人直提醒我：“别乐了，当心眉毛掉了，搽头了。”记得“文化大革命”结束后，我和袁老师在香港演出《霸王别姬》，我向袁老师介绍了唐先生演出时的音乐效果。结果，我们试了一次，效果非常好，演出很成功。这是后话了。

我与“关外唐”演完后，杜菊初对我说：“我是无锡人。你要去无锡演，

给家乡人看看好戏。”你想，这还能不红吗？在无锡演了一个多月，这时，我想着已经出来这么长时间了，怎么着，我也得回北京了呀。好嘛，杨宝森到上海演出，也来电报约我。

1950年春节前，我挺想家和父亲、师父的，但杜菊初指着我这棵摇钱树多挣钱，到处联系演出。当然，也是因为我的演出受到各地观众的欢迎，剧场老板和班社的班主们不断地邀约。我又来到上海，见到杨三哥。他对我说：“你和少春他们在上海唱得那么红。这一次，你得铆上啊。”这样，我和杨宝森又唱了一个腊月，在上海过的年，直到正月十五演完。正月十六，我随着杨宝森的宝华社坐江船去武汉，我又问：“三哥，这回，咱们是摁着点儿别太使劲，还是铆上点儿啊？”杨三哥说了：“铆上。”这样，我们在武汉一口气又演了50场。

我虽然一直在营业演出，但是没断了学戏和练功。也可以这么说，我一直到今天都没“下战马”。所以，当时在南方，只要没戏或是有时间，我都要练功、背戏。在我的脑海中，我想的就是天天练还不成呢，要不练功，那就更不行了。比如说，王少卿教我的昆曲《金山寺》的唱腔，我都会了，但我还不会身段。我趁着有时间，就找南方的老师先学着。当时，唱刀马旦的刘玉华也没地方练功，我就跟她一块儿练功。演《金山寺》这出戏的身段，就是她给我说的。刘玉华是北派的路子。她非常热心，还请了一位姓朱的老师教我南方的路子。后来，刘玉华嫁给了老生演员王世续。

王瑶卿引荐拜梅兰芳

谈起我拜梅兰芳先生为师，还有个小插曲，现在想来挺可乐的。就在我随李少春的起社去上海演出之前，一天，师父王瑶卿先生把我叫到跟前，对我说：“笑宝，你这次去上海拜畹华，我给你写好信了。”我一听，懵了。我问：“师父，您这是不要我了？”说着说着，眼泪就下来了。师父看我这样，赶紧说：“傻孩子，学梅派可不容易。你看见（王）少卿了吗？人家给他元宝、金条。”我一边抹着泪，一边说：“是的，我看见了，屋里一次，院里一次。他干吗给人们跪下啊？”师父说：“那是人家花钱向他学梅派戏，他不愿意教。怎么办呢？干脆，他先给人家跪下了，请人家饶了

⊙ 王瑶卿（左）与梅兰芳（右）、安娥合影。

他。他什么也不要，也不教。所以，让你去跟畹华学梅派戏，这是多少人梦寐以求的事啊，你要珍惜这机会。”我这才明白过来，对师父说：“那您得给我写一个保证！”师父呵呵一乐，说：“我这一辈子，都是别人给我写，我给你写什么保证啊？”我说：“就是我拜了梅先生之后，您还教我，就这一句话。您那上头就写：笑宝拜了畹华后，我还教她。”师父没好气地说：“你哪儿来那么多词儿啊？我教你成不成？”我不依不饶，说：“不行，口说无凭。”我这句话把师父说得半气半乐一口茶水“扑哧”一声喷地上了。他说：“你把我给气乐了。我这一辈子都是人家给我‘写字’。我活了这么大年纪，让我给你‘写字’？”师父嘴上说不写，其实是佯怒。他比较疼爱我，最后还是给我写了。

师父家里的东西种类多、数量多，有许多橱柜、箱子，所以，他有几百把钥匙。后来，我也负责帮他拿东西、放东西。我把每把钥匙都贴上不同颜色的纸，做好记号。师父要什么东西，我好知道在哪儿。比如，师父有很多鼻烟壶，赤橙黄绿青蓝紫，多种多样。师父有时候找不到他的东西，就问我。我说：“师父，您想要什么？”师父说：“我想要个菠菜绿的。”就是盖上是菠菜绿翡翠的鼻烟壶。我说：“我给您看看。”我一开柜子，一拿就是那个，因为我这儿做了记号，有色标。师父一看，我这么快就拿到了，开玩笑地说："坏了，我的东西，我不认识。"

我熟悉师父的各种物件，知道有一个他特别喜欢的图章。就在师父写好还教我戏的保证书以后，我把这图章递给他。我说："师父，这是您喜欢用的，用它盖上吧。"我师父哭笑不得地说："合着你还得让我打上手模、足印啊，我这犯的什么法？哎哟，你是要把我气死呀！"师父虽然嘴上这么说着，他还是给我摁了章，抬头望着我说："这回行了吧？"我说："行了，行了。"我回家后，缝了一个红布口袋，拴了一根红绳。我把那保证书搁在口袋里，一抽带，给系上了，然后套在脖子上，整天贴身带着。我师父后来看见我脖子上挂了一根红绳，问我是什么。我跟他一说，他乐了："这倒好，丢不了。"

这样，有了师父的保证书和他的书信，1945 年，在随李少春的起社去上海演出期间，有一天，我来到马斯南路（现思南路）的梅宅，去拜望梅先生。大多数人首次拜访老师都是紧张的，特别是去谒见像梅先生这样的大师级艺术家，那会更为不安。我这个人确实不一样，我的心情倒并没有很忐忑，或者是怕梅先生不收我。我心里很有谱，觉得非让梅先生收了我不可。我见到梅先生，寒暄了几句之后，就把师父王瑶卿先生的信取出，恭敬地呈给梅先生，并向梅先生说："这是我师父给您的信。"梅先生接过信后，就戴上眼镜看。

梅先生眼睛近视，大家是知道的，但人们很少在公开场合或者照片上看到他戴眼镜。他因为觉得戴眼镜形象不好看，所以在公共场合活动和照相时从不戴眼镜，在家里需要阅读时才戴眼镜。这个情况，我也是慢慢感觉出来的。后来，梅先生是中国京剧院的院长，我是一团的演员。常常在开会时，我会坐在梅先生身后。若要集体学习文件，我就在梅先生身后小声地念给他听。这是后话了。

从我小时候，好多人就说我长得像梅兰芳先生。我在济南府演出时，照相馆的人特地请我去照相，照了一张《霸王别姬》里的虞姬、一张《四郎探母》中的铁镜公主。而且，把这两张照片放大，放在照相馆的橱窗里，好多人以为是梅兰芳先生年轻时的照片。梅先生看完信，点点头，"哦"了一声。我看梅先生看完信了，就对他说："我再给您看看这照片。"梅先生接过照片，问："这是谁呀？"我说："您看看。"梅先生仔细端详那张虞姬的照片，自言自语道："这是我哪年的照片啊？"他边说，边让夫人福芝芳过来一起看，还直感叹："真年轻，这岁数真不一样。太年轻了！你看那时候！"梅夫人边看也边说："是啊，这是哪年的照片啊？怎么这么年轻啊？"梅夫人边看边想，突然，好像发现了什么似的："等一会儿，我看看啊。"她好像发现问题了。

男性有喉结，梅先生为了使自己的扮相更贴近女性，就要遮挡喉结。梅先生早年在脖子上戴了许多珠子，各种形状的，以此当作护领，既有装饰作用，也可以遮挡喉结。后来，他在舞台实践中，特别是扮演虞姬舞剑的时候，发现这些珠子颤动起来发出许多响声，因此就改做护领，变作以两个护领形成四方领子。护领不但在衣服上，而且能往鱼鳞甲的云肩上搁，跟里面的服装不揪着，就舒服多了。梅先生不用珠子以后，在领口上用了一个莲花项圈，把项圈用别针别上，固定住。后来，我的项圈就是照梅先生的样式做的，但没做莲花，是别的花形，银制镀金的。但是，我当时拍剧照的时候，不知道梅先生已经改扮相了，脖前还是戴着许多珠子。所以，梅夫人边看边对梅先生说："你不是改了护领，不戴这脖锁了吗？你怕它响，还掉在台上。"梅先生说："对啊，对啊。"梅先生夫妇弄不清这照片是怎么回事，猜了半天。我一看，赶忙说："先生，这不是您，是我。"梅先生很惊讶："是吗？"我说："这是照相馆请我照的。"非常可惜的是，这张照片后来在"文化大革命"的时候没了。这是后话了。

梅先生看完信与照片，问我："大爷（指王瑶卿）教你什么戏？"我一五一十都说了。他说："咱们上外头屋去，我听听你的嗓子。"因为这时，我们是在里屋，我就跟着他去了外屋。我说："王派的《打渔杀家》是这么唱的。"我给他唱了王派的。唱完之后，我又说："梅派的《打渔杀家》是这么唱的。"我又唱了梅派的。梅夫人说："好嘛，这么小的人都唱成精了。"梅先生问："你这梅派是谁给你说的呀？"我说："都是王少卿王大哥给我调教的，他还教了我别的许多梅派戏呢。"我一一地都说了："《霸王别姬》《生死恨》《凤还巢》，昆曲《金山寺》《断桥》。我学一出昆曲，再学一出皮黄，交替着来，怕脑子记不住。"梅先生接着问："哦，哦，你还会什么呀？"我说："还有就是王大爷教我的一些老戏。"梅先生笑呵呵地点点头。我看梅先生乐滋滋的，就问他："我说了半天，先生，您要我吗？"梅先生说："哎，要要要，咱们尊重大爷的意见啊！你怎么会这么多东西呀？"我就告诉梅先生，我是门里出身，我爸爸是谁、我叔叔是谁，都是富连成“喜”字科的。梅先生说：“哦，是啊，门里出身好。”

就这样，梅先生答应收我为徒了，并择定了拜师的时间。我当时还在搭班唱戏，所以，我是出外唱了一段时间的戏，才又回到上海拜师的。记得拜师那天，梅先生也特别高兴，就在马斯南路家里，把他自己在台上用的红色门帘、台帐全拿出来，用来布置拜师的会场。我师父王瑶卿先生发来电报以示祝贺，梅先生还请拜师的举香人姜妙香先生宣读了这封电报。梅先生请了很多人，把南北方的学生都请来了，用“开 party”的自助餐形式招待大家。他还请来好几位记者，给我照了近 200 张照片，非常可惜的是，这些照片也是因为“文化大革命”全散失了。我拜师前后的那段时间里，在上海也是几乎天天有戏。梅先生准备北上，就派人每天到剧场专看我的戏，回来跟他汇报：戏演得怎么样，观众上不上座，内、外行反应如何。现在想来，梅先生对我真是好，我也分外地感恩和思念他老人家。

梅先生对我是特殊的

梅先生对我是格外地关心和疼爱，在他众多的弟子中是比较特殊的。

比如我的名字。很多人对我的名字很好奇，实际上，“杜近芳”这个名字是梅先生的意思。当时，我还没有“解放”，还是杜菊初家唱戏赚钱的工具。我学戏时，师父王瑶卿先生就跟我说，要学习南方的语言、看南方的戏。他特别推崇苏州评弹。所以，我对南方戏、南方话特别留心，慢慢地也能听懂南方话了。但是，杜菊初和他太太不知道我能听懂他们说话。有一天，杜菊初和他太太没出去打牌，我听到他们在八扇屏后面说话。原来，梅先生告诉杜丽云说，给我起名字的时

⊙ 梅兰芳与杜近芳。

候，要取“靠近”之意。也就是说，我的名字中要有靠近他的意思。杜丽云把这话告诉了杜菊初。杜菊初听后说：“好嘛，不是进去的‘进’，而是靠近的‘近’，那就叫‘近芳’吧。这社会是要变的，我做的那些个买卖，现在都让出去了。叫‘近芳’这名字，唱旦角响堂。将来，指着这俩孩子唱戏，这样更能赚钱多好。以后再找着合适的人，就把她们卖了，捞一笔钱，够养老的了。”我当时听到这些话，既感到梅先生对我好，同时又对杜菊初的打算感到恐惧和愤怒，心里暗暗想着，不能毁了自己，让他们得逞。我要逃命。我要保护自己，和他们斗争。我没有别人可以说知心话，但是，我和大姐杜丽云特别好，我就跟她商量办法：只有一条路可走，就是投奔革命。后来，我也是这么做的，而梅先生也帮了大忙。这是后话了。

梅先生对我的特殊，还体现在他教我的第一节课上。我拜完师以后，梅先生要给我说戏了。第一次去上课，我想，他或许会给我讲解梅派艺术的特点和发展过程，或者拿一出梅派戏给我重新归置，抑或是从头教我一出新戏。可我到了梅先生家，他给我上的第一堂课，竟然和王先生教我的第一课是同样内容——《易经》。梅先生把我叫到桌前，拿出毛笔，在纸上画了两个圆形图案，一个是太极阴阳鱼，另一个是外圆内方的铜钱形状的圆。我有点摸不着头脑，不知道梅先生用意何在。梅先生看了看我，意味深长地对我说：“光会唱戏是不行的，要多懂得一些人生的道理，要学习如何为人处世。”梅先生边说，边指着太极阴阳鱼的图形：“这叫‘八卦推背图’。你将来遇到一些重要的或是犯难的事情，就想这个推背图，从这个里面找答案，遇事权衡利弊。这叫‘进之有数，退之有路’。”梅先生又指着另一个图形问我：“这是什么？”我说：“这像一个铜钱。”“将来不管什么时候，你可千万别钻这眼儿里。要是陷到这眼儿里头，你就出不来了，救都救不出来。”我又明白，又有点不太明白地点点头：“师父，王大爷也教过我《易经》。”梅先生说：“那你应当会啊。”我说：“我学得不深不透，还不会用。”梅先生嘱咐我要记住这两条，自己多琢磨些道理，对唱戏、做人都有好处。所以，梅先生对我的教导是从做人开始的。他跟我谈艺术的时候，也会告诉我做人的道理。我曾听说过一件事：梅先生演《天女散花》的时候，给他管行头的人拿错了鞋，一只粉的，一只绿的。演完了之后，那个管行头的人跟梅先生道歉说：“大爷（旧时戏班里的人常称呼梅先生为“梅大爷”)，我下次再也不这样了。”梅先生说：“没事的。我那手里的绸子又是粉的又是绿的，谁没事看我脚丫子啊。”但是，那个人觉得非常愧疚。他是住在梅家的，就跟梅夫人要了点钱，买来一大堆各种颜色的布。这些布除了用来做鞋，还给每双鞋做了一个鞋套。他跟梅夫人说：“大奶奶，什么颜色的鞋，我就用什么颜色的布包着。今天唱什么戏、起用什么鞋，上面有字，也有色彩。这回错了，以后再也不会错了。”后来，他过生日的时候，梅先生还特地对他说：“咱们今天吃面，多加几个菜吧。你看你给我做了那么些鞋套。”梅先生与人为善，不分贵贱，都是合作关系。我牢牢地记住了梅先生给我上的第一堂课。我记得，后来学习毛主席的《矛盾论》，我没费什么劲就能理解，这跟王瑶卿、梅兰芳两位先生早年教了我一点易学有很大关系。今天，我回想起来，梅先生他老人家在我年轻的时候就这样指点、教诲我，使我的人生不走弯路，对我的教育和帮助太大了。

至于梅先生教我戏，那就更是特殊了。据旁人对我说以及我自己的感受，梅先生很少这样全面细致地教一个学生，我在梅先生那儿是受了大益处的。在我跟梅先生学戏之初，梅先生就很语重心长地对我说：“你一定要把三出戏都唱了，都学会了。”这三出戏是什么呢？第一出是南北两派的《思凡》，第二出是梅派花衫戏《廉锦枫》，第三出是梅派早期允文允武的《木兰从军》。梅先生的意思是，有了这三出戏的底子，无论是念白、唱法、身段、武功和表演，都能扎下比较好的基础；同时，在舞台上多实践、训练自己的体力和台上的火候，对于未来唱别的戏也非常有帮助。

我按照梅先生的要求，心中记住了这三出戏。在后来的若干年里，我不但学会而且演出了。比如《思凡》，我演出了，但我记得当时行头是错的，箱上给我穿的是道姑巾。而梅先生的剧照上穿的是直裰，这是僧家的服饰。道家的是道坎，僧、道是不一样的，但都用莲花。一般的凡世俗人是不会穿有莲花饰纹的衣物的，因为这样不吉利。现在，北京不讲究了。以前，去世的老人出殡是可以用莲花的。我记得，我奶奶入殓的时候，是用莲花纸儿，意思就是上天了、转世了。梅先生早年出国演出，带的就有《思凡》这出戏，为什么呢？一来，这出戏是独角戏，带的人少，行头也少，就那一套衣裳，方便。二来，这出戏载歌载舞，别看是一个人，但唱好了满台生辉，舞台效果好。梅先生特地嘱咐我，《思凡》要学南北两个

⊙ 京剧《木兰从军》中，杜近芳（左三）饰演花木兰。

路子，这两种各有千秋。我这个北方人要唱南派的《思凡》，必须过语言关，所以，我到上海演出时，没事就去听评弹、学习苏州话。后来，我竟还会唱一点儿弹词。

《木兰从军》这出戏，是茹莱卿帮助我师父王瑶卿先生一块儿设计、研究的。王大爷中年以后不演戏了，茹莱卿就把《木兰从军》教给了梅先生。梅先生根据自己的条件和理解，经过进一步研究，使《木兰从军》成为梅派早期的一出代表作。后来呢，叶家的闺女嫁给茹家，所以，叶家的《木兰从军》是接茹富兰、茹莱卿他们的。梅先生跟我说："你唱《木兰从军》别找旁人，正根儿就在你身边。你让老四（叶盛兰先生行四，梅先生总是这么称呼他）、元俊（即茹元俊，是茹富兰的公子、著名武生）他们俩，帮着你弄。老四唱过，元俊是茹家的家传，准没错。"因为叶家与茹家是亲戚，叶盛兰的这出戏得自茹家，所以，我的这出戏是叶盛兰先生和茹元俊大哥帮着抠戏、排练的。《木兰从军》这出戏既有闺门旦的唱念表演，又要穿厚底靴，按照武小生的功架和开打来表演，非常吃功夫，对演员的锻炼非常有好处。我后来也演出了。

《廉锦枫》这出戏也是梅兰芳先生早年的一出花衫歌舞戏，是京剧宗师、武生泰斗杨小楼先生帮助梅先生编排的。当时，杨小楼先生为梅先生设计了一些独特的身段技巧，非常有特色。这出戏边唱边做，载歌载舞，也很吃功夫。1958 年，我要演出《廉锦枫》。梅先生跟我说："这里面的很多身段动作，我现在走不了啦。这么办，当年是杨小楼先生帮我设计、编排的，这回啊，你让少春给你示范动作、加加工。”于是，他对李少春说：“少春，近芳要演的这个《廉锦枫》是杨小楼先生帮着我弄的。我让贾世珍给她说地方，我给她站站位置，我就不示范出来了。我要能示范出来，我就能唱了，但我示范不动了。近芳示范一遍，你给她加工身上。”当时，我有一个助教老师叫贾世珍，他是长期帮助梅先生做业务工作的，而且在台上傍着梅先生。对于我来说，贾老师是不可缺少的。《廉锦枫》这出戏，就由梅先生、李少春先生和贾老师三位一同帮助我排练，1958 年演出时，受到观众很热情的欢迎。

⊙ 京剧《廉锦枫》中，杜近芳饰演廉锦枫。

梅先生特别叮嘱我，学习他的戏，要学他在抗战前的唱法和舞台风貌。梅先生跟我说：“你要是真喜欢我，可别唱我抗战后的，我那时候不盯啦！ 8 年没怎么唱了。我们说‘千练不如一演’啊，我 8 年没上台，都生分了。你在台底下怎么练也不成，一见观众就不一样了。你要学，就学我从前的。”我问梅先生，找谁学去呀？梅先生说：“找我周围的人啊，你找谁都成啊，他们有时候比我还记得准我早年的演法。你已经有功底，也都学过、唱过，先让他们给你说路子，我再给你加工。你要有什么不明白的，别一样一样地问我。你把问题攒一块儿，一次性问我，我给你说。”我谨遵梅先生的教导，向王少卿老师、贾世珍老师、冯金芙老师等梅先生常年的合作者和熟悉梅先生的身边人问艺，向他们请教早年的梅派戏，也就是抗战前的舞台风貌。我的身段，也是追随梅先生早年的演法。总之，唱念做表都按照梅先生盛年时的演法来学习。我在学习和演出实践中遇到的各种问题，都向梅先生请教，梅先生也都给我举一反三式地一一解答。有很多戏，梅先生非常细致地给我抠。有时候，我是和梅葆玖一块儿学，更多的时候就我一个人。

后来，我参加了中国戏曲研究院京剧实验工作第一团，梅先生是我们的院长。在党和人民的培养以及梅先生的提携下，我的舞台生涯揭开了新的一页。梅先生对我可谓是费尽了心思，给我说戏、走台步、分析人物，手把手地教，对我有问必答、很不一般，致使我的师姐、梅派传人言慧珠对梅先生很“不满”。她说：“我们都是‘追’先生，而对近芳，则反过来，先生‘追’学生。”梅先生解释说：“你们已经学有所成，有了一定的名气。近芳还小，是个学生，她已经参加了国家剧院，因此，更需要我多给她说说。”比如说，梅先生听说我唱的什么戏挺好的，就会关切地对我说：“你要继续巩固提高啊，别忘了啊。”听说我和别人闹别扭了，他就语重心长地说：“听说你跟人家闹别扭了，脾气不好要砸锅的啊，千万别那样啊。”院里有些人不好好唱戏，他知道了，怕影响到我，又对我说：“有的人在那儿混，你可别混啊！”我到梅先生那儿去，有的时候，他遇到问题了，看看左右没人，就在屋里和我说几句心里话。有时，我就跟他汇报汇报院里的一些情况。有一次，我跟梅先生说院里的事，说大家都来跟我要主意。梅先生跟我说：“你在台上站哪儿？”我说：“我站中间啊。”梅先生说：“其他的人不跟站中间的人说，跟谁说去呢？你在台上站中间，你就是角儿，你的意见还是有一定作用的。现在有领导来管，谁和谁的矛盾，你别掺和，你甭管。”有的时候，我受了委屈，感到很憋屈，告诉了梅先生。梅先生就很平和地对我说：“好好背戏去。宰相肚内能撑船，咱们把艺术弄好了就行了。”我受梅先生的影响很多。他不但在艺术上帮助我，在为人处世上也对我有很多教诲与提点。我那时趁着老前辈都在，真是拼了命地就想着多学点戏，能多学一出就多学一出，把心思全放在艺术上。

三、旭日东升

烧关书获得新生

新中国成立以后，已经是新社会了，我不能再替杜菊初这样的封建把头卖命唱戏。何况，我听到杜菊初他们密谋要把我弄到香港去，更感到非解决自己的问题不可了。我去找我的大姐杜丽云诉说了苦衷，杜丽云大姐就开始帮我想办法、拿主意。她与梅先生把我的事情跟组织上说了，也向周恩来总理汇报了，组织上作了一些秘密的安排。

那时候，我还跟杨宝森在武汉演出，演了50场。头三天是“打炮戏”。就在我演出的第三天，梅先生带着秘书许姬传，悄悄飞到武汉。他们飞武汉，是专门来办我的事情。据说，梅先生来的时候很秘密，穿得也很朴素，一到武汉就先找到崔嵬。崔嵬是著名影视演员、导演，当时是共产党在武汉文化界的领导。与崔嵬谈完，梅先生又找杜菊初谈话。梅先生对杜菊初说：“你应当把杜近芳带回北京去。你总让她四处演出，不能保证学戏。如果不趁着这些老前辈们都健在，再多学几出，将来他们都走了，跟谁学去呀？我觉得，近芳这孩子拜了我以后，她的思想还是挺进步的。我希望你保证，她在这儿演完50场之后，再不带她往别的城市去，必须安全地把杜近芳送到北京。你得下保证，而且得签字。如果出了差错，你得负责任。你要知道，现在是共产党领导，从前的那个旧社会不存在了。你明白该怎么做吗？”杜菊初当然也比较识时务，就写了保证，也签了字。这件事情是过了很长时间，崔嵬才告诉我的。那时候，我还叫他“巧克力叔叔”呢。

之后，梅先生又单独找我谈话，让我演完50场坚决回北京。我问他：“先生，我们演完了，是您带着玖哥（指梅葆玖）来演，您是不是到这儿来了解情况啊？”因为梅葆玖之后在武汉也有演出。梅先生说：“我不是了解情况。我这次是带着许秘书来的，晚上就得赶回去。我这次来是专门为了你的事。我觉得，你现在跟着杜菊初这样下去，不是长久之计。你回去后，先别透露要参加剧院的事。你就打出一块牌子。你不是有个双近社吗？你还当你的班主，别露馅儿。你的问题，会有人和你接头解决。你就记住，与你接头的人，一个叫马少波，另一个叫薛恩厚，再一个叫罗合如。”我说：“师父，我不会写字，记不住。”梅先生就帮我写了下来：“马，薛，罗。”梅先生还告诉我，周总理已经知道了我的事，与我接头的人也会直接把我的情况上报周总理。梅先生又问我：“你认识萧盛萱吗？”我说：“在北京的时候就认识。”“那你认识叶小五（指叶盛长）吗？”我说：“认识啊，叶五叔啊。”梅先生说：“让他们帮你的忙。你可能得从老杜那儿搬出来。你先别动声色。不让你亮牌子的时候，你千万别亮牌，要不然会出危险。”我非常感动，问道：“您就为这个事情来的啊？”梅先生说：“我不来不行啊。我不来，电话和信里说不清，我不放心。”

在武汉演完了 50 场，我回到北京。我也不敢跟别人说这个事。对杜菊初那儿，用的是缓兵之计。我告诉他，我天天上我师父那儿学戏去。实际上，我在忙着给我父母搬家的事。萧盛萱、叶盛长先生给我另外找了房子，让我把我父母接过去。我 12 岁出家门，在杜菊初那儿住，大部分时间在王家，也没什么东西搬。但我父母不一样，他们原本住在米粮店的磨坊里，现在要搬出来，要办手续，要整理东西，这些事情都是背着杜菊初做的。找的房子先在金仲仁（著名小生演员）先生住的跨院，北房跟西房是钱元通在那儿住着，我们住南房。南房有点儿热。我说：“只要解决问题，不管住哪儿都行。”正在这个时候，我听说迟金声（马派老生、著名京剧导演）的续叔母那儿有套北房，是一大间、一小间，还在院里搭了一个厨房。我们就决定搬那儿住，这样就比较宽敞了。

搬家的事办好以后，我还是先回杜菊初那儿住。一开始我对杜菊初说，我是上王先生那儿学戏。后来，杜菊初被安排在剧团业务科。他本来就是约角儿的，现在还是干老本行。慢慢地，我也跟他说，我去京剧院上学去。

一切事情都办得差不多以后，有一天下午，我对杜菊初说：“今天，咱们都去看看王瑶卿先生吧。”那天下午，马少波、梅先生都到王先生那里去了，几个人很严肃地坐在那儿。杜菊初到那儿以后，看到这阵势就有点儿发愣。马少波开门见山跟他说：“今天呢，咱们就解决一个问题：杜近芳在你这儿的卖身契。你当时就欺骗了她，跟她爸爸说的是 4 年。结果，你让代手人写成 6 年。从 1945 年到今年 1951 年，几年了？”杜菊初也承认：“6 年。”马少波又说：“这 6 年来，杜近芳一天没歇着，一直给你挣钱。你那合同上写的是与她四六分账，结果呢？你没给她一分钱。你一天挣多少？

你一天要拿20根金条啊！她自个儿挑牌的时候，你一天挣多少钱？就是杜近芳拜了梅先生之后，你也不给她钱，是杜近芳自个儿想主意，梅先生倒贴钱。这么多年，你赚了多少钱？你在杜近芳这儿挣的钱，够你们家一辈子吃的了。杜近芳没问你要一分钱，你也一分钱没给过她，所以，杜近芳寒心了。她恨就恨在你太狠心了，她还要养活她的父母。今天，我们还给你一个改造的机会。你在京剧团业务科，还干你的老本行。不过，你不是给黄金荣、杜月笙干了，你要做人民的公仆。你要干就干，要是不干，也有你去的地方！”马少波说完，杜菊初还想狡辩：“哎呀，因为我开销太多。”梅先生说：“行了，你什么都甭说了，别找借口。你对近芳这孩子太残酷了。这孩子伤心透了。她跟我们说了，为了养活她爸爸，给你挣钱够了。”王大爷也发了话：“近芳这孩子是我抠出来的，那么多班社抢她。这孩子给你挣的钱，比所有的大角儿给你挣的钱都多得多。你呀，好自为之。这孩子呢，她自个儿的行头，是她自个儿挣的，你不能留她一样东西。”杜菊初连连点头。但是，我有骨气，我说：“你的一根草、一根火柴，我都不要。打这儿起，咱俩不认识了！”马少波最后说：“杜菊初，要往严重点儿说，你真应当劳改。我们现在对你是采取了团结的政策。行了，杜近芳，去，把你家那卖身契拿来烧了。”我立刻从大马神庙跑到大吉巷。我就这么跑啊跑啊，脑子里只想着一件事：那张束缚着我的卖身契，把它烧了，我就解放了。我一溜烟儿跑回去。我家里有一个黑丝绒口袋，里面装着我的那个卖身契。我拿着卖身契，一口气又跑回大马神庙。我师父王瑶卿先生说：“近芳，把我的脸盆端过来。”我师父洗脸的盆，平常不许别人用，是黄铜的。那天，他把那脸盆拿毛巾擦得锃亮，对我说：“把两张卖身契都拿来，在这里烧。”杜菊初老老实实地把他存的那一半卖身契从身上拿出来。王大爷把两张卖身契合在一块儿，搁在脸盆里头。马少波拿来火柴，王先生一根，梅先生一根，马少波一根，我一根，一起点火烧卖身契。马少波跟杜菊初说：“老杜，你也得烧，你这不合法、不合理。”杜菊初连忙摆手，他说：“我没有资格了，共产党不枪毙我已经是开恩了。”他直在那儿说好话。我们四个人一块儿，就在我师父的脸盆里把卖身契烧了。我师父说：“我这盆干净，烧得干干净净的！今天晚上，杜近芳你就别回老杜家那儿了。”那天是我人生中的重要时刻。烧了关书，彻底和杜菊初断绝关系，我就彻底解放了。

烧了关书以后，我就跟我的父母住在一起了，同时也光明正大地去剧院上班，不需要再躲着避着。我天天按照剧院的要求练功、学戏、演出、观摩，觉得自己的前途是光明的、事业是有希望的。我是怎么知道周总理很关心我的呢？有一天，在中南海怀仁堂的演出，周总理请了很多德高望重的艺术家来，我记得有萧长华先生、郝寿臣先生等人。他们有的演戏，有的不演，就去坐一坐。那天，我也在后台，扒下场门乐队上的窗户，结果把脸弄花了。我正在旁边练功呢，周总理到后台来了，他对那些老艺术家特别尊重。我就躲在别人身后瞧瞧周总理长什么样。周总理一看我是一小孩儿，没什么规矩，脸上还都是黑的，问这是怎么回事啊？大伙儿把我揪出来了。周总理问我叫什么、是怎么回事。我说，我叫杜近芳。周总理说："哦，你就是刚解放出来的那个杜近芳啊？"我说："是啊。周总理您好啊！我可回来了。"他说："你好好读书，好好向老前辈学习。"我连声说是。周总理的这两句话，一直指引着我之后学习、工作的岁月。

国家剧院的京剧人

1951 年前，我加入了文化部戏曲改进局京剧研究院。1951 年，文化部机构调整，成立了文化部中国戏曲研究院，我在其下属的京剧实验工作第一团工作，这就是中国京剧院的前身。1955 年，中国京剧院成立，我在一团工作。那时候的条件是比较艰苦的，但是，我整个人都焕然一新了。共产党营救、培养、哺育了我，对我来说，这是个翻天覆地的大变化。我从被人瞧不起的戏子变成了光荣的文艺工作者，我知道自己的前途是光明的。我当时只有一种心情，那就是好好报答党、报答祖国和人民。

我那时候很年轻，水平很有限，和我搭档的却是像叶盛兰先生、袁世海先生这样已经享誉大名的大家。如果说他们在台上的功力是一万度，那我就得努力达到一万度，不然，在舞台上打不出火花。

我到团里后演的第一出戏是《天河配》。在决定演这个戏之前，剧院先带我们看了中国戏曲学校的版本。我觉得，戏校的《天河配》别的都不太好，只有"鹊桥"那一场演得不错。钱浩梁饰演喜鹊王。灰色的鹊桥上，蹲着、挂着许多喜鹊，还有展翅的。这个是戏校独有的，在别的科班没

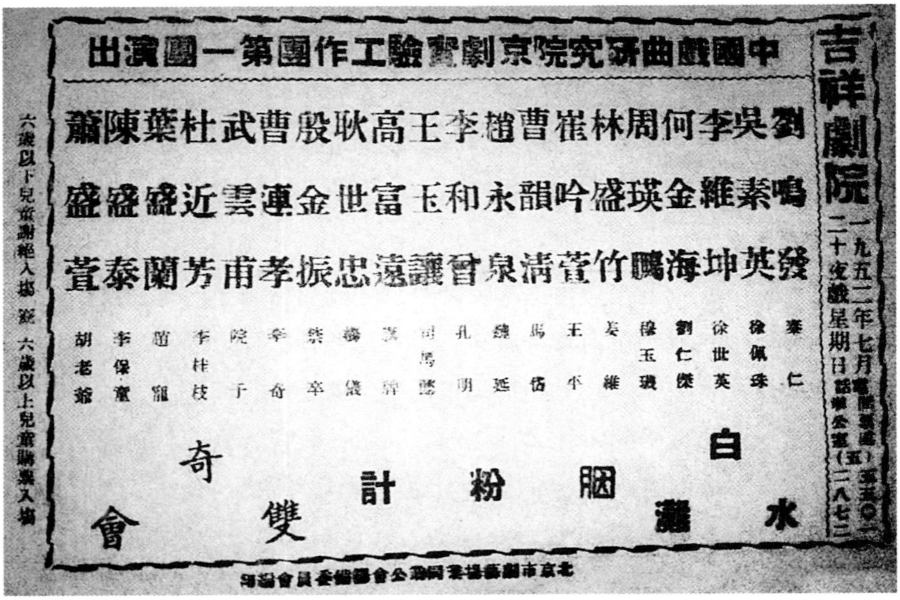

⊙ 1952 年 7 月 20 日，中国戏曲研究院京剧实验工作团第一团在北京吉祥剧院的演出单，杜近芳演出《奇双会》。

有。看完演出不多久，作为一团团长的叶盛兰就召集艺委会开会，他说：“咱们把近芳叫来，问问她演不演？”我去以后，告诉我一团在 7 月份要演《天河配》。叶团长问我：“我们现在有一个《天河配》的新剧本，你能演吗？什么时候能学会啊？”我当时的回答可真厉害。我那时虽然年岁小，但懂的、知道的不少，也不会拐弯抹角，就直说：“我会三个路子的：鸣春社一路子，荣春社一路子，广德楼一路子。咱们唱哪路子？”叶盛兰觉得我挺有意思的，笑呵呵地问我：“你说你唱哪个路子啊？”我说：“我想唱一个没有路子的路子。我听我爸爸讲过，富连成有一个路子，要上八仙、跑云牌。而且，牛郎、织女会面后，在王母娘娘宴请众神仙时，牛郎把酒壶摔地下了，这才贬下凡尘。我想唱这个的。您在科班唱过吗？”我直愣愣地反问他了。大家伙儿说，妈呀，不得了，照她这样改，剧本还得了？叶盛兰说：“这次的《天河配》拿的是人家的新剧本。”我说：“《天河配》是应节戏，甭管新剧本、老剧本，改不了什么。”后来，决定让我参加演出。结果呢，这出戏排了三天，我就都会了。当时还有一些不会的人，我就说：“怎么旁边的还不会呀？要指着剧团卖票吃饭，这就揭不开锅了。”您听，我说话够噎人的吧。

《天河配》有从“云路”到“碧莲池”一场戏，他们都不会。我说，“碧莲池”和“洗澡”没什么呀。但是，我这“洗澡”可有东西，跟你们男同志不一样。我有绸子功（绸子功分两种：一种是绸子天行云，另一种是表现沐浴），是跟我大师姐张冠珠学的。阎世善老师给我们排练，还有曹韵清、高韵芬等从富连成出来的演员，所以，我很有信心。我就给大家说“碧莲池”，“云路”也是我给大家说，云帚该怎么拿、沐浴该是什么动作。团里都觉得这小姑娘不一般，就另眼看待我了。

当时，我的年纪比较小，同团的多半是比我年纪大、有经验的成熟演员。我同他们一块儿合作，得到了很多成长。比如，叶盛兰先生是一团团长、著名小生演员，他很培养我，很多戏都是我们的生旦对戏。可以说，他在台下提点我，在台上带着我演。我呢，由于是行里出身，从小学戏，后来在王家学习，然后搭班唱戏，虽然年岁不大，但学的、演的、看的比较多，爱琢磨，爱挑刺儿。所以，叶盛兰团长总爱听听我的意见，问问我的看法。我呢，也总是实话实说，谈出我的看法。当时，中国京剧院的艺术创作的氛围非常好，非常有利于我们青年演员的学习、成长。当时，院里有扫盲班。我说，我目不识丁，应当念书去。这样，我就一边识字上扫盲班，一边参加一团的演出。刚进团的时候，一个月挣 28 块钱，我没觉

⊙ 1956 年，中国京剧院一团合影。第一排由左至右：王玉让、李宗义、黄玉华、李慧芳、叶盛兰、杜近芳、栗金池、李洪春、周英鹏；第二排由左至右：赓金群、萧盛萱、何金海、李元瑞、冯玉增、李金鸿、王玉敏、徐志良、郑亦秋、曹韵清。

⊙ 1956年6月2日，叶盛兰夫人刘淑卿与中国京剧院一团部分女演员在兰州合影。前排左起：杜近芳、刘淑卿、李慧芳；后排左起：黄玉华、陈素贞、马永菡。

得钱少。我没有一天是闲着的，除了演戏，还抓紧机会看戏。我就在后台找一个不碍事的地方，看中国京剧院的好戏，一门心思，抓紧机会多学习。

我在剧院里头有很多老师，他们对我真好，我也诚心诚意地向他们请教、学习。比如武旦、刀马旦，我就有三位老师：阎世善、高韵芬、李金鸿，他们各有绝活儿。脚下、身上最好看的，是阎世善，他是“九阵风”阎岚秋的侄子。高韵芬是唱刀马旦的，跟冀韵兰一样，手里头特棒。李金鸿的手里头好，打出手棒。还有“京剧皇后”雪艳琴，她独挑一面，艺术水平很高，也教过我、指点过我。

我的琴师是周昌泰，后来是周国兴。我小时候，在王家，琴师是金大军；“文化大革命”结束后是李门、李超。我的鼓师没换过，就是赓金群。他爱创作，大家都抢他。我的笛师有两个人，一个是迟景荣，另一个是霍文元。我是京昆“两下锅”。

“文化大革命”以前，我的导演是郑亦秋，他是帮着田汉老做事的，田老给他起名叫“小才子”。郑亦秋做导演，导了不少戏，最喜欢麒派。他住的离故宫近。我喜欢拉着他一块儿看画，让他给我讲。

我的文化老师是周士林。他曾经在国民党的剧团待过，到中国京剧院后主要是写谱子。“文化大革命”的时候，我还藏过他写的曲谱，现在再也找不到那么好的谱子了。周士林老师让我从汉语拼音学起。给我上历史课的是苏维民，他有文化。还有一个叫祝友训，他的文笔不错，是做党支部书记工作的。再有就是曹韵清，他一直做共青团的工作，后来在一团做党支部委员工作，再后来主要是做导演，对我的帮助很大。

“柳荫”一曲忆王师

我在恩师王瑶卿先生诞辰100周年时，写过一篇《“柳荫”一曲忆王师》的文章纪念恩师。这篇文章很好地写出了王瑶卿先生在深厚的传统积累基础上，根据时代新的要求进行创新的艺术功力和艺术精神，同时，表达了我的缅怀之情。这篇文章发表在《人民戏剧》杂志1981年第10期上，全文如下。

王瑶卿先生是京剧发展史上一位继往开来、承前启后、做出了不可磨灭贡献的现实主义表演艺术家，是京剧旦角表演艺术创新道路的开拓者。他打破了旦角行当间的严格区分，融青衣、花旦、刀马技艺于一身，在表演、唱腔、服装、化妆等方面都有突破和革新，丰富了京剧旦角的表演艺术。在终止了舞台演出的后半生中，他一直致力于京剧教育。他不仅是善识“千里马”的“伯乐”，而且还甘为人梯，对有发展前途的后进者，能够无私地尽全力给予提携和帮助。当年梅、程、荀、尚四大名旦在剧坛争奇斗艳，竞演新戏，哪一个人的新剧目中没有得到过他老人家的指点、教益呢？这四大流派的建立，旦角表演艺术多姿多彩新局面的形成，和王瑶卿先生是有着密切关系的。

说来我很幸运，在我学艺之始就投入王门。那还是在新中国成立前，大马神庙王家曾经是我日夜盘桓的地方，在那里我不仅学戏，还学到了许多生活知识和做人的道理。我永远不能忘记在师父身边学习的日日夜夜，他那严格的教诲，他那幽默风趣而又寓意深刻的话语以及他对我慈父般的关怀爱护，给我苦难的童年生活带来了欢乐、温暖和鼓舞。

新中国成立以后，师父受到了党和人民极大的尊重，肩负着戏曲教育

⊙ 京剧《柳荫记》中，杜近芳饰演祝英台。

事业的重担，孜孜不倦地为京剧事业的发展培育出了更多的接班人。当时，虽然师父全力从事教育工作，可是在艺术创新的道路上却从来没有停止过前进的脚步。

师父临终前为我排演的京剧《柳荫记》，就是他老人家勇于出新的艺术思想的最后结晶。1952年全国第一届戏曲观摩演出大会结束之后，我见到周总理，总理指示我要把会演中的优秀剧目川剧《柳荫记》学到手，我便向著名川剧演员陈书舫老师学习。后来马彦祥同志将川剧整理为京剧，由当时的中国戏曲研究院京剧一团排演，师父担任了这个戏的顾问。从唱腔设计到舞台表演、服装造型、舞台美术的安排，他都付出了巨大的劳动。

⊙ 京剧《柳荫记》中，杜近芳饰演祝英台(1952年摄)。

从川剧到京剧，首先碰到的是唱词关。要准确地表达人物的思想感情，就得突破京剧唱词的传统格律，而这会给唱腔设计带来困难，但师父对此却持欢迎支持的态度，他说过："唱词总是死板的老一套，我怎么创新腔？越是不规则的句子越能出新腔。"他鼓励马彦祥同志："你就大胆地写吧！你写词我编腔，你写一个字，我能给你唱出上下句来；你

⊙ 京剧《柳荫记》中，杜近芳（左）饰演祝英台，叶盛兰饰演梁山伯。

就是写一百个字，我也能给你唱出上下句来。”祝英台一出场唱的“春日长，身坐愁城怨难当”是十个字，按说只能是个上句，可是师父一手拿着词，一手拿着小戒方拍着板，同时就哼出了旋律，“春日长”唱成上句，“身坐愁城怨难当”唱了下句。字数尽管不规则，可是唱腔宛转自如，听来自然流畅，毫无生硬之感。用一句通俗的话来说，师父的肚子里是真宽绰。他不但传统功底深厚，而且善于融会贯通，变化应用。无论什么样的难题，只要一拿到他老人家面前，马上迎刃而解。就拿这出《柳荫记》的唱腔设计来说，师父构思的精巧、速度的敏捷实在是惊人，只用了七天的时间，就全部完成了。每段唱腔都很切合人物的心境，初听起来，好像都是熟腔熟调，可是你细品味去吧，从很多细微的地方都能找出与传统唱法不同的区别来，既新颖动听，又没有脱离原有的韵味。像“思兄”一场中祝英台唱的〔四平调〕“八月桂花香，九月菊花黄，十月寒霜降，不见我梁郎”这四句五字的排比句的唱腔，在《贵妃醉酒》中的“恼恨李三郎，竟自把奴撇”可以找到它的影子。可是比较起来，它又不同，曲调丰富了；增强了抒情色彩，细腻地唱出了祝英台对梁山伯望眼欲穿的思念之情。这出戏里那么多的板式重复出现，可是没有一句重腔，这真是不容易。所以我认为师父的唱腔设计可以算是一个“范本”，他的创腔经验值得深入研究，这对于今后进行京剧唱腔的继承革新是有指导意义的。

祝英台这个角色，我是很喜爱的。排这个戏的时候，我还很年轻，对角色的理解和体验很不深刻，只是在恩师王瑶卿先生、梁山伯的扮演者叶盛兰先生和编剧马彦祥、导演郑亦秋同志的启发帮助下，才完成了对这个形象的塑造。差不多与此同时，我还排演了《白蛇传》。提起这，

还有这么一段故事：有一次周总理看了《白蛇传》，提出一个意见，他认为在“断桥”中白蛇拦阻青儿杀许仙时，一定要掀起一个高潮，把气氛渲染得浓浓的。以后我就一直在考虑如何体现总理的这个意图。原来唱的“青妹慢举龙泉宝剑”，调子比较迂缓平淡，不够突出，怎么变化一下呢？我就去请教师父。他说：“这个地方你唱嘎调，冒个尖，不就突出了。”可嘎调该怎么唱，师父没有具体地跟我说，就让我自己琢磨去。不久，他老人家便去世了，这个问题并没有得到解决。我又向梅先生提了出来。梅先生考虑了一下，慢声细语地告诉我说：“前四个字你可以不唱，拔高叫起来。我在《霸王别姬》里虞姬舞剑前的那句‘如此妾妃献丑了’的念法，你可以借鉴过来，但是要去掉虞姬的那种凄凉的意味。”我就按梅先生说的把这句唱变化了一下，念“举”字时异峰突起，用了个和后面唱腔中最高音同样的音高，极为高峭挺拔，再配合上动作眼神，表现了在这千钧一发时白蛇的急切心情。祝英台和白蛇虽然都是善良、勇敢和美的化身，具有同样的悲剧命运，可是两个人的身份、遭遇、处境各不相同，因此在表演上就不能雷同。师父常常训诫我说：“死戏要唱活，活戏可不能唱死了，十出戏你就得唱出十个样儿，可不能十出戏一个样儿。”就以第一个出场为例，一般传统戏的旦角出场都有一套固定的程式，表现祝英台和白蛇却不能简单地套用旧有的程式。白蛇的上场尽可以比较缓慢，但她内心是喜悦的，她乍到人间，喜不自胜地领略着美丽的湖光山色，同时对未来的新生活充满着幸福的憧憬。然而祝英台一出场就处在矛盾冲突之中，她要向父亲争取到外出求学的权利，能不能争取到，今天是关键时刻，所以她的上场就比较急促，既反映了她的焦躁不安，也表现了她斗争到底的决心。祝英台离家的目的就是要求学深造。最初她和梁山伯完全是两小无猜、纯真诚挚的感情，三年的书馆生活，梁山伯的忠厚至诚以及两个人在思想上的融和一致使兄弟情谊发展成为爱情。要表演这个变化过程，一定要掌握好分寸，不能过火。这个转变的关键是在书馆。下课了，两个人一起离开书馆，英台毕竟是个柔弱的女孩子，一阵寒气袭来，不禁瑟缩起了身子。山伯脱下衣服给她披上御寒，她犹豫、拒绝，一再退避，然而山伯是那样地真心诚意，她不得不穿上了。衣服一穿上身，英台可就动了感情了，这时的感情十分复杂。师父不满意我的表演，他提出，你光说复杂不行，你得做出来让观众也明白。

在他的启发下，我是这样表演的：山伯先走了，英台用颤抖着的手抚摸着衣服，这不是寒冷所致，而是心灵的颤动。听到山伯呼唤："贤弟，来呀！"这声音犹如一块小石头投进清澈宁静的小溪，激起了层层涟漪，英台周身的血液都沸腾起来了，支支吾吾地不知道说什么好，左顾右盼没有别人，这才折起袖子，仔细端详衣服，从左手看到右手，想到山伯诚笃忠厚的为人，庆幸自己找到了理想的伴侣。一想到这儿，心情更加激动，脸上发烧，这时用了一个旦角常用的动作，害羞，一遮脸，飘然下场。每次演到这里，剧场效果都很强烈。我觉得这个地方一定要铺垫好，不然后边的十八相送、自许终身就缺乏内在的依据了。

再举"哭坟"一场为例。娶亲的花轿来到南山，刚刚停住，满堂红中一个浑身缟素的英台冲下轿来，散乱的目光四处寻觅着坟墓。突然间风雨大作，左跌右滑，蓦然面前出现了山伯的墓碑，一个停顿，想扑上去，又一阵昏眩，几乎晕倒过去，强自镇定，支持住自己。随着"梁兄……"一声凄厉的呼号，一个急转身，跪在地下，用一排急速的跪步直趋坟前，恸哭失了声。唱"我哭、哭一声山伯，叫、叫一声梁兄啊"时，师父说："你这表演不够劲，你是下定决心要殉情的，见坟如见人，你还不趴在坟上一诉衷情啊！"这可真给我出了难题了。我当然不能真如生活动作一样地趴在坟上，得既要表现英台的悲痛欲绝，又要照顾到姿势的优美。我一连设计了几种姿势，师父都不满意，最后我设计出面向台里、背对观众、身子俯向坟碑的造型，师父才算认可了。他说："这姿势好，可以让观众从背上看到你的戏。"

师父对我的要求是非常严格的。他指导我创造角色，从不预先设计好一个模式让我机械地效仿。他总是从正面或反面向我提出各种问题，循循善诱地启发、引导我自己动脑筋，有时真是憋得我头痛。可是师父有时又能用一句话或一个暗示就把我从困惑中解脱出来，使我开了窍，而一旦寻求到了创造角色之路，那收获的喜悦也是自不待言的了。

我们要学习王瑶卿先生的创新精神，不断地把京剧艺术推向前进，跟上这日新月异的新时代。今天重演《柳荫记》，就得根据观众新的审美需要，做一番整理，将师父生前不尽满意而又没有来得及加工的地方弥补一下，以完成师父未了的心愿，使这个剧目锤炼得更加完美动人，这样做才是对师父的最好的纪念。

战火纷飞受洗礼　赴朝慰问可爱人

“抗美援朝，保家卫国”。我感到极为光荣的是，作为第一批跨过鸭绿江的文艺工作者，亲赴朝鲜战场，慰问我们最可爱的人——中国人民志愿军将士。

1952 年，有一天，我早上去剧院上班，看到宣传栏里贴出了一个告示，上面写着四句话：“抗美援朝，保家卫国，光荣牺牲，凯旋而归。”原来是号召大家报名参加赴朝鲜的慰问团。我当时看到后，心里就按捺不住了。我想，如果没有共产党，就不会有我现在的工作与生活。作为从旧社会过来的艺人，我觉得自己身上多少会沾染一些不好的习气，希望通过参加抗美援朝慰问团，通过战斗的洗礼，洗去这些不好的习气，进一步学习，提高认识，提高思想觉悟。当然，去抗美援朝的前线有牺牲的可能，但这个牺牲是光明磊落的，是为了捍卫祖国的，所以，我不怕。这就是我当时内心的真实想法。我想，许多和我一样从旧社会过来的艺人，甭管年岁大小，普遍是这样一个态度和想法。

我当时唯一的顾虑就是我的父亲。我父亲一直把我当成掌上明珠，从小就一直呵护着我，要是知道我要上前线，可能得急死。因此，我向组织提出来，我参加赴朝慰问团的这件事，一定要瞒着我父亲。临行之前，我总要回家里拿必需的生活用品吧。我也不敢一下子全拿走，怕我父亲看出端倪。我就像蚂蚁搬包裹一样，今天拿一点，明天拿一包，一点一点地从家里往外拿，然后打好行李。

当时，若是参加赴朝慰问团，不仅要进行严格的政审，还都要在保证书上摁手印。有两个同志当面给我解说参加赴朝慰问团可能遇到的危险，我说：“你们不用说了，我已经考虑好了，我签字、摁手印就行。”京剧院里有哪些人去了呢？何金海去了，一团团长叶盛兰去了，李和曾去了，拉京胡的周国兴去了，鼓师赓金群去了，萧盛萱去了，李世霖去了，武花脸高盛虹去了。张玉禅去了，他是我们那儿扫边的武生，是洪爷（李洪春）的干儿子。洪爷生病时，《挑滑车》就他唱。王玉让去了，赵文奎去了，茹元俊也去了。女同志除了我以外，吴素英、严慧春去了。总体来说，政治上表现好的人才能去，而我们一团去的人最多。你说去战场害不害怕？肯定害怕，但是，我们当时就是有一股很无畏的精神，觉得非常光荣。

⊙ 叶盛兰（左）、杜近芳在朝鲜战场合影。

我们这些参加慰问团的人，在赴朝之前，先到沈阳，学习一些跟着部队上前线的基本常识，学习部队行进和撤退的基本动作，比如卧倒、匍匐前进等等。撤退的时候，就要在地上匍匐着。我学这些的时候并不觉得很难，毕竟有“扑虎”的功夫在。但是，另一项学习却让我们这些京剧演员感到困难，那就是打背包。我们那个笨哟，现在想想都挺有意思。部队的同志说，由于战争的特殊环境，很可能住的地方是没有灯的，必须要训练到在没有灯甚至是闭着眼睛的情况下，都能把背包打好。别说没灯，就是在有灯的时候，我们都打不好呢！那时候，我还是无名之辈、小演员，叶盛兰、李和曾都已经是很有名气的大角儿。我们这些人在很长的院子里练打背包，老百姓都开心地在一旁围观。你想想，看着台上的名角儿们打背包，那得多有意思啊！我们把背包打好了，老百姓还给我们鼓掌、叫好呢。我们后来尽量缩减行李。为什么呢？因为在没灯的情况下必须在10分钟之内打好背包上车，东西越多越难打，真的不想多带东西了。我从北京穿去的棉鞋到沈阳还是嫌太冷，于是跟组织借了30块钱，买了一双更保暖的皮靴。我们那时候的穿戴都是军事化的，右边是医疗袋，左边是食品袋，中间别着一根手电棒，后面背着背包，一副军人的模样。

赴朝慰问团一共有三个梯队，我所在的是第二梯队。为了避免暴露、保证安全，我们要趁晚上的时候跨过鸭绿江。在封锁线那儿，正赶上志愿军换岗，我们的车周围有很多战士。有一个战士大概是太劳累了，拿出打火机，想要抽支烟放松一下。打火机的火苗刚亮，只听“当”的一声枪响。原来，为了防止暴露目标，封锁线附近都不能见光亮。这一枪算是对那个战士的警告，正好就响在我附近，在我听来就好像在我脑袋边上。我以前从没听到过枪响，吓得一下子捂住耳朵缩着脑袋，别提多狼狈了。当时正在打仗，我们过鸭绿江桥的时候，美军的一颗炸弹落了下来，桥上着了火。只听开车的志愿军同志大喊："抓住了！"我们的吉普车就从已经着起火的桥中间"噌"地蹿了出去。车子一路狂奔，开到远远的一个树林里转了好几圈，防止车上有哪儿着了火，直到确定安全，才停了车。我们下了车，往桥那儿一看，桥上已经是熊熊大火了。司机说："咱们要是不抢着冲过来，就惨了。"我觉得，我们的战士真的是太勇敢、太厉害了，也感到这才刚过鸭绿江的桥就这么惊险，后面不定还有什么状况等着我们呢。

当时正是抗美援朝战争比较激烈的时候，我们每次赶路都是夜行军。夜间行车，有时候车开得飞快。有一次，我没有抓紧，加上我那时候人又轻，才 80 斤，居然从吉普车上被甩了下去。我只得爬起来，跟在车屁股后面喊："等一等我，我掉下来了！等一等，后面还有人呢！"后来，为了防止我再掉下车，司机想了一个办法，他说："这样吧，我用你背包的绳子把你捆在车上吧。"我说："那我下车的时候怎么办呀？你这扣，我不会解呀！"司机说："没事，你的扣在我手里攥着呢。你只要坐稳抓紧，别再掉下去就得了。"于是后来，我每次都是被捆在吉普车上行军的。

有一天赶长路，我们的车是往前走，返回后方的军车与我们是反方向。为了争取时间，两辆车开得都比较快。对面的军车不右行，直奔我们的车开来。我们的司机有经验，急刹车不动了，车上的人都吓了一跳。对面车的司机也突然刹车，下车跑到我们司机的窗户旁边，一个劲儿道歉，直说这几天因为没有睡觉，开车犯困了。我们的司机安慰他说没事，这样就各自赶路了。当时，薛恩厚坐在副驾驶的位置，叶盛兰先生坐在司机后面，我坐在一个比较安全的角落里。薛恩厚的头撞在挡风玻璃上，撞了个大包，肿得还挺大。

我们行军都是黑着走。行军用的吉普车，车灯都是在底下的，只照路，也只有司机看得见，从空中是看不见的。司机就在枪林弹雨里，把吉普车开得飞快。在夜行赶路的时候，我们还看见过志愿军战士用高射炮打飞机，从山上飞出的炮弹把美军飞机打碎了。嘿！那场面比放烟花有劲。我们大家都觉得又惊险，又高兴。说真的，我不满 20 岁到朝鲜，就跟小孩儿似的。虽然我们在战地都只能路过看一眼，不能在那儿久留，但我觉得那些战士太勇敢了。我刚开始的时候还胆小害怕，不适应，到后来可就慢慢不一样了，胆大了，被战士的勇敢和激情感染，想跟着战士一块儿上阵冲锋呢。

在朝鲜，我们吃什么呢？都是志愿军给我们送菜送饭。开始是馒头，也没什么菜，菜都是用一个大盆盛着。我们就是一口馒头一口菜。后来，吃的就没这么讲究了，基本上是遇到什么吃什么。我带着个大瓷缸，吃饭、喝水都是它。一开始，我不太适应，吃不下去，但是我年轻，适应力又强，后来是什么都吃，也挺能吃。

我们刚开始住在山洞里。里面氧气不足，人一进山洞，就觉得脑袋沉重，喘不过气来，只想找个地儿趴着，感觉累极了。手电棒打不着，打火机没用，火柴成了棉花，更别提抽烟了。所有的亮光就只靠一盏小油灯，那一点儿亮。遇到外面下雨时，洞顶还得用军用帆布托着，支起来，把水排出去。后来，上面派了九位战士来，他们想给我们在树林里搭一个板房。结果那天晚上，美军的飞机扫射，这九位战士都牺牲了，我们很悲痛。这以后，我们就一直住在山洞里。山洞里地方不大，进去就得上炕，不然没有落脚的地方。条件简陋，自然也不可能有条件让我们洗澡。不能洗澡，实在让我太难受了。有一天晚上，趁着关了灯，大家都睡着了，我违反了一个人不能随便乱跑的纪律，私自跑出了洞，跑下了山。山下有一条河，水面上结了冰，看起来亮晶晶的。我找来一块大石头，把冰给凿开了，在冰水里痛痛快快地洗了个澡。等我回去的时候，睡通铺的姐妹们问我上哪儿去了，我说去洗了个冰水澡。姐妹们就劝我可别冒险下山了，山下面有狼。我听了非常后怕，所幸没出事。

那时候，我跟评剧演员小白玉霜住在一起，我很佩服她。她到朝鲜后，得了严重的感冒，每天演出回来，就捧着一大罐子水，拿一块缴获的美军的浓缩巧克力，就着水吃下去，硬撑着。她就这么又感冒，又咳嗽，又吃药，又喘。然而晚上，等我睡了一会儿起来一看，她睡的地方没人了。原来，她在半夜接到紧急任务，唱戏去了。后来，我们和评剧院分成两批出去慰问。评剧院慰问的时候挨了炸弹，牺牲了好几个人。

战争是残酷的，我们不仅要战胜残酷的环境，还要每时每刻防备美军的炸弹落在头上。我们每个演员身边是没有警卫员跟着的，但慰问团是有战士保护的。就我们京剧院而言，我知道张玉禅跟何金海是保着我的。我觉得，哪怕不演出，只是跟着这支队伍行军，也是很不简单的事，何况，我们还要不分时间、地点地慰问演出。这儿解除了空袭警报，那儿说有清唱，我们就得上。在战士们战斗的间隙，休息几分钟的时候，让我们唱戏，我们就唱。领导和战士告诉我们说，要是看见美军飞机冲着我们来了，要冲着它跑，不能顺着它跑。对着飞机跑，它扔炸弹的时候已经飞过了头顶，炸弹就落在身后了。我每天都觉得时间很短，时间在躲炸弹和演出中就这么飞快地过去了。

我们演戏一般就是在土地上，没有台子，在树底下，上面搭着军用雨布，偶尔用板子搭个戏台，那板子也是不平的。我们清唱，也彩唱。我们唱的戏，都是有点政治教育意义的。比如，叶盛兰先生最常唱的是《八大锤》，说的是要明辨忠奸。那是我第一次看叶先生演的陆文龙，武小生的《八大锤》，真是棒！我与叶先生演的《吕布与貂蝉》，说的是要认清敌人，机智地与敌人做斗争。总体上，我唱《霸王别姬》最多，与王玉让一起，唱全部的。因为霸王就是骄傲，而打仗不能骄傲，这是很有教育意义的。我们根据战士的时间，有时候把中间的场子剪了，可能头场之后就是舞剑了。

不唱戏的时候，我们就抓紧时间用树叶做成圈，套在脑袋上和身上，遮住衣服和头饰可能发出的亮光。有一次，我们白天在树林里搭帐子唱戏，那天是我的《拾玉镯》。我戴着大头，上头有亮亮的珠花。结果，现场用来照明的灯惹祸了，吸引了敌人的注意。我们刚演到半截，就听见飞机不寻常的嗡嗡声，空袭警报响起来了。全体卧倒！当时，我头上还戴着亮闪闪的东西呢。我也管不了那么多了，把裙子撩起来往头上一盖，把脑袋全盖上，再把我平时做的树叶圈子套在脑袋上和身上，夹着这些东西，跟着大家往洞里跑。外面警报响着，我们就坐在炕上等着警报过去，我这才有空把身上的东西一件件摘下来。跟我住在一个山洞的蒋伯英是搞电影的，只听他说："这不行，我那管照明的要出问题，我得去看看。"我连忙拉住他，不让他出去。警报还没解除呢，可不是闹着玩的。等警报解除了，他出去了一趟后，手里拿着一个破灯盒回来了，坐在那儿哭。炸弹正好在我们演出的地方炸了一个大坑，他的那一排灯，只剩了一个破灯盒了。后来，我们就不敢开灯演出了。

我觉得，经过这场战斗，就没有什么可怕的东西了。我们在朝鲜待了大概有两个月，回国的时候，大家都挺高兴的。小白玉霜回来以后就入了党。在朝鲜，我觉得我还有点勇敢，被那里的气氛感染，也想参加战斗。我当时还想继续参加第三梯队，但是不行了，是有名额的。从朝鲜回来以后，我们去了东北。当时东北的最高领导高岗招待了我们，在一个大客厅里举行了特别丰盛的宴会，慰问我们。后来，我们从大连，回到北京。

⊙ 京剧《拾玉镯》中，杜近芳饰演孙玉姣。

抗美援朝战争胜利后，廖承志他们组了一个大型综合团，去沈阳接志愿军凯旋。这个团里的京剧演员是我们一团的。我们在长青店搭台唱戏。志愿军一拨一拨回来，车什么时候来，我们就什么时候唱。有时候在宾馆的小礼堂演，也去大礼堂。有时候，夜里也会演。我们睡两个大通铺，夜里喊我们起来：“过会儿来一车啊，我们要演戏啦！”这次，李少春没去，袁世海没去，主要是我和叶盛兰。唱的是些不带布景的，老戏，四梁八柱都带着，不唱小戏。时间不短，前后算起来也得有两个月。

志愿军首长们对我们艺术慰问团的评价很高。经过战火洗礼的赴朝慰问经历，对我一生都有重要的影响，锻炼了我的意志和品质，使我充满了爱国情怀。在此后的艺术人生中，每当遇到困难，我都会想到赴朝慰问的经历，想到志愿军将士的形象，就感到没有过不去的坎儿和解决不了的问题。我为我能参与这一重大历史征程并奉献绵薄之力，而感到骄傲自豪。

梅师改 48 处　传我《宇宙锋》

1952 年，举行了首届全国戏曲观摩演出大会。很多人看了陈伯华演的汉剧《宇宙锋》，我们院里有很多人学她。一时间，陈伯华大热，她的《宇宙锋》炒得很厉害。当时，我正在朝鲜慰问志愿军，没看到，是后来看到的。我觉得，陈伯华的《宇宙锋》的确有自己的特色，比如说，用斗鸡眼儿等方式来表现"装疯"。但是，她演合适，她的戏路子跟她的唱腔和风格是统一的，我们京剧这么演不一定合适，就像我师父王瑶卿先生说的："生吞活剥好不了，吃了就死，死得比吃毒药还快。"因此，我没有学。有一天，梅兰芳先生把我给叫去了，还有一些帮他写书的人，其中就有朱家溍，大家开了一个会。梅先生说："《宇宙锋》这个戏还要进行修改和再加工，但是，地方戏有地方戏的风格，咱们京剧要保持自己的风格，不能弄乱了。"梅先生对我提出要求，让我每天下午4点钟去他那儿学《宇宙锋》。我问："有时候，我晚上有戏怎么办呢？"梅先生说："晚上有戏的话，你中午吃完饭，睡到3点钟起来，4点钟到这儿。因为我每天都先说别的戏，你来了之后，我先给你说《宇宙锋》。"我每天下午4点到梅先生那儿，他就赶快跟我说戏，抢这一个钟头，说到5点。我在6点前赶到剧场，就扮戏了。

《宇宙锋》这个戏，梅先生从"修本"出场到"金殿装疯"下场回去，一共改了48处，这是在1952年。等到1955年拍电影《梅兰芳的舞台艺术》的时候，《宇宙锋》的有些地方又变了，但大体上还是在1952年加工的。梅先生对京剧艺术真是敬业，精益求精。

⊙ 京剧《宇宙锋》中，梅兰芳饰演赵艳容。

比如，这戏一出场的时间是什么时候呢？赵高的定场诗，说的是"月影照纱窗，梅花耀粉墙"，是正月十五。秦二世胡亥唱完几句摇板，念"掩灯而进"。胡亥和赵高是君臣关系，为什么要掩灯？说明他们关系密切，他想和赵高开个玩笑。现在舞台上用的灯都不对。不能用宫灯，用宫灯没有剪蜡烛，没有采蜡花，没有看人影。那时候，穿黄衣裳的君主，妇女是不能见的。妇女要是抬头视君，有杀头之罪。所以，赵艳容用眼神问哑奴，目视问："你阿巴什么呀？"哑奴着急地示意赵艳容，穿黄衣裳的陌生人来了，你赶紧避避吧。一看，天哪，皇上站在面前。就这一惊，想走走不动，左手遮面急退下，再上时先到屏风后头往外望。胡亥一看，这女子生得美丽、走步轻盈，就爱上了。

⊙ 京剧《宇宙锋》中，杜近芳饰演赵艳容。

有些演员在唱大段反二黄时，表现得不符合人物关系和人物心理，不成功。赵艳容虽然是相府的小姐，但她跟赵高的关系并不像亲父女那样亲热。赵高是宦官，宦官怎么能有亲生女儿？赵艳容是被从小抱来，用来做政治生意的。在赵艳容的心里，跟了胡亥，命运未卜，痛恨已极，就是死了，也不能做皇帝的妃嫔。何况，她要对得起匡家。匡家满门被害，赵艳容要设法救公爹，设计把丈夫放了，绝不改嫁。这是她干净的地方。赵艳容的选择是宁可被杀，也绝不从命。她只有一条路，没有两条路。因此，赵艳容对胡亥和赵高只有仇恨、抗击，她回击赵高不知羞耻二字。她是在抗争的过程中，经过哑奴提醒，想对策，必须定下"装疯"的巧计才得安然！

《宇宙锋》这出戏最早是王瑶卿先生教给梅先生的，梅先生演了一辈子，不断地丰富提高，才加工得那么好。经过梅先生和王少卿大哥一起研究，后来梅派《宇宙锋》的"装疯"跟《福寿镜》的"真疯"已经完全不是一个路子了。内容变了，人物和情节不同，表演就都变了。对于《宇宙锋》这个戏，我心里更倾向于梅派的。但是，有一个技巧梅先生没有，我跟师父王瑶卿先生学了。王先生说，赵艳容应该在台上自己会摘东西，自己会脱半拉袖子，自己还得把袖子藏起来，还得系上。这是因为，如果赵艳容回到屋里装疯，丫头必须得跟着小姐呀，她不能不随着主人而一个人在台上，这不合逻辑。可是，在场上怎么弄，谁都不会，王先生把这个教给我了。因为这么弄，赵艳容梳的头就得有讲究。梳这头的时候，一切东西都在顶花那儿呢。当年，梅先生说这个戏的时候，我也跟梅先生说过。梅先生对我说：“将来，你就按这个弄。我现在已经在右边又加了一条甩发。至于梳头，师傅已经很累了。”还有就是怎么把袖子褪下来，一般人弄不好，从后面看就像一个罗锅。

《宇宙锋》这出戏，不是那么好演的。梅先生一生都在改这个戏，改了 48 处。这个戏非常难演，除了梅先生，其他人想圆满地演下来，难！要是没这个功夫，唱不下来。梅先生演“修本”“装疯”都是一身汗。到演“金殿前”的时候，他得往下扒水衣子。水衣子全是汗，得脱下来放在铜盆里，从锅炉房拿开水烫，才能没味道。可见，这出戏太吃功。以前我没演的时候不知道，等我演完脱戏装的时候，我说，劳驾，让人给我买瓶好点的二锅头，用白酒泡衣服，我的衣服都溻了（指衣服被汗水湿透）。说明演《宇宙锋》这戏累得很，哪个音符、哪个锣鼓点、身段在哪儿，心里劲是什么，还得钻进这个角色中去，台上没有片刻的休息啊！

我不知道现在的演员演戏怎么能进到人物里去，我看他们的戏着急，他们内心空得很。所以，我现在老觉得戏长，戏长又没东西。梅先生说了，一个戏排出来，准是长的，越演越精，就是取其精华，去其糟粕。李渔也是这么讲的呀，要立主脑、脱窠臼、密针线、减头绪，不能旧瓶装新酒，你得创造。

心心念念“白娘子”
前辈传授“金·断·雷”

关于白蛇娘娘的戏很早就有了，昆曲有比较完整的故事。京剧早期虽然也有皮黄的演法，但故事并不完整。在抗日战争以前，荀慧生先生曾经打算排完整的《白娘子》，并且请我四叔陈喜兴帮着一块儿写剧本。可惜，

刚刚录了一个音，就爆发了卢沟桥事变，这出戏就被搁置了。新中国成立以后，当我们排新的《白蛇传》的时候，周恩来总理曾让田汉老去荀家问一问，试图从荀慧生那里找一找这出戏的根儿。

我小时候就知道白娘子的故事，这是家喻户晓的爱情故事了；也看过和白蛇有关的戏，比如《金山寺》《断桥》《盗仙草》《祭塔》等。我总觉得，《盗仙草》在唱上可唱可不唱，在打上可打可不打，那武打戏没有《泗州城》之类的过瘾。但是，对于白蛇娘娘的故事，我是打心里喜爱的。白素贞爱人间，又敢爱许仙，敢自己独立追求爱情，这是我欣赏的，因此，我心里一直隐隐有一个想演白素贞的愿望。我第一次表达出这种愿望，记得还是在小的时候，某一年的农历九月初一。具体是哪一年，我忘了。那时候，因为家里备着行头，每到九月初一都有晾行头的传统。我发现，有一个髯口是铜丝的，与别的髯口不一样。我就拿着它去问我父亲："这个胡子为什么跟其他所有髯口不一样啊？"我父亲说："你荀二叔（指荀慧生）要演白蛇，约我给他配法海。凡是演法海的，都是戴这种胡子。"当时，我就说："那我大了，也要唱白娘子！"我父亲问："为什么呢？"我说："我爱白蛇，因为她自个儿找婆家！"

后来在学戏的时候，我就非常留心关于这段故事的戏，也可以说是一点一点地实现自己的这一愿望。

⊙ 京剧《白蛇传》中，杜近芳（右）饰演白素贞。

我最开始学习跟白蛇的故事相关的戏就是《金山寺》。一开始，我想让赵绮霞老师教我。赵老师说："你这么早就学这个戏呀？这出戏有五大段昆曲呢，可不好学！我还是教你两样《醉酒》吧。"赵老师说的是梅（兰芳）派和筱（翠花）派的《醉酒》，他都教给了我。我说："我就爱白蛇娘娘，我想学白蛇的戏。”白蛇对于赵绮霞老师来说并不对路，得跟刀马旦学。然而，我并不死心。

后来，我拜了我师父王瑶卿先生，进了王门。有一天，我问王少卿：“王大哥，您会白蛇的戏吗？”他有些奇怪：“你问白蛇干吗呀？”我说：“我听说有出戏叫《金山寺》，说的是白蛇的故事。我喜欢白蛇，我想学这个戏。”他说：“正好，我正打算教你〔醉花阴〕（指曲牌名称）呢。《金山寺》的第一段昆曲就是〔醉花阴〕，那我给你说说吧。过来，把笛子递给我。”就这样，王大哥给我从〔醉花阴〕说到〔山坡羊〕（指曲牌名称），把《金山寺》里五段昆曲的唱都教给我了。教完了唱，王大哥又问我：“你这唱会了，身上谁给你说呀？”我说：“曲子是您教的，将来也请您给我找个人教我身段。”王大哥笑了：“嘿，你这小子是有意思啊！你让我教你戏，还让我给你找老师说身段。到底我是你老师，还是你是我老师啊？”我说：“当然您是我老师啦。别人我也不敢说，跟您说了，知道您不会生气的。您一生气，我一逗您就得了。”

所以呢，我在《金山寺》里的唱就是王少卿给我说的。我会了以后，自己私底下就老背这戏。《金山寺》的身段，我受教于两位老师。一位是我在上海认识的。我 14 岁在北京搭班，16 岁上南方演戏的时候，因为不能在上海天蟾舞台练功，就让杜菊初给我找了另外一个练功厅，可以天天练功。我在那儿练功的时候，旁边还有一位姓朱的老师，我就请这位朱老师教我《金山寺》的身段。南方的《金山寺》糯、软，朱老师把身段教得也非常细。他说，我学得蛮快的，学了就能演下来。这样，《金山寺》我就都会了。会了以后，我就天天练，但我没在台上演过。

后来，我参加了国家剧院后想演的第一出戏，就希望和白蛇有关。当时，武旦名家阎世善先生也在团里，他是艺名为“九阵风”的武旦大师阎岚秋的侄子。我知道他会《金山寺》，脚底下的功夫特别好，所以，就憋足了劲要跟阎世善学这出戏。我每天上班、练功，一练功就练《金山寺》，阎世善老师就在练功的时候教我。他教我的是北京京班的《金山寺》。这样，《金山寺》这出戏，我就学得比较完善了。

在进团以前，我已经跟我师父王瑶卿先生学会了《祭塔》。其实，我在刚进王家门的时候就想学《祭塔》，不过不敢说，哪儿有学生先向老师提要求的呀？有一天，师父突然对我说：“哎，我觉得你‘发花辙’发音

挺好的，我给你开《祭塔》吧。”哎哟，我当时心里头别提多高兴了。王少卿大哥曾经跟我说过：“我大爷的《祭塔》是一绝，要唱一个钟头。当年在宫里唱得特别红，是从谢双寿传到陈德霖，又从陈德霖传给了我大爷。”师父对我要求特别严格，他说了：“十旦九咬牙，还有一个冒嚎带呲花。”他要求我，平时说话都要按照十三辙的韵脚来说。我学会《祭塔》之后，就老唱。平时吊《祭塔》，我都是连吊三遍，直到把内心感情充分地唱出来。有时候，我师父听了我的唱，都觉得心里发酸。

《祭塔》我会唱了，《金山寺》我天天练，但是，我还不会《断桥》。怎么办呢？我还是上王家找王少卿大哥去。那时候，王大哥的身体已经不太好了。我说：“我想把《断桥》的昆曲拿下来。”他说：“现在，我太忙了。你要学的话，我可得赶快教你，你赶快学。”他教我时，还没有录音机，我就得死记。他教了一遍，我就学得差不多了。为了学得更扎实，他让我去找迟景荣。于是，迟景荣每天吹笛给我吊嗓子。人家吊皮黄，我吊昆曲。迟景荣教的曲子，我一个礼拜就会了。当然，还要感谢叶盛兰先生。叶盛兰先生也一直想演《断桥》，但苦于没有合适的合作者，正好遇见我，叶盛兰先生也是对我连教带唱。我会得差不多了，他就和我单演了昆曲的《断桥》，他说：“咱们不如就在台上练吧。”

这样，我的《金山寺》是阎世善教的；《断桥》是阎世善、叶盛兰、迟景荣一起教的，而且底儿是王少卿给我的；《祭塔》是我师父教的。这样，我就齐了。那会儿，我天天练白蛇的这些戏，心里想的也是这些。于是在1952年，我第一次登台演了“金·断·雷”，是按照老本演的。叶盛兰的许仙，阎世善的小青，这两个老师在台上保着我。我们的“金·断·雷”是从1951年冬天开始排的。那时候，院里的条件非常有限。我们白天就在当院的雪地里排，恐怕很少有人在雪地里排戏。彩排是在大众剧场，正式演出是在长安大戏院，这也是我第二次上长安大戏院演大戏。

我从朝鲜慰问回来后，周总理接见我们。当说到我排演了昆曲的“金·断·雷”时，周总理笑眯眯地问我：“你们为什么不演京剧的？”我说：“不会呀。”周总理说：“让田汉给你们京剧《白蛇传》的本子呀！”我那时年轻，愣头愣脑地说：“我不认识田汉，您能跟他说把本子给我们吗？”周总理哈哈大笑，对我说：“小同志，要叫他田汉老。”现在想想真是挺可乐的，我不但直呼田汉老名讳，还让周总理给我联系田汉老，真是少不更事。后来，周总理指示郑亦秋陪着我去拜访田汉老。

代表作《白蛇传》

我们院在 1954 年上演了《白蛇传》，是由郑亦秋导演，我和叶盛兰先生主演。在这之前，我也看过中国戏曲学校演的这个戏。戏不错，但我们有些不同的看法，因此，在场次和唱腔上有些不同的处理。田汉老也来帮我们排戏。他专门根据我们的特点，又重新修改了一遍本子，很多词句变化较大。1954 年，《白蛇传》进行了首演，引起了巨大反响和轰动。

让我记忆犹新的是其中一次演出。那天，周总理亲自来看《白蛇传》。挨着他右边坐的是我师父王瑶卿先生，和周总理平坐着说话。王先生旁边，坐着我另一位师父梅兰芳先生。程砚秋先生坐在周总理的左边。这几个人坐一排，我一看，好嘛，大师们都来了！那天，我真算是铆上了，整个演出是比较成功的，唯一的问题就是“水斗”的时候折了三杆枪。第一杆枪，我稍一用劲儿，“嘎巴”一声就分成了两段。我也没客气，把断了的枪用脚踢进了侧幕。后台再扔出一杆，我又从头耍起，观众是又鼓掌叫好又欢笑。结果，真是奇了怪了，第二杆、第三杆枪接连折了。这么一来，到第四杆枪的时候，我不敢使劲了。后面不但有一圈翻身，还有耍双枪呢，这要把枪都弄断了，白素贞可真能拿一堆回去当劈柴了。后来，师父王瑶卿先生跟我说：“周总理看你折了三杆枪直乐，还笑呵呵地跟我说：‘你这小徒弟可够有劲的！’我说了：‘她是唱花脸的。’”当时，在台上演出的时候，我没多想，就是想着认真演出，别出差错。等散了戏，我想起这么重要的演出折了三杆枪，越想越生气。我知道，买藤子杆，均匀齐整的价钱高点儿，而粗的藤子杆便宜，可以买回来用手工刮细了；但是，如果刮得太细或是不均匀，就容易折。我那时候年轻气盛，也不顾自己一身的汗，还穿着水衣子，脸也没卸，就冲到管把箱的人那儿跟他急。我说：“你一定是图便宜买了粗藤子，回来自己给刮细了，对不对？”那管把箱的不承认，我就说：“那咱们拆带子，让大家看着。如果里头的藤子不是一样的，你怎么说？”眼看就要在后台吵起来，大众剧场的工作人员出来说

话了，他们要收拾剧场，请我们赶紧离开。后来想想，我太年轻气盛了。不管是不是人家的问题，都应该心平气和地谈问题、找原因，为的是下一次避免台上出这样的情况。

1958 年，为了参加 1959 年新中国成立 10 周年献礼演出，我们对《白蛇传》这个戏又进行了大加工。那段时间，天天演这出戏，中午有时候也睡不了觉。那时候，我年轻，干劲十足，演出完了，继续自己总结或与同事们研究，太晚了就不回家，住在院里。

在我们加工《白蛇传》的过程中，敬爱的周恩来总理多次看排练、看演出，与剧院领导、主创、主演交流，提意见，谈看法。他几乎每看一次排练或演出，都会给我提出问题、意见，或是觉得我哪点儿不错、哪点儿还应该再完善。一开始的时候，我们的舞美为了营造舞台气氛，请名家作画，把舞台背景弄成一幅幅的水墨丹青，而且是画在丝绸上的。周总理语重心长地对我们说：一来，观众是看画还是看戏？画太抢戏了。二来，你们这个戏在全国要起示范作用。你们使用丝绸，国家的京剧院可以，你们自己演得起，别人可弄不了。另外，我们当时把乐队搁在舞台下面了。周总理说不行，中国戏没有把乐队搁台底下的，乐队必须在台上。周总理对我的要求是：白素贞是仙家，要演出仙家的飘。他还对我的服装提出了建议：把服装弄得再飘一点儿。我仔细琢磨周总理对我的要求，就想到用一种叫“乔其纱”的面料。乔其纱其实并不好使，但用它做成的腰包打起来比绸子更飘、更好看。既然白蛇是仙家，我觉得她的扮相也必须改。《白蛇传》中白素贞的老扮相是戴大额子。我觉得戴大额子真难看，小身条、大额子，头重脚轻的。后来把额子弄小了，我觉得好看了。过去还得插一条蛇，说明白素贞是妖。现在，我们说她是仙，比妖高，所以，这个东西也没必要留了。额子上的一排圆圈，我觉得还应当减少一点儿，因为那个是从蛇化过来的。毛主席看了我们的戏，也对周总理表示说，杜近芳的扮相好，银装素裹一点红，画龙点睛。演《白蛇传》我的整体服装是很淡雅、飘逸的。除了在扮相、服装上解决“仙家要飘”的问题，我还想到从台步上借鉴“花旦大王”筱翠花先生的表演，来强化“飘飘欲仙”的感觉。

经过不断的加工，《白蛇传》这个戏在 1960 年最终定了下来。无论是日常的营业性演出、大型的纪念活动还是出国访演，这出剧目和其中的经典段落都是经常上演、久演不衰，广大观众耳熟能详。不但全国各地的剧团学习排演，而且其中的经典唱段也在广大戏迷观众中传唱。这出《白蛇传》，后来成为中国京剧院最有代表性、最有独特艺术风格的经典剧目和保留剧目。

我在排这出戏的时候，首先，时时意识到，我演的白素贞是一个仙家，因此，处处要体现她的仙人之美，而不是妖气。其次，田汉老跟我说："白素贞结婚，她是自由恋爱，主动性强。这出戏里，白素贞在爱情上是大胆的，连天兵天将和死都不怕，这是多大的斗争啊！她在爱情上是主动的，是勇敢的，这个一定要表现出来。"这对我一个青年演员来说，是困难的，因为我没主动过这样的事情。我在舞台上怎么主动呢？读《红楼梦》对我的启发和影响挺大的，因为《红楼梦》里的女孩儿多，性格多样，我可以借鉴。比如，我把《红楼梦》里面的多姑娘和鸳鸯进行对比，对感悟人物心理启发很大。我觉得，如果不去揣摩人物心理，想把戏演好，是不可能的，用程式演躯壳是不行的。演《白蛇传》，我就要好好揣摩白素贞的心理。

"游湖"

白素贞看到许仙，那是前世有缘，现在偏偏遇上了他。她虽在避雨，却身不由己往前凑去，这才让路过的许仙注意到她和小青，引来"柳下避雨怎相宜"的慰问。

许仙为白素贞雇了船，又把伞让给她，让她先上船。白素贞虽一步一步往前走，心里却感动于许仙的温暖，觉得这个人太体贴自己了。因此，她上船的时候，有点儿心不在焉，一脚沉一脚虚，刚上船就回头望许仙。一边回头望，脚下的船还不平稳地上下波动。这里，演员脚底下就得有功夫。等到许仙上了船，船波动得更厉害了。白素贞下意识地想去扶许仙，怕他掉下去，但又觉得不妥，退缩回来，从人物下意识的动作中体现出心理波动。这些舞台动作的安排当然是事先有设计的，但在台上就要演出事发突然的样子来。

船离了岸，这时候的白素贞就没有再看风景了，她的眼睛老盯着许仙。许仙心里也装着白素贞。只有小青还看看风景，看看船走了还挺有意思。许仙与白素贞在船上的唱，其实都是唱对方。许仙的这几段唱，说的

⊙ 京剧《白蛇传》"游湖"一折中，杜近芳（左二）饰演白素贞，叶盛兰（右二）饰演许仙，吴素英（左一）饰演小青，孙盛武饰演艄翁。

都不是他自己，焦点全在白素贞身上。白素贞与他相反，焦点在许仙那儿。白素贞唱："清风习习透罗衣。"这里有点儿轻声。她为什么要轻声呢？因为绫罗绸缎中，罗是最便宜的，也是最结实的。许仙穿着罗衣，说明他的家境并不殷实。白素贞是考虑到许仙的感受，同时想到，他把伞给我了，看把他给淋的。许仙呢，觉得白素贞真好看，"真乃西湖比西子"，唱完又偷看了一眼，"淡妆浓抹总相宜"。其实，白素贞并不见得搽多少脂粉，许仙就觉得她这么好看。白素贞看他老窥视自己，就叫小青去问："问君子家住在哪里，改日登门叩谢伊。"许仙说："哎呀，不敢当啊。"其实，心里很乐意。这里呢，老艄翁也有戏，他看出这两个年轻人之间有意思。看见年轻人在一块儿，他心里是一种安慰，他掉在年轻人的热情里了。等到船在钱塘门要靠岸的时候，老艄翁本来应当先戳桨，再靠岸，但是他忘了，还往前一划。他这一划，船快靠岸又给撞回去了。船上的人一颠，老艄翁自个儿也乐了。

船在钱塘门这么一撞，白素贞差点儿没掉水里头。可是你想，白素贞盗仙草的时候能腾云驾雾，她下船的时候能滑跟头吗？原因还是她心不在焉，注意力全在许仙那儿呢。因此说，《白蛇传》这场戏要说没什么也没什么，要说有什么也有什么。就看你能不能进入人物和角色深挖，把自己都变成戏里那个人。进入人物，再经常演，你才能体会到白素贞爱许仙有多深。

“洞房”

许仙来还伞的时候，实际上，白素贞跟许仙两人，一夜谁也没睡觉。当许仙和小青在楼下说话的时候，白素贞在楼上已经听见下面二人说话了，所以我认为，白素贞出场可以快一点儿。

一拜天地，二拜高堂，夫妻对拜，送入洞房。我的音配像版本是以暗灯掐光结束。为什么要掐光呢？我认为，许仙一搂白素贞就下场去了，显得简单化，应当掐光。这时候，小青也走了，就剩下白素贞跟许仙了，那说不定许仙把她抱走了，掐光可以给人们留下一个想象的空间。在京剧舞台上，你千方百计地用表演给它推到一个观众觉得最理想的意境里。掐光，既在意境里，又显得很干净。

“说许”

白素贞与许仙结婚以后，在法海来之前，有一段“许郎夫”的唱段。这个唱段在之前我跟叶盛兰先生和李少春先生演的时候，都是没有的。虽然没有，但这里要加一段戏，周总理是很早就提出来了。周总理对我说过，他总觉得我们在这儿少一点东西，新婚不够甜蜜。如果前面没有夫妻甜甜蜜蜜的，那后来法海破坏了白素贞和许仙的家也没什么可惜。这儿应当再增加一点甜蜜的戏份儿。我把周总理的话记在脑子里，日后不断琢磨、研究，先分析人物结婚以后的思想和情感，根据情感想出旋律和唱腔，再根据唱腔设计出与之和谐统一的身段。这里，我从徽剧的四平调借鉴了不少东西到吹腔里，因为吹腔和四平调本来就是“双胞胎”。到了1985年，我去香港演出《白蛇传》的时候，就增加了这段甜蜜的“许郎夫”。当我谢幕的时候，观众还在下面喊“甜蜜的生活”呢！所以，我就管这段戏叫“甜蜜的生活”。

在创作这段戏的时候，我是参考了自己作为一个女孩子结婚以后的心理的。在没结婚之前，我可能还体会不了那么深。白素贞她以前不知道结婚是怎么回事，就像我年轻的时候不知道结婚是怎么回事一样。但是，她和许仙结婚了，她再出来唱的时候，状态就不一样了。结婚以后的女孩子兴奋、高兴，新婚燕尔，如胶似漆，想到自己的丈夫，一幕幕甜蜜的瞬间浮上心头。“喜相庆”，白素贞和许仙两人庆祝的时候还依依不舍；“病相扶”，白素贞哪儿有点不舒服，许仙赶紧就给她搂过来了。白素贞来到人间，“才知道人世间有这般滋味”，人世间的滋味是甜的。一想到这些，她的脸就“腾”地红了。这时候的女孩子，心里装满了甜蜜。白素贞的每句唱、每个动作都应当是美的、是温柔的。因此，我在唱腔、身段的设计上也尽量描摹出甜的滋味。比如，在唱腔上，我选择了〔反四平调〕。再比如，足是百态之根，走路的分量能体现人物的心理。白素贞在这里的脚步应当是软软的、和和气气的。又比如，这里的身段设计要多用腰，演员腰上要有功夫，不应当是硬的。有的时候，看起来水袖在这边，实际上转腰是在那边，这样就把人物的娇羞体现出来了。

在白素贞唱完之后，许仙上场，唱道：“我与你把绣被安排。”这时候，两个人的舞台调度恰恰是对前面的呼应。许仙体贴白素贞是孕妇，让她去房中休息休息。

这段下场的调度以前没有，是后来我自己编的。下场的身段特别甜蜜。比如，许仙拉白素贞下来的时候，她一定要有几个手势。意思是什么呢？就是：你呀你呀，你不让我去做正事；你呀你呀，老缠着我。其实，白素贞心里乐意许仙缠着她。这里，一个演员的生活经验很重要。就像我与我家官人吴葆桢大夫，结婚以前，我一个人独惯了，结婚以后就不行了，觉得两个人得在一块儿。那一年，说要大下放，吴大夫告诉让我要有心理准备，很可能协和医院的下放名单里会有他。哎哟，我当时那个心情呀。他要是下放了，我是跟着他呢，还是独自在北京呢？我自个儿就偷偷地哭。他问我哭什么，我说没有。我也不好意思跟他说，我是舍不得他。所以呢，结婚前和结婚后的心情是不一样的。两个人越甜蜜，就越舍不得分离。白素贞与许仙也是如此。这里的下场，必须体现出白素贞爱许仙，许仙也爱她，否则，后面白素贞也不会索夫、水斗。这“你呀你呀”，跟后头的“你呀你呀”前后呼应。前面越是甜处，到后头就越是苦处。前面这个是基础，必须甜蜜起来。

1999年，在进行庆祝新中国和人民政协成立50周年专场演出的时候，我对这段“许郎夫”的身段还进行了新的创造。白素贞出场以后，我设计的是她立刻就要找许仙。新婚燕尔，一刻都不舍得分开。家里没人，许仙去哪儿了呢？出去看看吧。这里有一个迈门槛、望门的动作。前面说了，女孩子这个时候是非常柔软、非常甜蜜的，因此，迈门槛也得美。白素贞出得门去，两下里看看都没有人，想要进门回家，却仿佛又听到声音，自个儿惊了自个儿，莫不是许仙回来了？再回头望望，还是没有，于是掀门帘子、迈门槛，进来之后，又背对着观众，冲后头抖袖。这一抖袖，也是来源于我的生活经验。因为我跟我家官人结婚以后，他有时候回家来不吱声，我也不知道。我正在那儿背词呢，他就从后头把我给抱起来了，吓得我说：“哎哟，别别，别摔着了。”我想，白素贞有没有这样的情况呢？她心里或许还抱着希望，许仙或许也悄悄跟在她身后呢？所以，我设计了她冲后头抖袖。我这个动作一做，台底下的观众就坐不住了，“哇”的一下，又是鼓掌，又是叫好。这个时候，我还没张嘴唱呢。我再接着唱这段“许郎夫”，总共四句，四个好。

“酒变”

端阳节这天，对白素贞来说是挺艰难的。在此之前，她的心情也比较复杂。我认为，她已经看见法海在撺掇许仙了，并且心里也明白他们说的是什么事。一来，她跟法海有些赌气；二来，她对许仙有些疑心。白素贞知道许仙实诚，容易受迷惑，但她太相信自己的法力了，没有考虑到自己怀孕以后功力变弱的情况，有点儿大意了。以前呢，这里还有一句唱，大意是凭着我九转功，也能把雄黄酒喝下去，但我觉得这句唱出来像吹牛，就不要这句词了。

许仙那天喝得也有点儿醉意，毕竟以前是伙计，现在当掌柜的了，总要与大家有点儿应酬。被大家撺掇着去给娘子敬酒，他一开始是没有恶意的。白素贞一则对许仙的盛情推托不掉，二则听到“你我夫妻偕老百年”，她的心情是激动的，于是很主动地喝下了酒。但是，她支撑不住了，这一点是白素贞没想到的，她在盗仙草的时候还说呢：“当初不听青儿语，端阳佳节把杯贪。”

这里的人际关系也是很微妙的。许仙觉得小青在屋里不方便；小青怕白素贞大意，想看着她一点，不放心；白素贞怕小青的脾气万一犟起来，大家过节不愉快。

"盗仙草"

我那个时候跟导演、剧本有点较劲儿。"盗仙草"出场，田汉老本来的词是"青峰佩剑到仙山"。我跟田老说："田老啊，我等不及啊。"田老莫名其妙："什么等不及？"我说："青峰佩剑，您说的是扮相，可白素贞这会儿哪儿还有这种心情啊？"田老说："那你说，应当写什么啊？"我说："白素贞的心情应当像晚上'嗖'一下飞过的流星，恨不得一步到仙山，就写'急如星火忙似箭'吧。可以这么唱吗？"田老说："你唱给我听听。"我就唱了。他说："很好很好，就这样吧。嘿，你刚脱离了扫盲班，就跟我打笔仗，真好玩儿，哈哈。"

⊙ 京剧《白蛇传》"盗仙草"一折中，杜近芳（左）饰演白素贞，李金鸿（右）饰演鹿童，钮凤华饰演鹤童。

"水斗"

演员年轻的时候演戏，演的是力气。我以前演"水斗"，光走翻身还不过瘾，还下腰翻身；只翻一圈不过瘾，要走三圈。我那时候就觉得，我得冲啊，脑子里没考虑过这人物应当怎么开打。按理说，白素贞大着肚子是不应当走翻身的，但我那时候不那么想。周总理给我提意见说："你是苦战，这两次打仗都是被动的。你别那么冲地打人家，得让人家打你。”我后来再演，跟从前比不一样了。我体会到，白素贞是打不动的打、没办法的打。

⊙ 京剧《白蛇传》“水斗”一折中，杜近芳（左三）饰演白素贞。

“断桥”

我自己觉得，“断桥”难演。

首先，这段紧接着“水斗”，是打完了继续唱。我师父教我的方法是，千万别拿嘴呼吸，这样嗓子容易干。一定要咬紧牙关，用鼻子呼吸。我每每演到这里，鼻涕就往外流。有时候，我拿一块手绢塞在腰包底下，利用背身的动作赶紧擦鼻涕，还得掌握时间，不能时间长了，不能出戏。哪点儿转身，别让观众看出来，每天就心里嘀咕，都成习惯了。

“断桥”中白素贞唱导板“杀出了金山寺怒如烈火”，我认为这里的导板不宜唱得太长，因为叫不下好来，这里本不该是白素贞使劲的地方。她是仓皇而逃，但导板还唱那么慢，不太合适，没能理解人物的情绪。白素贞潜逃奔命，挺着大肚子，应当从一出场就是十分狼狈的，就像人有时候走累了，稍微停一下，缓缓气，再接着走。她应当手捂着肚子，有点儿要站不住了，得戗着自己。这手不能离开肚子，离开肚子就与狼狈不堪不协调了。应当追求在不使劲的情况下唱出感情而让观众叫好，那才是真艺术、真厉害呢。

许仙看见白素贞，叫出一声“娘子”。这“娘子”二字，有一些颤抖，有点虚，不敢大声说，因为许仙害怕小青。他想背过小青去，与白素贞偷语。白素贞呢，因为她朝思暮想的都是许仙，一听到许仙的声音，虽然嘴上没乐，但她的眼睛乐了。她要有点儿记吃不记打的感觉。白素贞的头一声“官人”没有那么强烈。她先是站起来，而不是瞅见许仙就迈一大步。小青呢，是要变脸，她应当有一个反转头：好呀，我找都找不上你许仙，你倒自个儿送上门来了。她这一变脸，眼睛要吃人。

“你忍心将我害伤”这段垛板，我跟导演提议，能不能不要打鼓，让锣那么阴着点儿上。一开始，郑亦秋导演不干，因为以前没人这么唱过。我跟他说：“敲锣呀，效果不会那么强烈。”郑亦秋想想说：“哎，你这想法对呀，这点儿说不定还是个突出点。你试试看吧。”我跟赓金群说，一开始，他也不接受，说：“你走你的，我们不会搁外头。”赓金群这人有个毛病，你在人前跟他说，他不答应你；你要背地里单独跟他说。他不接受，我心想：“没事儿，你今天不接受，我早晚让你接受喽。”我就慢慢地说服他。最后，他被说服了，配合得非常好。这可不容易啊，从前没这么着过。后来，每次演到这儿的时候，观众是又乐又叫好。

⊙ 京剧《白蛇传》“断桥”一折中，杜近芳（中）饰演白素贞，叶盛兰（右）饰演许仙，吴素英（左）饰演小青。

“断桥”这场戏，是需要充沛的情感的。我把原来唱《祭塔》的情感、表演的精华和一些神气，都借鉴、运用到了“断桥”一折里。我唱《白蛇传》这出戏，之所以当时就被行内外肯定、认可，不仅因为我年轻有嗓子，还因为我唱的是情。

“断桥”这段唱，特别是最后一句难唱。唱了一大段，一个音不准跑了调，就前功尽弃了。我老问人家，我在调门里头吗？我那音准不准呀？我排了《白蛇传》以后，有一次在北京人民剧场，就单唱“断桥”一折，出了一笑话。许仙说完“娘子饶命”以后，就在这时候，也不知是大弦还是三弦，突然“绷”的一声，跟我那调门不一样了。我接着一唱，就跟着它跑了。我自己一听，坏了，整个不在调门里头。然后，我唱着唱着又给唱回调门里头去了。后来，我就央求乐队：“台上静场的时候，您千万别拨弄声。我耳朵馋，找不着调门，就跟着您跑了。”

很多年以后，有热心观众给我打来电话，他说：“你有‘二白’——《白蛇传》和《白毛女》。你还有‘二记’——《柳荫记》和《玉簪记》。你还有‘二红’。这些代表作应当好好总结。”我说：“哪儿有‘二红’？不就是一出《红色娘子军》吗？”他说：“你别忘了，还有个《西厢记》中的‘新红娘’呢。”我觉得，这些看过我戏的老观众，对我有如此深厚的感情。我是为这些人活着的，浑身充满了干劲。所以说，这出《白蛇传》也是我的代表作之一。

“王先生去了，天塌了”

1954 年，我师父王瑶卿因脑溢血住进了北京医院，就是最早的德国医院，是当时北京医疗条件最好的。我当时正在全国青联开会，每个青联委员都带上徽章，非常正式，会期有好几天。别人跟我说：“你师父住院啦。”我一出会场，就赶紧奔到医院去了。北京医院非常严格、正规，探视病人要换上白色的医务服。我换了医务服进了病房，师父躺在那儿，我说：“师父，您好些了吧？”他没有那种苦恼的样子，还是那样静静的，但是不能说话了。他用眼神看着我，那意思是问我上哪儿去了。我说：“我现在是中华全国青年联合会的会员了，会还没开完呢。要不然，我就在这儿待一天陪您了。”我故意要让师父高兴，示意师父看我胸前的徽章。师父眨了下眼睛，笑眯眯地看着我，那意思是：“哟，你份儿（北京土话，意为有来头，有架子）了哈。”我就跟师父汇报自己现在的情况，是怎么把他教的东西用在台上的，观众看了都欢迎，这些轻松、开心的话题。过了一会儿，师父用眼神示意我走吧，我想，师父或者是累了，或者是觉得我忙，就跟师父说：“等我开完会再来看您，您好好养着，我还得跟您学戏呢。”

⊙ 王瑶卿便装照。

有一天早上，我正在北池子的剧团里练功呢。团里的人看见我练功，很着急地问我：“你不知道啊？你怎么没上大马神庙？”我说：“什么事啊？我不知道啊。”他们说：“你赶快，你师父走了。”哎哟！我说我不知道啊，我得看着入殓啊！之后，我就往外跑。我的腿都软了，走不动道，就赶紧雇了三轮车。到了大马神庙，我一看，王家的大门敞着。老北京的家都开子门，不开大门，有大事了才开大门。我一看大门开着，还有丧条子、白纸幡搁在那儿，哎哟，我就趴那儿了，过了好半天，才意识到自己怎么坐在地上了，走不动了。当时团里人说的时候，我心里就紧张啊，我知道这种事是不会说瞎话的。我一看那丧条子、白纸幡，就觉得腿不是我的了，不会走了。我哭不出来，但好像我又在哭，我说不上来是什么状态。我就连爬带扶着墙往前走，我得进去啊。敢情这人受了这么大的刺激，这腿就不行了。我一看，正面停放着棺材，不知道是怎么扑过去的，就趴在那儿傻哭。徐和才的太太在那儿守灵，徐和才是我师父的干儿子。徐太太过来搀我、安慰我，好一会儿，我才缓过神来。她让我先回去休息休息、缓缓。我都不知道怎么回的家，不吃不睡，就想哭。那段时间里，我一直给我师父守灵，他老人家的音容笑貌不断地浮现在我眼前，眼泪都哭不出来了！那时候新中国刚成立没多久，北京还没有后来的这种殡仪馆，厂桥那儿就是当时最好的殡仪馆了。中间搁棺材，地上不停地换大冰块，两边都是跪灵的。怕下雨把大家淋着，它有廊子，夏天搭席棚。我们都得排着队进去。我师父最喜欢江苏那儿的茉莉花和玉兰花。我花了 100 块钱，让人家做了一个茉莉花跟玉兰花的大花圈。那时候，100 块钱可不得了啊。那大花圈子从老远闻，就香极了。开始吊唁我师父的时候，大家上那儿去告别，送到殡仪馆。第二天出殡，一直要送到玉泉山，我送的那大花圈就被一直抬到那儿。走那么多路，我穿着普通的平底鞋，把我师父送到玉泉山上。那棺材有棺椁，棺椁上写着《柳荫记》，所以，《柳荫记》在我心目中不一般。从此以后，我再也不敢进王家的门了，一进那儿就想哇哇大哭，实在怕进去。后来，我去了一趟，连饭都没吃就走了，心里受不了。我只能去上梅园那儿看王少卿大哥。可是 1956 年，王大哥也走了。我到今天都非常怀念我的恩师王瑶卿先生和我的老师王少卿大哥，我永远怀念他们！

兼收并蓄学艺忙

我从小跟着老师也学习了一些花旦戏，主要是为了打基础、练基本功，比如台步、念白、表演等。在花旦一行中，我最崇拜的就是艺名为“筱翠花”的于连泉大师。也可以这么说，“花旦大王”于连泉先生就是我在花旦一门中学习的榜样和追求的标杆。我观摩、学习了他的许多剧目，对他的表演既痴迷又惊叹。于连泉先生不以歌唱、声乐见长，他是专以表演、美艺、高技塑造人物，征服观众。比起他演的风骚旦、泼辣旦一类的戏，我更喜欢《桃花村》这样的戏，主要看他的功夫以及怎么在戏中使用这些功夫。我后来演《桃花村》，就吸收了很多于先生的精华，帮助我自己塑造了聪明、淘气、敏感、有见识的春兰这个人物形象。我对于先生高超的技艺和摄人的表演功力无比钦佩。比如《大劈棺》，也叫《庄子戏妻》中，他饰演的庄妻，拿着斧子从椅子蹿到桌上，再从桌上站在棺材架子上，然后劈棺。这时，假死的庄子一掀棺盖。于先生饰演的庄妻一惊，将斧子一扔，从棺材架子上起“抢背”（京剧表演中的一种高难度技巧，全身跃起后，以肩背滚地）的技巧。这需要极深厚的功夫，因为这比平地起“抢背”要难得多。于先生走的“抢背”空中姿态特别优美，像一条鱼似的。而且，他绝就绝在这个“抢背”落地的位置，刚好就是刚才丢在地上的斧子那儿，极为准确，百试不爽。然后，他饰演的庄妻手拿斧子、面朝后台自杀，头朝观众走“僵尸”。观众对庄妻的

⊙ 杜近芳积极参加义务劳动——擦火车。

苦命非常同情，同时也为于先生的精彩特技满堂喝彩。另外，他走的“乌龙绞柱”不是通常旦角走的一般性的“乌龙绞柱”，而是走男式的“立柱”。这是有难度的，必须有拿大顶转弯的功夫。于先生走得优美而轻松，足见功夫之深。

我还特别喜欢看于连泉先生化妆，研究他粉墨敷脸的高超技巧。一般来说，于连泉先生进了后台，先换上化妆服，洗脸、拍粉。这时，我就离开化妆间，等他绑上跷后，再进去。于先生总是先绑上跷，再开始梳大头、戴头面。这是他一辈子的习惯，心里踏实。等到他开始穿行头，我就跑到台下看戏去了。于先生自己当然会化妆，但那时他是角儿，比较讲究，就由化妆师傅给拍粉。正所谓术业有专攻，化妆师傅常年给于先生化妆，于先生再根据自己的理解提要求，这个妆就越来越好。于先生化妆特别讲究，可以说有成套的程序，光定妆粉就要拍好几层。有一次，梅兰芳先生跟我聊天，说他遇到化妆的难题了。梅先生说，他化妆时如果用油彩，时间一长，脸部返油，看上去就像是脸肿了。如果用水彩化妆，以前年轻，代谢旺盛，脸上一出油，用水彩化的妆正合适，还显得圆润；但现在年岁大了，脸上皮肤发干，就跟墙皮似的不出油，所以，用水彩画上显得脸干，这怎么办呢？梅先生就问我：“你看谁化妆好啊？”我就把自己长期观摩、研究的于先生的化妆经验告诉了梅先生。我说：“师父，您谁也甭找，就借鉴一个人的妆——筱翠花，他化那妆太好

⊙ 杜近芳便装照：左摄于 1954 年，右摄于 1959 年国庆。

了。”我具体地把于先生化妆的每道工序和化法全部跟梅先生说了一遍。我还跟梅先生说：“这样扮出戏来，远瞧醒目好看，近瞧又让人觉得艳丽非常。”梅先生听后连声称好。后来，梅先生要赴奥地利参加世界人民和平会议，临走前还跟我说：“借你的化妆师。”我忙点头说：“好啊，将来，他再回来给我化妆就更提高了。”梅先生哈哈一笑，说：“你们听听，还怕我不还她。”

大家都说于先生的一双眼睛是“电眼”，这是因为他使用眼睛的功夫高，但跟他眼睛的画法也很有关系。他在眼睛的画法上与别人不一样，有独到之处。比如说，他拿一点锅烟子蘸一点儿油，然后把眼睛画得极细，使眼睛的轮廓分外分明；拍定妆粉时不拍眼睛，然后用锅烟子蘸水继续描画眼睛，因为有油的底，所以再上色就不会掉了。他描画眼睛的轮廓性非常强，所以，他的“电眼”除了眼神功夫极高外，妆化得好也起到了很重要的辅助作用。于先生在京剧“五法”（手、眼、身、法、步）中的“眼法”极突出，大家都觉得他的眼睛会说话。我每次在开戏前，进他的化妆间看他化妆，都是一句话不说，站在墙角处，默记着他的化妆程序和独特之处。记得有一次，于先生演《战宛城》。他在后台化妆准备上场前一般是不说话的，那天的戏可能对他来说是比较轻松的，他就问我：“这孩子，每次我一化妆，你就这么站一晚上，又到台底下站一晚上，你累不累呀？你都看我哪儿啊？”我说：“都看。”“都看？你总得有点儿地儿啊？”“就那两只眼睛。”“哦，你看我这两只眼睛。眼睛，对咱们戏班来说啊，那是勾人灵魂的汤。用咱们的话说，眼是心中苗。你要是没有眼睛，嗓子再声震屋瓦，嚷死了也没用。你不如不说话，就用俩眼睛说话，这比说话还厉害。”于先生在那儿说，我仔细听着，也不言语，但牢牢地记了一辈子。那天，我到台下看戏。他的眼睛太厉害了，在台上的表现力太强了。我觉得，他的眼睛真是太神了。

从幼年时期一直到后来成长、成熟起来，除了向王瑶卿、梅兰芳两位大师学艺外，我只要看到精湛的艺术、身怀绝技的高人，不管是什么艺术门类、什么剧种、什么行当，都想学，不管是直接问艺还是观摩研究，我一定会去学，去思考如何运用这些艺术手段、如何创造角色。可以说，我就像一只不知疲倦的蜜蜂，要采百家之蜜。

比如，在西洋歌曲方面，我的老师是著名歌唱家、声乐教育家刘淑芳和郭淑珍，我学习了歌剧《蝴蝶夫人》的演唱。

在地方戏方面，我的老师更多。比如，粤剧大师红线女教过我她的代表作《卖荔枝》。我的《柳荫记》《秋江》是跟川剧大师陈书舫学的。地方戏中的秦腔，我有两位老师，当然也是我的好朋友：马蓝鱼、马友仙。我觉得，《李慧娘》（也叫《红梅阁》）这出戏，除了于连泉先生的之外，就是马蓝鱼的最棒了。她是在1958年来北京演出《李慧娘》的，我去看了演出。之后，我们就成了好朋友。马蓝鱼演的李慧娘变成魂魄后，来到贾似道府上报仇。站在舞台上场门台口、穿着裙子等一身行头的马蓝鱼，一个趋步（京剧的一种步法）上了桌子，再一转身就站在椅子背儿上了，然后把堂上的牌匾摘下来了。我对她说：“哎哟，你这戏太棒了！京剧行儿里有一位于连泉先生，这出戏，他唱得是最棒的，走起鬼步，好像时隐时现的魂。可惜，他现在不唱戏了，要不，我一定介绍给你。你是我见过的第二个最棒的，鬼步加喷火。我不会旦角喷火，你得教我。”她说：“好，你把‘盗仙草’教给我。”我也答应了。我们互相切磋、换戏。对豫剧，我特别喜欢，也向人家学，比如同是豫剧五大名旦之一的陈素真与阎立品。我跟陈素真学过甩大辫子的技巧。我还观摩过阎立品的《桃花庵》，感动得落泪，非常震撼。

多年来，我养成了随身带着笔和笔记本的习惯，边学边记边思。我觉得，必须向地方剧种学习，而且由感性认识上升到理性高度，认识、分析和比较兄弟剧种与京剧艺术，找到各自的特点，并且分析它们的优长与不足，然后思考如何把它们的优点化用到自己的创作和演出中，同时，避免在自己的演出中出现它们的不足。

四、三访欧美

首次出访　严阵待发

1955年1月，中国京剧院建院。那时候，我是中国京剧院一团的主演，日常演出很多，业务工作很繁忙。有一天，院党委书记马少波要我去趟他的办公室。我也没多想，因为那时常去领导的办公室，不是谈业务、汇报思想动态，就是谈政治学习。果然，他跟我谈了些日常的业务工作，然后说："你进院的时候，我跟你说过的，你加入了中国京剧院，就开始了你的新生活。将来，党和人民的文艺事业需要你贡献更大力量。你要听党的话，听领导的话，好好读书，好好努力，好好向老前辈学戏。"接着，他话锋一转："另外，我正式地通知你，你要出国。"我忙问："上哪儿去啊?"他说："参加法国巴黎的第二届国际戏剧节，并顺访几个国家。除了有咱们的京剧，还有歌舞、民乐。到时候，会对你们进行集中学习培训。已经决定，你主演两出戏：一出是《白蛇传》中的'断桥'一折，以歌唱为主；还有一出《霸王别姬》，以舞蹈为主。"

说实话，我当时听到这个消息，是有一些兴奋的，因为我从没有出过国，而且还是代表国家赴外展示京剧艺术、做文化交流，心里很激动。但后来，我了解到一些情况后，心里反而担心多于兴奋。当年，有些人为了争取能出国，做了一些很难看的事情。我很怕人家说我出国是通过什么关系。另外，我觉得既然出国，就要成功，但我心里没底。我们的传统京剧艺术能不能被外国人理解，还是未知的。所以，我跟别人的心态不一样。别人到处炫耀自己要出国了。我呢，对谁都不说，因为连我自己都不知道这次去是成功还是失败。当时，我担心的问题有很多，比如生活习惯、风俗习惯、我用的是小嗓（假声）演唱等等。尤其是"断桥"一折，唱段居多，我担心外国人不理解。后来，我看到专门为出访印的小说明书，心里就更嘀咕了。因为当时没有条件对剧目的内容做大量介绍，那么多节目只集中在一本小说明书上。我心想，我不是唱全部《白蛇传》，只是"断桥"一折，要是弄不好，人家会说许仙这男人是不是有问题；看不懂的话，就变成一个男人和两个女人的"故事"了。我心里一直埋藏着这点担心。

当时，京剧的节目定下来了。有我跟叶盛兰先生的"断桥"一折，还

有我和赵文奎先生的《霸王别姬》。赵老师声音洪亮，有很难得的一副好嗓子，演项羽好极了。同时，他跟李宗义先生还有一段《除三害》。

当时，对于这样的出访，国家非常重视。我们所有出访人员要集中培训，多次开会，学习外交礼节、当地风俗习惯、出访的各项规定和纪律等。这些往往都是周恩来总理亲自指挥、安排的，他有时还亲自到会动员。

我印象非常深的是，周总理给我们作报告时说过“飞机之两翼”的比喻，大意是：你们的文艺是飞机的一翼，武器是飞机的另一翼。这两个缺一不可。还有一次开会的时候，周总理点我的名：“杜近芳！”我就站起来：“到！”周总理说：“你去国外啊，要入乡随俗，可千万别移风易俗。明白吗？”我说：“明白。”周总理又说：“你爱喝热茶是不是？也许，你到国外就喝不到热茶了，老得喝凉水。外国人就喝凉水，要习惯。”我说：“是，是，是。”事后，有些不明白的同事就问我：“杜近芳，你有什么毛病？为什么周总理单提醒你？”我说：“你们想想，在这儿坐着的，要么是老前辈，要么是成名已久的大角儿。你说，周总理除了拿我这个青年主演说事儿，还能说谁？说的是我，告诫的是所有人。”确实，我慢慢地也发现了，其实，我在国外演出等各方面的表现都还是不错的，没有什么问题。周总理说的，往往不是我的问题，而是其他同志的问题，但周总理会提醒我。比如，他常常当着众人的面对我说：“你到外头，一定要注意形象。”我完全理解。“近者严，疏者宽。”越是这样，我就越告诫自己要起带头作用，千万不能让领导失望。周总理还嘱咐过我们：要广交朋友。越是民族的，就越是世界的。周总理特别指示我们，国际上对新中国有了解的，也有不了解的。要通过我们的演出来加强友谊、加深理解。周总理有一句话：“友谊多了，互相理解了，才能更好地保卫世界和平。”这句话影响、激励了我一辈子，让我深刻理解了从事文化交流的意义，下定决心为文艺事业奋斗终生。

当时进行集中培训学习，一共规定了 27 条守则。在国外，一是要遵守这 27 条守则，二是要按照中国艺术团团长会议的决定做事。当时定的守则非常严格，触犯一条就要被遣返回国，所以，我们都全部背下来了。中国艺术团的同志们都觉得很光荣，同时又觉得此去肯定有很多艰险，思想上、心理上都有所准备，做到外松内紧。

我们的培训有很多内容。比如，在记者招待会上如何回答问题、对方官员接见的时候要注意哪些，等等。我觉得这些训练非常必要，避免了没

⊙ 1955年出访时，中国艺术团部分成员留影。右五为杜近芳。

有准备而临场无法应对。再比如，很重要的一项内容就是吃西餐时的礼仪问题。其实，我对西餐还是比较熟悉的。一来，我父亲年轻时常到海参崴、立陶宛演出，回来就给我说西餐的吃法。二来，在新中国成立前，我唱得比较红了，会有一些社交活动，杜菊初常让我去西餐馆用餐。我们这次出去，会有大大小小各种宴会，又都是在欧洲国家，虽然都是西餐，但各国还有自己独特的一套，英国跟法国的西餐吃法就不一样，所以都得学。就说餐具吧，刀有切鱼肉的刀，也有切牛肉的刀，切牛肉的刀是最锋利的。类似这些小问题，我们在国内就得训练。我们都是实战训练。早上6点起床，7点出发，有时候到北京的六国饭店（现为北京华风宾馆——笔者注），有时候去北京专门招待外国人的西式花园，都是高级场所。我们在那里吃早点，由专人给我们讲解。吃饭前，告诉我们今天吃什么早点、明天吃什么、要学的是哪个国家的规矩。然后，一道道上菜，边讲边吃，现场演练。

再有，就是西方的礼节问题。我们女士特别要学习的是吻手礼。比如，有人跟我们握手，会牵手，会抚摸，甚至会拉过手背亲吻一下。我们在训练的时候就被特别提醒过，这是西方的礼节，不要拒绝，否则会让对方尴尬，感到你不喜欢他。再比如吃饭，别人的刀叉掉了，你不要去看、不要围观，就当没发生似的。你觉得这件事会让别人下不来台，就当作不知道。另外，不许问别人的岁数、职业、婚姻和收入。特别提醒我们，不要暗示对方赠送礼品。比如，人家戴着一个精致的东西，你老看、老问，看得人家不好意思不给你。如果这样去要礼物是犯纪律的，是坚决不允许的。又比如，别人拿了一样东西，向你介绍说："你看我的这件东西，它特别好。"你看了就说"好的，好的"，不要大惊小怪的。不要到街市上去看那些生活用品，直眉瞪眼的，好像没见过世面一样，这样形象不好。

我们出国以后到瑞士就发现，在我们之前去的某杂技团，由于没有受过这方面训练，在吃饭的时候不懂礼仪，有人不停地撒胡椒面，弄得老外直打喷嚏，当地的报纸把这事给登出来了。我当时就想了，难怪领导让我们集训，太重要了。

在出国前，我们要集中排练，并研究各个节目怎么编排效果更好。最后，要由周总理亲自审查节目并定稿。我对自己的两个节目非常用心，不但刻苦练功，还想方设法让节目的效果更好一些。当时，我感到京剧的伴奏音乐太单调，乐队应该更丰富一些，这样对我的演唱更有利。因此，我在看别的节目的时候就特别留意。比如，我看到民乐《渔舟唱晚》里有二胡、古筝，有些舞蹈的音乐也非常好，就都记下来。这些民乐队的乐器，有些我说不上名字，就画下来，然后去问中国艺术团副团长赵沨（赵沨当时是中央音乐学院的副院长，后来是院长）这些叫什么。我说："赵团长，我是京剧演员，很希望我的音乐能丰富一些。您看看，这几样乐器哪样适合加进我的'断桥'一折里？如果都能加入，我都欢迎。"这样，在拉弦乐器方面，我多加了一把京二胡，由拉民二胡的音乐家拉；在弹拨乐器方面，加了大弦琴、三弦、月琴，还把他们的吹管乐器唢呐、海笛吸收过来，全部请进我的"断桥"一折的音乐伴奏队伍里。作曲的同志也非常愿意参加，他们写好曲谱，一件一件往里加，再练乐。这样，"断桥"一折的音乐就完全不一样了，立体了，丰富了，音乐形象更动人了。后来到国外，确实达到了效果。每次演出的时候，只要"断桥"一折的音乐一响，台底下就会发出全场观众"哇"的那种声音。我个人对自己在音乐上的这些想法也非常自得。当然，我之所以愿意吸收这些乐器，也是因为它们是民乐，是纯民族的东西。如果用洋乐，我是不赞成的。

警惕！旅馆里有坏人？

1955 年 5 月，由京剧演员和歌舞演员组成的中国艺术团，一共 88 人，由张致祥团长率领，首次赴法国巴黎参加第二届国际戏剧节。我们首先要坐 7 天 7 夜的火车到苏联莫斯科的郊区，然后再从苏联坐飞机，先飞到捷克斯洛伐克，再从捷克斯洛伐克飞到瑞士，从瑞士坐火车到法国。这是我第一次坐飞机。

20 世纪 50 年代的时候，新中国的国际环境是相对困难的，特别是访

⊙ 1955 年出访时，中国艺术团全体成员合影，前排左三为杜近芳。

问那些尚未建交的西欧资本主义国家，会遇到许多艰难险阻。国际上的反华势力、当时台湾国民党当局等，确实会给我们制造很多麻烦，甚至于策反、袭击等激烈手段都会用。我们艺术团的人员都很紧张，从国内开始就绷着神经。法国方面安排我们住的旅馆是当时最豪华的。据说，当年文学大师小仲马撰写他的名作《茶花女》的时候，就住在这个旅馆。旅馆临街，并且带花园。一楼是个大餐厅，我们住在二楼。不论男女，都是两个人住一间。我和东北的程派京剧演员吕东明住在一起。我们住的房间有点像套间，一明两暗，中间是客厅，有两个卧室、两个洗澡间。我这房间有两张床，我和吕东明住着。另一个房间里是一张床，住着我们的女翻译。吕东明是共产党员，她经常出去开会。我胆子小，就跟她说，你要去开会，就把门锁上，不然，我一个人害怕。

我们在法国巴黎时，凡是行李箱运进运出，老得自己检查自己的箱子。为什么呢？一来，害怕被一些人拿走了什么东西。如果丢了东西，又是舞台上需要用的，那就哭天喊地也没用了。再则，如果他们给你的箱子里搁上什么东西，结果你一嚷，他说你到这儿来是宣传共产主义，或者说你生活糜烂，到这儿来准备去“红灯区”，那就麻烦了。我就特别警惕，每次都用卡片给自己箱内的东西画图，然后放在手袋里。如果你诬陷我，我有证据。所以，卡片老带着，紧张极了。进了旅馆，先得检查，看看床底下、桌子下面放了什么可疑的东西没有，有没有摄像头、窃听器之类的。之后，就是打开箱子，看我箱内摆的东西有没有被人动过。我特意把一些花儿摆在箱内，一看就知道有没有人动过。

说起来挺有意思的，因为我们住的房间挺大，特别是有个客厅，有一天，我想利用这地方练练功，就拿出宝剑练了一段《霸王别姬》的剑舞。这时候，女翻译拿着一把水果刀慌慌张张地冲了出来。她一看是我在练功，心里好像一块石头落了地，对我说："我就听见外头唰唰唰的，感觉不对劲，还以为进来什么坏人了呢。"我呵呵一笑，对她说："我在这儿练功呢。"我还跟她开玩笑："你拿在手上的这东西，对我不起作用。"可见，我们当时是多么紧张、警惕，真是事事小心。舞蹈队就出过事。舞蹈队队员年轻，比我们京剧演员开放，所以，外国人就盯上了他们。他们把"红灯区"的宣传品，搁到舞蹈队两个演员的箱子里了。结果这两个演员被遣返回国，又换了两个演员过来。我们住的宾馆楼下，常常停着"绑架车"——各式各样的小轿车，要接我们去"自由世界"，是准备策反成功后逃脱用的。因此，要求我们出门都集体行动，要坐我们接待方的法国人开的大车。我挺愿意坐大车的，大家都在一块儿，法国人还给我们唱歌。我们的队伍里有歌唱演员，也给法国人唱法国歌，很热闹的。另外，我们要是去较远的地方，尽量不坐火车，而是坐大车。

确实，由于一开始法国人不了解我们，当地媒体、报纸登出来的新闻内容都是偏向不友好态度的。比如，我们头一天刚到法国巴黎，第二天报纸就登出来，说中国在意识里已经投降了苏联，是"沙俄派"，穿的西装特别难看。

我比较注意自己的着装，因为我们是代表中国的"文化大使"，代表着新中国京剧艺术家的形象。为了准备出国，我到北京的印度商店买当时国际上的流行款式。我们在法国演出多场后，当地的报纸在报道中国艺术团时，论调起了变化，提到"首席演员杜（近芳）女士穿的服装是我们最流行的欧式"。我也带了我们中式的传统服装。第一次招待会上，我穿的是旗袍。那时候，我年轻，线条好，穿上旗袍，确实能显现出东方的古典韵味。我们的旗袍呢，既能看到腿型，又能看见腰肢，衣长在膝盖以上三四

⊙ 1955 年，杜近芳出访时留影。

寸，长了迈不开步，短了不文明，不长不短正合适。外国记者又报道了这件事。后来，法国的记者、摄影师专门给我的旗袍装照相，选各种景，还让我站在桌子上拍造型。法国人觉得中国的旗袍太美了，可以说，一迈步，风情万种，线条毕露。结果，他们竟然把我的旗袍借走，放到百货大楼的橱窗里展览，还特地写了一行字："杜近芳女士礼服"。还真有外国人照着我的旗袍式样做衣服。确实，我的旗袍都是在上海做的，比较讲究，有呢子的，有丝绸的。原本，我们中国艺术团的计划是 4 个月行程，后来由于太受欢迎，延长至 8 个月。我的衣服不够用、不够穿了，就写信给家里，让家里人按照我的尺寸，再做几件旗袍寄到瑞士。这是因为，那时候对我们中国艺术团的女士有规定：不能穿裤子，多冷也只能穿裙子。我个人想，恐怕这是一个国家形象和文化形象的问题。从国内到国外，我都谨记个人形象代表着国家形象这一点。我记得，有一次在瑞士，我拿着一杯咖啡和一小块长条蛋糕，记不得自己是因为没怎么吃东西，还是演出、练功消耗太大，当时特别的饿，就大口大口地吃。赵沨副团长从我旁边走过，看了我一眼。他虽然没有说什么，但从他的神态上，我知道要注意形象。我赶快喝了一大口咖啡，把蛋糕咽下去，然后小口小口地吃。这再次提醒我，在国外要时时刻刻注意和保持自己的形象与风度。

Angela！演砸了?!

我们的首演是在法国巴黎。剧场是西式的歌剧场，舞台特别高，平地以上有三层楼，下面还有池座。每个座椅都是用红丝绒椅套套上的。头道幕是钢铁大壁画，二道幕是布的壁画，演出时都要升上去。第三道幕用的是大红丝绒，中间开缝。我一直关心着自己的演出效果，看剧场那么大，怕观众听不见，就让翻译帮我问了问剧场老板，他们演出时用不用麦克风之类的扩音器。结果，剧场老板一听这话就非常生气。他说："我们剧场任何一个角落里，从来不允许有扩音器。如果你是真正的歌唱家、音乐家，就没必要用扩音器。如果用扩音器，观众不如在家里听唱片，没必要到剧场来。"后来，我了解到，如果在广场演出，可以用扩音器。如果在古典的剧场里唱歌剧，是不能用扩音器的。一开始，我还是担心，但实际上，在演出的时候，剧场的声音效果非常好，可以说，比国内用麦克风的感觉还好。剧场的舞台有点像国内老式的舞台，是伸出去的，最后一排的观众离舞台都很近。

⊙ 1955 年，杜近芳为法国巴黎的热心观众签字。

我们带去的节目是综合性的，民乐、歌舞、京剧都有。每次，带团的领导们都会看现场观众的反应来调整和替换节目，哪个节目受欢迎就上哪个，哪个节目不受欢迎就调整或拿掉，主要原则是争取吸引更多的观众。那时候，就只有 16 开的一个小说明书，才几页纸，关于艺术团的节目等所有内容全都在里面，真是包罗万象。

时隔很久了，我印象中首场演出顺序是：张春华、张云溪的《三岔口》开场，然后分别是二胡和古筝的《渔舟唱晚》、叶盛兰先生和我的《白蛇传》中“断桥”一折、《采茶扑蝶》舞、京剧《闹天宫》，再中场休息。休息之后，是红绸舞、蒙古族舞蹈《鄂尔多斯》、京剧《秋江》、民乐曲《百鸟朝凤》等。我们的民乐队受到外国人非常热烈的欢迎。最后一个大轴节目是京剧武戏《雁荡山》。演出结束后，所有演员随艺术团正、副团长一起谢幕。一个晚上演这么多节目，既要丰富多彩，也要保证整台晚会时间固定，所以，每个节目都要作删减、调整，不能太长。我的节目基本是不动的，就在这个位置上，《白蛇传》中的“断桥”一折和《霸王别姬》轮番演出。赵文奎和我唱《霸王别姬》的时候，他就要赶场，卸下霸王的妆，马上赶后面《闹天宫》中的天王。

武戏演员是很辛苦的。在国内，如果演出受伤了，还可以换别的演员顶替。但出国演出，因为演员是固定的，受伤了也得坚持上台。比如，我看到《雁荡山》中的武戏演员在台上翻跟头的时候，戳了窝，还得坚持。我就去跟领导提：我有功夫，要不要我揉脸扮上，也来个兵丁上去走“虎跳”帮忙。领导赶紧说：“不行，不行！你别闹。你要是伤了，谁来替你呀？”

⊙ 1955年，杜近芳赴法国巴黎参加第二届国际戏剧节时，与著名国际影星杰拉·菲利普（左二）等人合影。

我们的演出经过精心策划，除了保证节目的时间和艺术质量外，晚会还有主持人、祝词人和报幕人，让观众了解到一些信息，以便他们更好地欣赏节目。为了使演出达到良好的效果，我们首场请了国际影帝杰拉·菲利普先生作为祝词人。杰拉·菲利普曾主演过经典电影《红与黑》《勇士的奇遇》等，在法国是家喻户晓的电影艺术家。据说，他的演技至今都很少有人超越。我看过他的电影，非常棒。后来，我看了小说原著，更觉得他演得太好了。

我因为老是担心节目单介绍到《白蛇传》中的“断桥”一折，只有很小的篇幅，并且第一次在国外的舞台上演，怕演出效果不好，所以，心里老有事，脸绷着，一个人冲墙站着背戏、想事。杰拉·菲利普作为祝词人也在后台候场，发现我比较沉闷，就很客气地问艺术团领导：“别的女士都很活跃，这位女士怎么老是不太高兴？”领导答：“她是歌唱演员，不大爱说话。而且，她心里有点担心，怕演出不成功。”杰拉·菲利普就安慰我似的，让领导向我转达：“我觉得她与众不同，这位女士肯定会成功的。”

等到“断桥”一折开场了，我很用心力地演出。在这一折的前半段，台下的观众非常安静。一直等到我饰演的白素贞那一大段“青妹慢举龙泉宝剑”的唱腔唱完之时，我还在饰演的角色中，还没反应过来，突然，潮水般的掌声和山呼海啸般的呼叫声一同响起。全场观众拍墙壁、跺地板，“Angela（法语，意为再来一个），Angela……”。四层包厢加上底层的池座，掌声、跺脚声、高呼声……响彻这豪华歌剧院的五层剧场。我心里“咯噔”一下，被这种场景吓着了。我心想：“完了，唱砸了，倒好上来了。”我虽然强自镇定，还在演戏，但内心像打翻了五味瓶，泪水全在眼眶中含着。我赶紧告诫自己：“沉住气、沉住气。你叫你的倒好，我唱我的戏。”观众

⊙ 1955 年，中国艺术团赴法国巴黎参加第二届国际戏剧节时，全团艺术家谢幕，受到极其热烈的欢迎。前排左一为杜近芳。

这种“暴动”式的声响一直不停。当时，我的心都快跳出来了。我一转身投水袖，赶紧示意鼓师赓金群开唱。赓老这时也有点儿懵，在听台下是怎么回事呢。琴师周国兴机灵，赶紧拉弦开唱。可是，不管我怎么唱，观众的掌声、叫声不停。就这么着，把这折戏给唱完了。

其实，这是法国观众给我的叫好声，“断桥”一折其实是非常成功的！但是当时，我就以为自己唱砸了。团里人说，你别卸妆，还要谢幕。我当时感觉自己死的心都有了，还谢什么幕呀！我不情愿地被推上去。这就更好玩儿了：场灯全开，谢幕没完没了，不停地谢幕、闭幕、开幕，不知多少次。他们的领幕人特别讲究，穿着文艺复兴时期的盛装，戴着头套，这是欢迎我们的最高礼节。领幕人也跟着开幕、闭幕来回很多趟。我心里想：“唱砸了，还这么谢幕干吗呀？我下了吧。”我就下来了，既想哭，又得控制着自己。有人给我献花，艺术团领导走到我旁边，提醒我：“不要激动，接花，接花。”他们大概以为我是开心地哭了、激动了，哪里知道我的真实想法。我进了后台化妆间就忍不住了，哭出来了，手一抹，妆都花了。

第一天演完“断桥”一折后，我的情绪很不好，还是觉得自己演砸了。第二天，我请求换演《霸王别姬》。台上，我还是认真对待的，没有懈怠。副团长赵沨在晚上召集我们开会说：“杜近芳女士老觉得昨天没唱好，还跟我们说笑话，说她想自杀，之所以不自杀是怕影响不好。实际上，你昨天唱得是最成功了。因为观众不让你下去，致使演出的时间长出了几分钟，我们还直跟剧场方面解释呢。”这是因为，国外的演出是很严格和规范的，谢幕的时间要全部计算在内，要非常准。我们当时是要求总谢幕，每个节目不单独谢幕。由于观众欢迎，我被迫多次谢幕，所以，总时长就长了。我当时情绪很低落，不想再演“断桥”一折了。艺术团领导来做我的工作，并告诉我，“Angela”是法语中再来一个的意思。法国观众是喜欢你的表演，让你再表演一次。我心里还是不相信，觉得这是领导的好意，在安慰我呢。于是，我在西餐厅吃饭的时候，就心生一计。一般法式西餐的头一道菜是冷盘，第二道菜是汤。等餐厅的侍者走过来，撤走汤的时候，我对他说了句，“Angela”。结果呢，他又端了一碗汤给我。我心里这才踏实了，原来“Angela”真是再来一个的意思。旁边的几个同事觉得奇怪：杜近芳今儿怎么这么渴，老喝汤、不吃饭，就问我：“你干吗喝两份汤啊？”我说：“好喝。”这件事现在想想，也挺可乐的。

凡尔赛宫迎贵客　盗版事件巧斡旋

我对自己的声音从来都是有信心的，演了几场后，感到法国观众是欣赏我的演唱的。有一天，我在旅馆的房间里看见女翻译正看法国报纸，就问她有没有对我们演出的报道和反映，特别是对我“断桥”一折和《霸王别姬》的。这位翻译同志指着报纸告诉我，对我们的演出评价很高，特别对我的演唱评价很高。我很兴奋，问她都是怎么说的。她说，报纸上评价我是歌唱家，原话我记得好像是说，我的“歌声就像穿上芭蕾舞鞋，在钢琴上自由地旋转”。我没想到给我这么高的评价。他们说，我是唱女高音的。外国的女高音有三个种类：戏剧女高音、花腔女高音、抒情女高音。我感到，我们京剧中的演唱是综合的，唱腔对戏剧性、花腔的装饰性和抒情性都能演绎。比如说，“断桥”一折中，从“青妹慢举龙泉宝剑”一直到“谁的是谁的非，你问问心间”，这些元素都有。另外，法国报纸说，我们京剧演员是雕塑家。就是指我们的亮相、造型，这些京剧的形体语汇像是活动的一尊尊雕像。报纸上还说，中国的戏曲非常美，看完之后令人难忘。像《白蛇传》这样的戏应该完整地演出，而不是只给我们法国人看一个片段。报纸上作了一个比喻：“就好像只给我们看一首诗，而不让我们看一本完整的诗集，难道是怀疑我们法国人的接受能力和欣赏能力吗?”总之，报上关于“断桥”一折的报道、评论很多，认为演出比较成功。

巴黎的观众也是非常热情的，他们对我的演出非常痴迷。我老得返场谢幕，经常是“Angela”再来一个。为了满足他们，我常常得再从“断桥”一折的转流水板、散板的“你不该病好良心变”，唱到结束的“谁的是谁的非，你问问心间”。特别是“间”这个字，前面是无伴奏的吟唱，对音准要求很高，最后乐队再进入，效果很好，每次都赢得热烈的反响。一般“断桥”一折演完，我还得补妆，最后结束的时候参加总谢幕。

⊙ 1955 年出访法国时，杜近芳与著名国际影星西蒙娜·勒南合影，登载在当地报纸上。

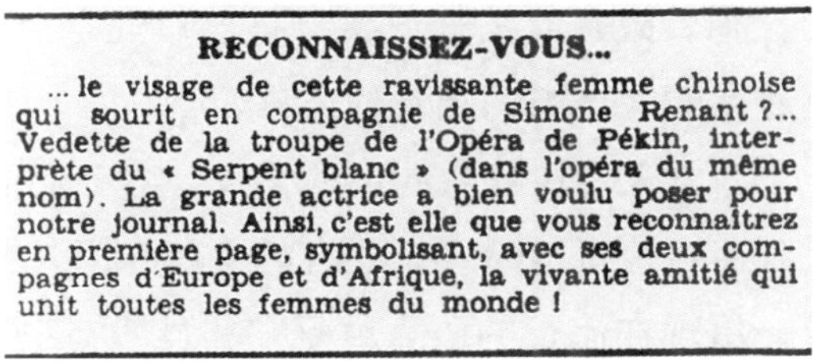

RECONNAISSEZ-VOUS...

... le visage de cette ravissante femme chinoise qui sourit en compagnie de Simone Renant ?... Vedette de la troupe de l'Opéra de Pékin, interprète du « Serpent blanc » (dans l'opéra du même nom). La grande actrice a bien voulu poser pour notre journal. Ainsi, c'est elle que vous reconnaitrez en première page, symbolisant, avec ses deux compagnes d'Europe et d'Afrique, la vivante amitié qui unit toutes les femmes du monde !

⊙ 这是上图说明文字的译文，你知道西蒙娜·勒南旁边那位微笑着的漂亮中国女人是谁吗?她是京剧明星、京剧《白蛇传》主演。这位著名演员很愿意接受我们拍照，这也是我们能在第一页看到她与欧洲和非洲女同行在一起的照片的原因，这象征着将世界所有女性团结起来的伟大友谊。

我们的演出受到欢迎的一个明显例证，就是我们京剧的化妆、扮相也在国外风靡一时。有一天，我们出门，走到楼下一看，旅馆外面一个个太阳伞、咖啡桌旁的老外在干吗呢?他们坐在桌前，拿着我们的画报和说明书，在描眉画眼呢!他们喜欢我们舞台上的化妆，尤其喜欢我们的眼睛，吊眉毛、吊眼角，眼睛像鱼尾一样，他们觉得好看。我们住的宾馆不远处有一家百货公司，有卖化妆品的柜台。人们就挤坐在那儿，让卖化妆品的服务员给他们化妆。由于人太多，服务员都忙不过来，干脆给每个客人一面镜子、一本我们的说明书，让他们自己照着化妆。因为我们的眼睛画出来像鱼，所以，我就打趣说：今天是不是过鱼节?

⊙ 杜近芳等人受到外方嘉宾热情迎接。

西方人学我们的化妆到什么程度呢？法国的女郎们也学我们贴片子（即舞台所用的头发造型）。她们的片子不够，就剪下自己的头发，剪完了就拿发胶往脸上抹，然后贴上去。她们的头发长，都扎在头顶，好像台上的甩发一样。大家开逗说："你看看，巴黎的女郎现在中国化了，头上扎着甩发，画着眼窝，描着眉头，打着口红，束着腰，高跟鞋跟咱们绑跷一样。这看戏的人比咱们唱戏的还累。"

西方人不仅喜欢我们的化妆，对我们演员的日常生活也很好奇。有的人到后台惊奇地参观。还有的人就在门外围起来，列成一队，等着中国演员，用现在流行的语言就是"粉丝"。这些"粉丝"都被我们的精彩节目感染，要看看我们演员卸妆后的样子，看到我们后就不停地欢呼。几乎每次演出完，都是这个场景。尤其记得有一次，外面下着大雨。我们演完了戏，走到剧院外面一看，许多观众排着好长的一大圈队伍围着剧场。很多人还没有带雨衣，都淋得跟落汤鸡似的，就这样还是在等着，就是要看一看中国演员。我们出来后看到这一幕非常感动，人太多，根本没法握手，就是一路使劲儿地点头、鼓掌。

有一天晚上，演出结束谢幕之后，我正在卸妆，突然接到通知，法国和其他国家的媒体有几十人要给我的"断桥"一折拍照。我不得不从头化妆，然后配合这几十位记者拍照，不知不觉就拍到了天亮，照相照了一宿。那天，我真是筋疲力尽，人都快散架了。

由于我们这次出国所到西欧诸国，都是尚未与新中国建交的国家，所以，他们的国家领导人都不能出面。然而，我们每到一个城市或城镇，地方领导不受这个限制，都是地方上的最高领导来看我们的演出。

我们在法国首都巴黎的演出非常轰动，可以说打响了第一炮，打开了一个非常好的局面。这时，法国政府也坐不住了，请我们艺术团成员参观凡尔赛宫。参观结束后，艺术团的领导和主要演、职员30多人留下，被请进一个极为豪华的宴会厅。这里是当年法国宫廷中举行皇室宴会时才动用的餐厅，只能容下几十人；而且自从法国大革命以后，这里100多年来没有开过火。当时，法国政府为了表示给我们很高的礼遇，就招待我们在这里吃饭。我记得，穿着考究的服务生推进30来辆餐车到每个人身旁，每个餐车上有一个餐盘和一口支在餐架上的锅。锅是用来烙葡萄酒饼的。翻译告诉我们，法国政府邀请大家品尝葡萄酒饼，这是以前法国宫廷皇室才能吃到的，请大家尽情地品尝法国的美食。我们都感到很光荣，是因为我们中华艺术的魅力和演出的成功，才赢得了这样高规格的礼遇。

由于我们“断桥”一折的演出很成功，法国百代公司就来录了音。有一天，我看到报纸上登了一张我在“断桥”一折海报中很大的人头照，旁边还有一个狗面冲里的标志。我立刻认出，这是百代公司的标志。百代公司的标志就是一台老式唱机、一个喇叭和一只狗。我趁着翻译有点儿空闲的时候，就问他：“您看看这报纸上是什么意思？”他问我：“你在百代公司录音了？灌唱片了？”我说：“是的。”他说：“百代公司的唱片被别的国家盗版了。”过不了几天，我又在报纸上看到我的彩妆大头照和百代公司的标志，于是问翻译这张报纸说的是什么，他说：“百代公司打赢官司，获胜了。”我就把这件事记在了日记里。百代公司的人对我们艺术团非常友好，而且天天来看我们的演出。我把这件事向艺术团的秘书长汇报了，后来又向副团长赵沨作了汇报。我说：“赵团长，百代公司给咱们录音，被别的国家盗版了，然后，别的国家进行了赔偿。咱们对这个问题是不介入呢，还是应当对百代公司祝贺呢？”赵沨说：“好，我想想。”赵沨派秘书去百代公司，别的没讲，就是转达说：杜近芳看到你们的官司获胜了，表示祝贺。结果没过多久，百代公司派专人给我们送钱来了。我跟赵沨说：“这个钱，咱们若是接了，可就矛盾了。我惹祸了。”那时候，我们出国要开创多种途径，不能随便和哪一方弄僵。我们如果接了百代公司的钱，算不算跟他们共同对付赔偿方呢？我觉得，还是应当给赔偿方一个台阶下，就把自己的想法告诉了赵沨。我说：“咱们是不是要请一请百代公司？”他问我怎么请，我说：“咱们住的旅馆一层那儿是办婚宴的地方，正好可以用来请客。”关于这笔钱怎么分配，我就在手上画给赵沨看。我说：“用四分之二留待我们自用、四分之一请百代公司，再有四分之一请官司打输的

那一方。请百代公司呢，要在楼下办婚宴的地方，让大家都知道。请赔偿方呢，就表示对他们的理解，因为他们不是有意识盗版百代公司，而是没及时赶到巴黎，'断桥'一折没录成。"赵沨乐了："你还懂外交啊。"后来，艺术团领导经过商讨，决定采纳我的意见。我们找一天晚上演完了戏，请百代公司的代表来到我们下榻的旅馆，开了个 party，祝贺他们。百代公司后来回请了我方。我们又请败诉方的代表做客。他们直说中国艺术团太好了。不然，他们的面子不好看。这件事，我们处理得很漂亮。

为英国女王伊丽莎白二世拍电影

在法国的演出非常成功，然后，我们中国艺术团就去了英国伦敦。在英国的首场演出中，我唱的是"断桥"一折，受到了非常热烈的欢迎。我们在英国最好、最豪华的剧场之一——皇家大剧院演出。剧场高楼外墙上挂着印有我的剧照的大幅海报，那海报大极了，高度起码也得有 10 米以上。每场演出都是爆满。伦敦的观众围着大剧院排队，好多人买不着票，就到了这种程度。

有一次，艺术团的领导让我在晚上开会，他们说："你准备拍电影，自己做好准备。哪天准备好了，就在你演完戏以后，电影厂单给你搭一个舞台，然后拍摄。"我问："拍什么呀？""虞姬的剑舞，不用唱，就拍《夜深沉》那一段。"领导嘱咐我说，"你这两天养好精神，晚上演完了戏，就回旅馆早点休息，随时准备拍。"很快，就通知我晚上演完戏拍电影，而且叮嘱我，要重新化妆，要化得牢靠一些，因为拍摄地点没有化妆的地方。我演完戏后又重新扮上。因为片子一干就掭了（意为脱落），特别是拍电影，灯光一烤，片子就焦了；我就告诉给我包头的王师傅，让他再拿一副片子预备着。

我到了那个电影厂，一看黑漆漆的，没一个摄影棚是亮的。我进去一看，只搭了一个很小的台，但灯光都不往那个台上打。我就把翻译请过来，请他向导演说明我的建议："电影电影，有电才有影。哪里有电，我就在哪里舞蹈。没有电的地方，我不会去。"翻译把这几句话翻过去，导演听了哈哈大笑，他对翻译说："我想抱抱这位女士。"我赶忙说："您别抱我。到时候，我的妆都坏了，赶快拍电影吧。"然后，我舞了一遍，拍了一条。

⊙ 1955 年，杜近芳（前排左四）赴英国演出时，出席主办方举办的招待会。

我心里想，这时间长了，灯泡是要炸的。我那时候就怕灯泡炸，因为整个摄影棚里已经非常热了。我又跟翻译建议说："把灯关了。"导演好奇地问："你拍过电影？"我说："没有。这是我有生以来第一次拍电影。"我又建议说："你再拍一遍。如果一条胶片有些地方不合适，两条接起来，不是方便吗？"他大声地说："Yes。"所以，我又拍了一遍。拍完之后，我刚要卸妆，导演不让我走，跟我说："以后再请你吃饭，我今天得赶快操作。你知道我这是给谁拍电影吗？"我说："不知道啊。"他说："是给我们女王陛下送去看的。"我说："哎呀，我真不知道，那是我的荣誉。女王陛下那么喜欢我们的京戏，请您问候女王陛下，祝她永远美丽、健康。"导演非常高兴地连声说："OK！ OK！"这是我平生第一次"触电"，没想到是在英国伦敦，而且是为伊丽莎白二世女王陛下拍摄，这让我为我们的京剧艺术感到非常的荣耀。后来，英国文化大臣接见中国艺术团的时候，他还特意对我说："我们女王陛下看到你拍的电影，很是满意。你喜欢什么？"我心里想，这是要送我礼物吗？我可不能问别人要东西。我说："我们的演出受到英国观众这样的欢迎和喜爱，这就是我最喜欢的。"我们团里的同事跟我开玩笑说："近芳，你应该问他要女王皇冠上那颗最大的钻石！"

由于我们的演出在伦敦也造成了轰动，伊丽莎白二世女王通过英国文化大臣向中国艺术团表示："你们继续履行合同，前往其他国家访演。等你们的合同履行完了，我伊丽莎白二世约请你们中国艺术团返回伦敦，再演两个星期。"当即，艺术团领导向国内汇报并研究后决定，答应英国方面的盛情邀请。我们艺术团的同人们是既感动又很骄傲，这说明英国各界对我们的高度肯定和欢迎。

因此，我们按照计划完成在其他国家的访演后，又返回伦敦。实际上，我们在英国的演出不止两周，而是又演了一个月。当时出现了一个极有意思的现象：英国广播公司（BBC）对我们的演出进行了直播，许多商店都把电视搁在临街的橱窗里，有的就直接放在店门口的街道上对外播放，他们觉得播放中国的艺术演出更能满足顾客。

中国摩登新女性

我们中国艺术团还去了奥地利、意大利、德国等国家。我记得，我们在意大利的威尼斯待了很长时间。我的一个感觉是威尼斯的物价很高。比如，一瓶汽水在其他地方卖 2 块钱，到威尼斯就得 10 块钱。因此，我们的票价也就很高了，但我们在威尼斯凤凰剧场的演出依然非常轰动，跟在其他地方一样，也受到观众的热烈欢迎。

我非常喜欢威尼斯这个城市，有空的时候就去看它的教堂。从我们住的旅馆到剧场的路上有一个画廊，我们每天演戏必须路过。画廊的墙上有一幅扎眼的大海报，我看了很不舒服。海报上的内容是一个晚清的官员躺在榻上抽大烟，另一边躺着一个妇女把裹着小脚的缠足冲着镜头。我一寻思，难怪我们出去时，人家看我们的第一个动作就是看脚。他们很惊讶，觉得跟他们想象的不一样。当时，我还有些纳闷儿，看脚是怎么回事啊？等看到了这张海报，我才知道他们以为我们还是这个样子的。我看到那张海报就觉得非常不舒服，怎么

⊙ 京剧《白蛇传》中，杜近芳（右）饰演白素贞。

旧中国这么丑恶的东西还挂着呢？这张海报一直在我的脑海里闪现，一想起来，我就不安。

我在威尼斯的时候穿的是凉鞋，不但手指甲抹了指甲油，脚指甲上也抹了。有一天，我路过画廊那儿，驻足看那张海报，突然有一位男士出来了，看他的意思是邀请我进去坐坐。我不会说意大利文，就说：“No，No。”然后比画着，意思是就站在这儿说吧。他走到橱窗旁把那张海报摘了下来，走到我跟前，指着海报上的小脚直摇头，意思大概是不好看。然后，他就指着我的脚，又指着我的手，直点头，看他的意思大概是说这个好看。他把那海报卷起来，让我往里走。我看他挺友好，就跟着进去了。他把卷起来的海报搁到抽屉里了。我们语言不通，他就直跟我比画。我大概齐猜到他要给我照相的意思，就比画着问他：“是不是让我照相啊？”他说：“Yes，Yes。”他找来了一个摄影师，照我的脚的特写，还照全身的。我摆了许多姿势，照了许多照片。我说：“谢谢，谢谢。”过了没几天，我路过画廊，一看那儿都是我那两只脚不同造型的照片。我就带着翻译过去告诉那位男士，别挂了，我的脚不好看，因为小时候老练功，有些变形。我答应给他找一个脚型好看的女孩子做他的模特，他非常高兴，表示感谢。后来，我真找了位艺术团的同事带过去给他照相，他非常满意。之后挂在画廊橱窗里的，就是新中国“摩登女郎”的玉足啦！我现在回想起来挺欣慰，因为我做了一件挺光荣的事，就是向外国朋友介绍了我们新中国“摩登女郎”的新形象。

有一次，我们路过比利时附近一个国家的旅馆，去他们的餐厅用餐。我们发现餐桌上有各国国旗，唯独没有中国的五星红旗。团长张致祥对大

⊙ 1955 年，南斯拉夫联邦执行委员会副主席拉多柳布·乔拉科维奇接见杜近芳（前排左二）等人。

家说："这顿饭，咱们今天不吃了。"饭摆在桌上，我们却不吃，老板就问我们："你们为什么不吃饭啊？"我们说："因为你对我们不友好。"因为这个国家跟台湾的国民党当局"建交"，没跟新中国建交，所以，桌子上还是国民党的青天白日满地红的旗子，没有我们的五星红旗。我们那天就没吃饭，饿着肚子，后来在街上买了一些零食吃。我们无论到哪儿演出，开幕之前，一定要插上国旗、奏国歌，因为我们代表着祖国。每一场演出都是这样，如果不这样的话，我们就不开戏。我们在进行正式演出的国家和剧场，没有遇到不配合的。所以，我感到我们中国艺术团的管理是严格的，我们代表的是新中国艺术家的形象，我们必须捍卫祖国的尊严和荣誉。

我由于是第一次这么长时间天天吃西餐，早就受不了啦，真想我们的大米饭呀。我们在英国结束了演出后，还要原路返回，所以先到瑞士。在瑞士，我们终于吃上了一顿中式饭菜。我看见大米饭就觉得香得不得了，还没等菜上来呢，就端起饭碗，一口气吃了一碗。结果，由于我长时间没吃到米饭，又吃得太快，胃剧烈地疼痛。好在，我们已经结束访演，没有演出任务了，否则，就真耽误事了。

之后，我们从瑞士坐火车到苏联，7 天的车程。在火车上，艺术团就开始作总结了。当时，我还记了访演日记，特别是把自己演戏的情况都记下来了。回到北京后，艺术团并没有解散，而是住进崇文门附近一个部队的旅馆。所有的人按组别住，继续一组一组作总结，向领导汇报，然后，有关领导同志来接见我们。也就是在这个时候，我和其他 16 位同志光荣地加入了中国新民主主义青年团。

我们回国后，中央戏剧学院的副院长李伯钊同志（杨尚昆同志的夫人）了解到这次赴西欧演出的盛况后，热情邀请我去给中央戏剧学院的师生作专题报告。我当时很害怕，推辞再三。我向李院长表示，我的文化水平低，又缺乏理论指导，哪敢到中国戏剧最高学府作报告呀！能不能请别的同志去讲？李伯钊同志说："就要你讲。"我很不情愿地答应了，并向她表示，只能用大白话的方式介绍实际出访和演出情况。好在我在出国期间都记了艺术演出日记（"文化大革命"中被抄走了），我就翻日记本，把围绕演出、交流有意义、比较特殊的情况汇总起来，作为报告提纲。等那天到了中央戏剧学院一看，我又紧张起来了。作报告的地点是学院大礼堂，台下的师生满满当当，好多都是著名的戏剧理论家、艺术家、教育家。我提醒自己镇静，一口气讲了快三个小时。我也不知道自己讲得如何，只知道下面不时地响起热烈的掌声。我想，听众们肯定是对于咱们新中国的文化外交成果和民族戏剧艺术在国际上受到欢迎，感到鼓舞，感到自豪！报告结束后，我赶紧对李伯钊院长说："我的水平低，讲得不好，尽耽误大家的时间。"她笑呵呵地说："你水平不低，以后还请你来讲。"

这次原定 4 个月而最终延长至 8 个月的访演可以说非常成功。我们不但进入了未建交的 8 个欧洲国家，而且以中华文化艺术的魅力征服了它们，这就是胜利。我为自己能成为这一过程的见证者而感到骄傲、自豪。

邀"虞姬"访南美洲

1956 年一天的下午，我刚从外地赶回北京，正在家里洗头发。忽然，隔壁河北梆子剧团的一个邻居喊："杜近芳，电话！"我就急急忙忙过去接了。原来是中国京剧院打来的，通知我晚上不必去剧院排戏了，而是去北京饭店参加一个外事宴会。我对咱们的外事规定还是比较了解的：文艺界的女艺术家，出席外事活动必须穿民族特色的中式礼服，一般是旗袍、连衣裙之类，不能穿长裤。于是，我赶紧从衣橱里找出旗袍。当晚，我按时来到北京饭店一号楼，走进餐厅一看，规格很高，餐桌边坐的都是外宾，而坐在首席的是陈毅副总理。陈老总看见我后，边招手边说："来，来，来。"我急忙过去和陈老总握手。他非常热情地给我一一介绍在座的外国贵宾，原来都是拉美国家的外交官和艺术家。我一边与他们握手，一边不住地说："欢迎，欢迎。"随后，我就入了座。

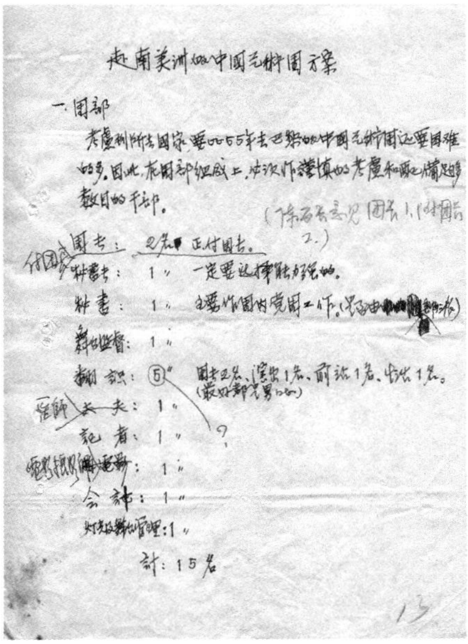
赴南美洲的中国艺术团方案

一、团部

团长：2名 正付团长。

秘书：1"

计：15名

⊙ 1956 年，赴南美洲的中国艺术团方案原始稿 1（现保存于文化和旅游部国际交流与合作局［港澳台办公室］）。

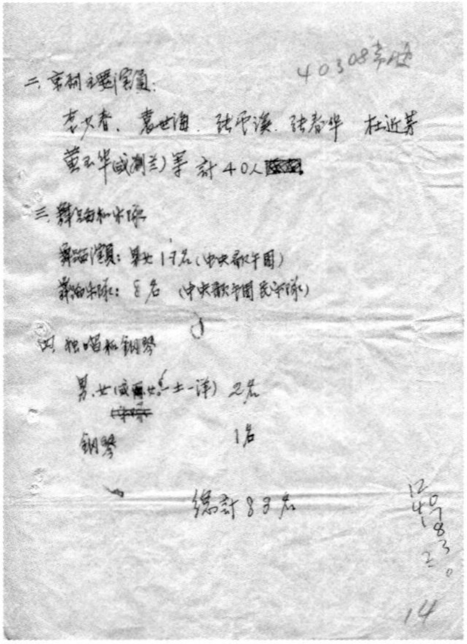

二、京剧主要演员：
李少春、袁世海、张云溪、张春华、杜近芳
[illegible]（[illegible]）等 计40人
三、舞蹈和乐队
舞蹈演员：男女17名（中央歌舞团）
舞蹈乐队：8名（中央歌舞团民乐队）
四、独唱和钢琴
男、女（[illegible]）2名
钢琴 1名
总计83名

⊙ 1956年，赴南美洲的中国艺术团方案原始稿2（现保存于文化和旅游部国际交流与合作局[港澳台办公室]）。

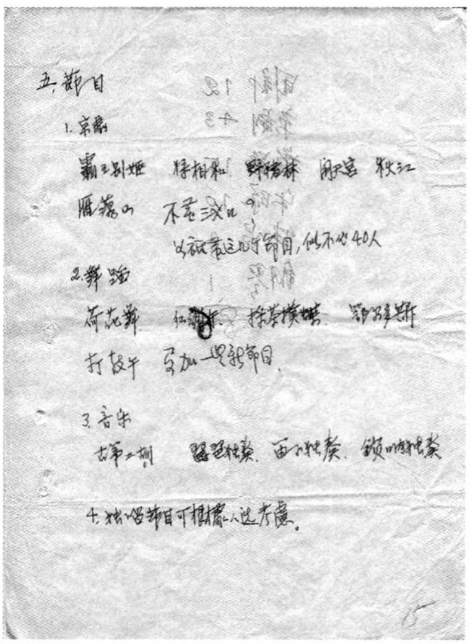

五、节目
1. 京剧
霸王别姬 将相和 野猪林 闹天宫 秋江
雁荡山 不要演此？
以演着这几个节目，似不必40人
2. 舞蹈
荷花舞 红绸舞 採茶扑蝶 [illegible]
打鼓子 可加一些新节目
3. 音乐
古筝二胡 琵琶独奏 笛子独奏 锁呐独奏
4. 独唱节目可根据人选考虑。

⊙ 1956年，赴南美洲的中国艺术团方案原始稿3（现保存于文化和旅游部国际交流与合作局[港澳台办公室]）。

陈老总不时地通过翻译和外宾们交谈，整个气氛非常好。忽然，陈老总望向我说："哎，杜近芳，你听出国际友人的话音来没有啊？他们了解到你们去西欧演出受欢迎的情况，很感兴趣。杜近芳，你们应当怎么样啊？"我觉得陈老总这话里有话。我因为是对外文化联络局的成员，知道新中国对外交流、宣传的一些政策，所以，面对陈老总的问题，我心里还是比较有底的，就对陈老总说："我们这次去西欧8国，没想到演出大受欢迎，展现出了我们新中国文艺事业的风貌，和许多外国友人结下了深厚的友谊。今天来的客人，我不知道您们对于中国的艺术了解不了解。如果您们愿意，我们能不能有机会把我们优美的艺术奉献给您们的国家呀？"陈老总点了点头，对我的话很满意，笑眯眯地说："你是不是希望你们艺术团到他们的国家演出？"我说："是这个意思。因为我到西欧去，收获很大，西欧人民极其赞赏、欢迎我们的京剧艺术。在座各位贵宾所在国人民看到我们的演出，也一定会喜欢的。"陈老总让翻译把这个意思跟外宾一说，他们立刻表示："我们就是这个意思，中国艺术团能不能接受我们的约请？"陈老总就问我："杜近芳，你听明白了吗？"我说："听明

职别	姓名	性别	出生年月日	出生地	父名	母名	护照号码
京剧队	杜近芳	女	1933、11、27	北京	陈喜光	焦秀清	
〃	張春华	男	1925、12、5	天津	張永昌	劉淑貞	
〃	李宗义	〃	1914、8、4	河北天津	李桂林	王氏	
〃	王鳴仲						
〃	徐玉川						
〃	周金蓮						
〃	吳鳴申						
〃	鈕凤华						
〃	谷春章						
〃	李幼春						

⊙ 1956 年，赴南美洲中国艺术团部分人员名单。

白了，陈老总。我听陈老总的指示和贵宾们的要求，看看我们到那儿演什么戏好？希望我们做些什么准备？我们静候陈老总的佳音。”翻译刚把我的话翻过去，外宾们就鼓掌：“我们等着欢迎你们。”“外事无小事”，许多重大事件都是在不经意间发生的。中国艺术团访问拉美这样一个重要的外事活动，就是这么提议和确定下来的。

我们所有参加此次出访拉美的人员，都被要求住在新侨饭店集中。有一天晚上 8 点，领导召集所有人在院部开了一次会，中国京剧院党委书记兼副院长马少波作报告。那时，梅兰芳先生、马少波院长他们刚从日本进行友好访演归来。我记得，当时马少波院长讲话的大意是：“你们要出国，到拉丁美洲。至于是哪些国家、什么顺序，等出发的时候再说，现在先保密。这次，根据周总理的指示，把全部《霸王别姬》拿出去，但要把两个小时的戏缩减成 50 分钟，由杜近芳、袁世海来演出。剧本怎么缩减、改编，就请老海多费点心，在院里找些人帮助他一起弄，得掐时间。近芳就去请教梅先生，听听梅先生的意见。”

梅师教我演虞姬

说起《霸王别姬》这出戏，梅先生没少对我下功夫。我初演《霸王别姬》

⊙ 1956年，中国艺术团赴南美洲4国出访前，于北京政协礼堂演出并拍摄《霸王别姬》剧照，杜近芳饰演虞姬。

⊙ 京剧《霸王别姬》中，杜近芳饰演虞姬，袁世海饰演项羽。

时，年纪轻，阅历也浅，只觉得虞姬貌美、姿势美，又知道此剧是梅先生的代表剧目，所以，一招一式力求准确地模仿梅先生，但对虞姬这样一个人物缺乏理解，表演上也就缺乏深度。梅先生就从剧本讲起，细致地为我分析了这部戏的历史背景、虞姬的性格特点以及与项羽的关系等。他说，虞姬既是霸王的臣子、军事参谋，又是他的爱妃。梅先生让我沿着这条线索去理解虞姬、演好虞姬。

梅先生在艺术上对我一直关心备至，我的每一微小进步都凝聚着他的心血。我在北京演出《霸王别姬》时，梅先生派人来看，有时还亲自观看，然后对我提出修改意见。比如虞姬一出场，我的身体是正着，而且到台上不敢动。梅先生指出，你要正出，在“九龙口”亮一个子午相，说明虞姬不仅能文还能武，不然怎么随军打仗？又如第三场念〔引子〕，原来我念时，只是一个声调，比较平淡。梅先生告诉我，念“明灭蟾光，金风里，鼓角凄凉”时，语调上要有变化。头一句“明灭蟾光”要加重语气、渲染气氛，读得比较高昂、饱满。而后一句“鼓角凄凉”则表示虞姬和广大老百姓的厌战情绪，他们希望和平，不愿意打仗，所以情绪较低，语调亦随之

⊙ 京剧《霸王别姬》中，杜近芳饰演虞姬。

发生变化。因此，要表现出特定环境中人物的独特感受，就要念出感情和人物的心理活动来。接着，梅先生又详尽地分析道：虞姬对霸王的感情是很深的，“十数载恩情爱相亲相依”，说明二人是患难与共的。当项羽听信汉军派来诈降的李左车之言，一意孤行，起兵伐汉时，虞姬好言相劝。然而，刚愎自用的项羽听不进众将和爱妃的劝阻，率大军直入九里山，以致中计兵败。当败局已定，项羽到了穷途末路之时，虞姬仍以“兵家胜负，乃是常情，何足挂意”来安慰项羽。最后，楚歌四起，大势去矣，曾不可一世的西楚霸王发出“力拔山兮气盖世，时不利兮骓不逝”的慷慨悲歌。面对英雄末路的惨景，又是虞姬强作镇定，打起精神为项羽“歌舞一回，聊以解忧”。虞姬此时的心情是非常复杂的，她一面舞剑，一面已做好了牺牲的准备，要自刎君前，免得霸王挂念。说到这里，梅先生略一停顿，继而又说：“你的表演必须建立在对人物深刻的理解上，表演的程式动作不仅是技巧，而且饱含着丰富的内容。这段戏的表演有一定难度，要好好地学。一个演员如果没有发自内心的、真实的感情，没有为表现这种感情进行恰当的表演，他就无法感动台下的观众。”听了这一席话，我懂得了，戏曲表演艺术原来包括这么丰富的内容。我以前把它简单化了，误以为只要按照老师教的比画对了、唱准了就行了。从这以后，每演一出戏，我都先进行分析，掌握了人物的性格，才能更好地创造人物。在此后扮演《柳荫记》中的祝英台、《白蛇传》中的白素贞、《桃花扇》中的李香君、《谢瑶环》中的谢瑶环等角色时，我都按照梅先生教的路子，从分析人物入手，时刻想着表演人物，才使创造的这些角色获得了有血有肉的生命。

这次《霸王别姬》赴南美洲演出的版本，根据袁世海老师的提议，我们将原来近两个小时的戏压缩至 50 分钟左右，由“诈降”始，到“舞剑”止。

当天晚上，我带着任务去向梅院长汇报。那天天色已很晚了，我赶到梅宅，院子里悄然无声。我向师娘福芝芳说明了来意，得知梅先生正病着。我说改日再谈吧，师娘说："出访是国家大事，不能误了。走，去看看先生怎么样了。"说着，就拉我进了屋。梅先生也听见声响，从里屋出来了，跟我师娘说："出点儿汗，舒服多了。这孩子这么晚来，肯定有事。"我不愿麻烦病中的梅先生，就掩饰说没什么事，只是来看望他。梅先生说，这么晚了来一定有事，师娘便对梅先生说明了我的来意。

梅先生非常高兴，语重心长地对我指出，第一次带整本戏到国外去演出，是有开拓意义的。他还告诉我，在演《霸王别姬》这出戏时，要把握三点：人物塑造的准确性，动作的目的性，故事情节的紧凑性。我说，此次演出不带"霸王乌江自刎"一折，避免戏散，戏收在虞姬舞剑自刎那里。但虞姬自刎后，又不能像在国内一样，由几位宫娥一挡，"走尸"下场。那样，霸王的戏无法处理，等于尴尬在台上。我向梅先生汇报，虞姬舞剑后，上报子，报"汉兵从四面杀来"。虞姬让项羽赶快杀出血路，独自突围。项羽不允，要与虞姬同行。虞姬谎称汉兵已杀到，项羽慌忙出战。虞姬乘其不备，抽出项羽的防身宝剑。这里，我设计走位到"小边"（即上场门一边）台口的位置，然后抹脖子侧着下旁腰。等项羽回身进门看到虞姬的一瞬间，我走个"软僵尸"。项羽呼喊"哎呀"，向虞姬以"搓步"急趋，表示痛惜、悲伤，在表演中拉大幕收场。我向梅先生说，这应该能收到好的效果。梅先生说："好啊，你能走'僵尸'吗？有把握吗？"我回答说："先生，我能'拿顶''下腰'和带'前桥'。"说着说着，我就在沙发前边侧着下旁腰，然后倒在沙发上。梅先生说："哟，你这腰怎么这么软哪！"他说到这里，已是满头大汗了。我不忍心再打扰下去，坚持要走。梅先生摆了摆手，说没关系，还跟师娘福芝芳说："一说戏，我就好了。给我倒点儿水喝。"然后，叫我把舞剑的身段再走给他看看。梅先生边看边对我说："你的表演要加强舞蹈性，舞剑本身就带有表演性质。"他特别提点我："你在国外演虞姬这套剑，还按国内那么演不行。舞剑的动作要精练，要紧凑一些，重复的动作不要。'扎四门'要用两个对称的动作，一顺边就给人重复的感觉，得考虑观众的反应，要让观众掌声不断。"梅先生看着我走完了"剑套子"，笑着问我："你小时候是练钢剑的吧？""是的，7岁开始练的。""你的剑花好看！步子再小点，就美极了！"梅先生结合他自已多次出国演出的体会，给我分析外国人看戏有什么习惯。他说：“中国的京剧观众一般关心的是看文戏还是武戏，而外国的观众一般会问：我今天是看悲剧还是喜剧？你这出戏，就是悲剧。这悲戏，你咋让它悲？”我说：“沉闷中焦急。”梅先生分析道：“虞姬的舞剑动作是有层次变化的。开始是为之解忧，后来就变成与之诀别了。她舞到霸王面前时是强颜欢笑，抑郁中显得优美动人；当舞剑背对霸王时，则是自我克制，显得心情沉重、愁眉冷面，悲剧的氛围很浓烈。在表演上，要保持美的造型，不能狂舞，要掌握好分寸。”梅先生说着，不由得比画起来，并把动作的要领做出来让我看。最后，梅先生说：“但凡我身体好些，一定去看对你们戏的审查。”当时，我已经沉浸在刚才的谈话里，回味着梅先生入情入理的分析，一时没有回答他。梅先生对师娘说：“天太晚了，已经没有公共汽车了，请司机开车送她回家。这孩子一想戏，就什么也顾不上了。”

就这样，我每天白天上班，晚上去梅先生那儿研究《霸王别姬》，总是要到凌晨才结束。临走时，梅先生就派他的车给我送家里去。《霸王别姬》这出戏，梅先生给我说了一个多礼拜时间，使我有了很大的提升。

拉美刮起“京剧旋风”

1956 年 7 至 12 月，中国艺术团出访拉美，由楚图南团长带队，副团长是赵沨，先后到访智利、乌拉圭、巴西和阿根廷。交通上的行程是从北京到莫斯科，再经捷克斯洛伐克到瑞士伯尔尼，坐“霸王”号飞机到南美洲。我这次演出的节目，除了与袁世海先生合演的《霸王别姬》外，还有同张春华先生合演的《秋江》，两个节目轮替演出。《霸王别姬》这个戏一般排在中轴的位置，有时候也在最末一个节目演。遇到特别的时候，比如一天两场——日场和夜场，我也会上两个戏，《霸王别姬》《秋江》都上。

我没有想到，外国人那么喜欢《霸王别姬》这出戏。这次演出是每个节目单独谢幕，再加上最后的总谢幕。每次我们演完《霸王别姬》，谢幕总要好多次，占的时间有点长。《霸王别姬》的谢幕时间长了，舞台监督就会非常着急。因为整个演出的时间是固定的，《霸王别姬》占的时间一长，别的节目就得加快。但是，观众这么热情，也确实没办法，我们

⊙ 1956年，杜近芳（前排左三）、张春华（前排左二）、云燕铭（前排左四）等人随中国艺术团赴智利演出时，参加外方的招待活动。

只能每次都紧着点儿。我演虞姬每到最后的时候，就听见台底下有观众的叫声。我回到后台，就问翻译，观众刚才在底下嚷什么呢？翻译说："虞姬不是拔出宝剑要自杀吗？观众就喊：'皇后不要死，皇后不要死！'"观众确实是入戏了。等到袁世海老师上台谢幕的时候，观众就在下面指指点点，指责他，说他是奥赛罗，太主观。再比如，《霸王别姬》的"定计"一折之后，李左车诈降楚军，项羽入了圈套，有的观众就在台下喊："No，No。"这证明他们看懂了，知道李左车是间谍。等演出结束，他们还非常热情地上台来，向我们询问李左车是不是诈降。我们很感动，赶紧告诉他们："是的，是的，他就是间谍。"

所以说，好的艺术是无国界的，《霸王别姬》在拉美的成功就是很好的例证。拉丁美洲由于长期是西方的殖民地，语言种类多，除了说英文、法文外，还有说西班牙文、葡萄牙文的。可是，拉美观众们不但看懂了京剧《霸王别姬》，而且受到感动，非常赞赏我们的艺术。谢幕时那热烈的高呼和鼓掌，我一辈子都难以忘怀。不久，拉美各方舆论对我扮演的虞姬冠以"东方皇后"的美誉。

我记得在阿根廷演出的时候，有个当地的女孩子被咱们的武戏《雁荡山》震撼了，特别喜欢里面一个跟头翻得很棒的武行的小伙子。她特别开放地表达对这个小伙子的爱意，一直追到后台男士的化妆间，要嫁给那个小伙子。我们向她解释说，男士化妆间，女士不能进去，但她满不在乎，就是看上那个小伙子了；还问我们他结婚没有，如果没结婚，她就办一个手续，跟他一块儿回中国，嫁给他。我们有点儿哭笑不得，但又要表示友好的态度，就好言相劝，说我们是代表国家的艺术团，有严格的规定，既不允许带家属，也不允许和访演当地国的人结婚。我们好说歹说，这位无比热情的女观众才不得不离开后台。

还有一个小插曲。某次演出时，艺术团的人告诉我："你到剧场前台休息室看看，玻璃柜里是什么。"我挺好奇的，跑过去一看，放的是大烟枪。我看到，玻璃柜旁的外国观众们正指指点点地议论着呢。我看了，心情非常不好，就找到剧院老板，向他说明，这种东西是旧中国的，现在的新中国已经没有这些了。希望他们多介绍我们新中国的艺术；并且希望他们把这些东西拿走，别再展示了。我也不敢说太多，怕有人借此机会，说我在搞"赤色宣传"。我说完就跑开了。总之，这件事对我是个小小的刺激。我觉得，我要更加认真地演出，让外国友人了解现如今中国的文化和精神风貌。

"1956 年 7 月至 12 月，中国艺术团访问南美的智利、乌拉圭、巴西、阿根廷四国。出访的地区是美国的'后院'，没有一个国家与新中国建交，而且还和台湾的国民党保持着所谓的'外交关系'。单枪匹马进入政治气

⊙ 1956 年，杜近芳赴智利演出《霸王别姬》，并与当地市长和市长夫人等嘉宾合影。

候完全不同的国家，是福是祸，实难预料。但大家都牢牢记得出行前周总理为代表团送行时说的话：无论有多大困难，只要能进去，就是胜利；要认真执行和平友好的对外政策；要保证演出质量，通过演出交流文化，广交朋友。此时由于苏共二十大对斯大林的批判在国际上也产生了强烈震动，不少人加深了对包括中国在内的社会主义国家的疑问和困惑。艺术团到南美的第一次活动是全团向圣地亚哥市中心的智利民族解放运动的先驱奥希金斯（有智利“国父”之称）的铜像献花圈，表达了对智利人民和智利民族英雄的尊重。活动使国民党的‘使馆’散布的艺术团是来进行‘颠覆’‘输出革命’的谣言不攻自破。许多人开始通过艺术团的活动重新认识中国。8 月 20 日，艺术团在智利进行访问南美的首场演出，之前向智利官方特别是向智利总统卡洛斯·伊巴涅斯发出了邀请。总统表示将接见艺术团的领导，但是在预定的约见时间前一小时却派联络官来表示‘因病’取消，楚图南立即派人携带名片随联络官去总统府表示慰问，总统府随即派出级别高一些的总统新闻官前来表示感谢，楚图南则将准备好的礼品请新闻官转交总统，表示敬意。在首场演出开始之前 15 分钟，艺术团得知总统将出席开幕式，接见艺术团领导。伊巴涅斯总统和夫人在贵宾的包厢中边观看演出边和楚图南等交谈，演出结束后，又兴致勃勃地参加国家剧院经理为庆祝首次演出成功举行的招待酒会，还下令广播和报道总统出席中国艺术团演出开幕式的消息。首次演出的成功表明南美各国人民渴望了解中国，艺术团的节目能够为当地群众理解。在这次出访中，京剧还演出了《霸王别姬》，获得了成功，谢幕达七次之多，一点不亚于《三岔口》等武戏，演出后举行招待会，在会上得到的反映：‘是中国的莎士比亚悲剧’……各国都出现了许多人清晨即在剧场外排队购票，演出结束后在剧场外等候两三小时来向演员致敬的动人场景。从 8 月 20 日到 10 月 25 日，在南美四国的五个城市共演出 58 场，直接观众 14.6 万多人；通过电视观看的则在 100 万人以上。乌拉圭国务会议主席、执政的红党领袖，巴西总统夫人，阿根廷副总统，以及四国的外交部部长或教育部部长、五个城市的市长都观看了演出。巴西总统库比契克曾经三次表示要看演出，但是终究没有来，在巴西的最后一场演出则是库比契克总统夫人主持的慈善义演，总统送了花篮和表示祝贺的名片……艺术团还走访了智利、乌拉圭、巴西三国议会，访问了巴西下议院议长和上议院副议长（议长卧病），智利和乌拉圭的上议院和下议院的议长，在巴西的下议院旁听。在巴西首都里约热内卢的市议会，议长为欢迎中国艺术团，宣布原来的会议暂停一小时。同时，艺术团还和当地的知识界、文化界进行了广泛的接触……在巴西圣保罗演出时，和艺术团同住一所旅馆的200多名美国人中，有180人买票观看演出……此次中国艺术团访问南美四国所到之处，南美人民以一种欢度节日的心情来迎接中国的艺术家们，称他们为'文化友好的使节'，认为他们的访问演出加强了中国和南美人民之间的相互了解和认识，改变了由于山川阻隔和其他人为的原因造成的不正常情况。"①

痛惜遇难五烈士

1956年，我们的这次南美4国行非常成功，为新中国对美洲的外交作出了贡献。但令我们感到痛心和惋惜的是，在胜利的归途中，我们中国京剧院有5位同志不幸遇难了。我记得，归途原本是轻松愉快的。我们由原路返回，从美洲到瑞士的伯尔尼，然后经捷克斯洛伐克到莫斯科，之后回国。

我们乘坐的是苏联飞机，一共3架。从瑞士飞捷克斯洛伐克的时候，楚图南、赵沨、李少春、袁世海、我、张云溪、张春华、云燕铭和另外两位同志，我们10个人原本是乘第二架飞机的，等到了机舱门口，不知什么原因，把我们换到了第三架飞机上。这第二架飞机，换了吴鸣申、刘又春、张春来、蒋文林、王文华5个武行演员和搞舞美的同志，以及外交部的5位同志一块儿乘坐。

我们乘坐第三架飞机安全着陆，到了捷克斯洛伐克，来到驻地，看到第一架飞机上的人已经到了。我偶然看到赵沨的眼睛红红的，还以为他害眼病了呢。云燕铭也问我："你看赵沨的眼睛是怎么回事？"张春华也跑到我们屋来，我还故意跟他开逗："你跑到我们女士的屋来干什么？"他说："你别瞪眼成不成？近芳、燕铭，你们看见第二架飞机上的人没有？我觉得不对头啊，怎么没见到第二架上的人呢？"云燕铭说："我们到驻地后，

① 周丽娟：《对外文化交流与新中国外交》，文化艺术出版社2010年版，第42—44页。

也没看到第二架上的人，不会有什么事吧？”他们俩比我敏感。当时，大家一直没见到第二架飞机上的人，都觉得心里不太踏实。我就感觉，我们的人不像往常那样喜笑颜开，大家都很沉闷，好像都有点儿预感似的。赵沨从捷克斯洛伐克又回到瑞士伯尔尼，然后再回到捷克斯洛伐克，跟我们一起飞到莫斯科。我们当时不知道他去干什么，后来知道是处理善后事务。等到了莫斯科，大家都有点儿焦虑了，眼睛老是不自觉地找人。到吃晚饭的时候，赵沨突然跟我们宣布说，第二架飞机失事了，现在还没调查清楚，不知道是什么原因。我们那10多个同志都没了。他一边说一边哭，并让大家化悲痛为力量。我们听到这个消息后像炸开了锅，非常悲痛。这时，餐厅里有人开始哭起来。大家边哭边说："回去怎么向家属交代呀?!"大家无法进餐，都悲伤地互相搀扶着回房间了。后来听说，第二架飞机起飞4分钟后就爆炸了，具体的原因并不清楚。本来，出事的不该是他们，而是我们。所以，我想起来就非常难过。

回到北京后，国家为包括我们京剧院5位同志在内的10位遇难的同志，在八宝山集体开了追悼会。我当时的心情特别不好，大家练功好像也没劲儿似的。从八宝山回来之后，大家都有点儿缓不过来，因为那些烈士毕竟是在一块儿战斗、工作的战友啊。烈士吴鸣申是著名武生艺术家李万春先生最得意的一个学生，他家里还有两个孩子。有的遗属悲伤地要自杀。还有一个牺牲同志的妻子怀孕都快生产了，她悲伤地说："爸爸都没了，我还生孩子干什么？"让人唏嘘不已。剧院组织我们这些年轻的干部值班，轮流去遗属家里看望、陪伴，怕有的人想不开寻短见。我们剧院牺牲的这5位同志的孩子，都由国家照管，剧院一直都是他们的"家"，非常不容易。

那段时间我的心情很坏，就觉得什么都不想干了，上班不知道在干什么，也不练功。我经常一个人整天待在公园里，因为心里头乱得很，就坐河边的长凳子上，坐那么一天，回到家也是吃不下饭、睡不着觉。在出国之前，我已经和吴葆桢大夫订婚了，原计划回来就要结婚。我当时心情差到了极点，就跟他说："算了吧，将来，我还有出国任务。这次是别人牺牲了，万一下回是我呢？我这不是坑人害人吗？不要把你们吴家给害了，我退婚算了。"因为我说了这话，当时与我谈朋友的吴大夫从来不喝酒，竟喝了好多闷酒。我在那段时间就像受到刺激了似的，只觉得我就一个人，活着就干，死了就算，不要牵连别人。

国家追授这5位牺牲的同志为烈士，在八宝山为他们举行的追悼会至今令人难忘。我现在想起来都想掉眼泪！我们并没有向社会上发布通知，那天竟然来了许许多多北京城的老百姓，可以说极少见到这么多人来送别的场面。群众说：“唱京戏的人为国捐躯了，我们要送送他们。”好多老百姓都系上五福孝带，让我们非常感动。当时，我就有非常强烈的感受，觉得我们从事京剧艺术的艺人在新旧社会的地位真是发生了翻天覆地的变化。像我这样经历过旧社会的京剧演员最有感触。这几位普通的演员，由于为国家的文艺和外交事业作出了贡献，被追授为烈士，享受这样的哀荣，也是一种尊严和荣誉。确实，出国演出让我们的思想和灵魂都得到了升华，从内心想着要做一名合格的、优秀的新中国的文艺工作者，要严格要求自己，千万不能做出让别人看不起的事，否则就是前功尽弃、自毁长城。特别是，我感到自己是代表国家出过国的人，有一种说不出的、崇高的自尊感，由内心愿意为祖国奉献自己的一切。

世青节上得“神仙”指点

1957年，第六届世界青年与学生和平友谊联欢节在莫斯科举办。这个联欢节的前五届是在东欧其他社会主义国家举办的，第六届在社会主义阵营的“老大哥”苏联举办，很受重视，有100多个国家派团参加。中国也非常重视，集中了全国各个艺术门类的精英，组成了很强的代表团，由周巍峙带队。后来，我才知道，当时的共青团中央第一书记胡耀邦同志也亲赴莫斯科参加盛会。

各国代表团要派代表赴克里姆林宫，参加主办方苏联的招待会。中国代表团的是胡耀邦同志、我，还有舞蹈队的一位舞蹈演员，共3个人参加。我当时的心情是很激动的。

这次去苏联代表祖国参赛，我拿出了5个参赛节目，歌唱是《金水桥》，哑剧是《拾玉镯》，舞蹈是《霸王别姬》中的“剑舞”，歌舞是《嫦娥奔月》，双人歌舞是《虹霓关》（与李金鸿合作），取得了较好的成绩。实际上，这次比赛中，我获得了4枚金质奖章。由于其他的原因，团长周

⊙ 京剧《嫦娥奔月》中，杜近芳饰演嫦娥。

巍峙代表组织找我谈话，做我的工作，要我让出两个金奖。我经过思考接受了组织的意见，在主动让出两个金奖的书面材料上签了字。最后，颁发给我的是两枚金质奖章和一枚银质奖章。这倒没有什么，给我留下深刻而难忘记忆的，是在这次赴莫斯科的路途上，得到了程砚秋先生的指教！这让我终生难忘。那时，我们坐火车去莫斯科，路途遥远，时间非常长，要走7天7夜。火车上的空间有限，如果7天里光吃不动，不练功，那我怎么比赛呢？上了火车，我就为这个问题发愁。我们这一路上，每到一站，都要下车参加当地的友好联欢活动。我灵机一动，想出法子来了。每次只要火车快要停站的时候，我就赶紧爬上床去，面冲里待着。其他人叫我一块儿下车，我就对他们说：“正拿东西呢，就下来了。”等大家都下去了，车上没人了，我这时候赶紧抓紧时间练功：练腰腿，走“前桥”“下腰”。这样，我保证了自己的艺术状态。有一次，我还是照此法练功。我正在车厢过道上下着腰呢，感觉后面有人过来了，但瞧不清楚，只觉得是个大高个儿。我赶紧站起来，让人家过去。等我站起来一看，是程砚秋先生。我说：“哟，程老师，您来了？”他说：“你还管我叫老师啊？”我说：“应当的。”程先生看我满头大汗，就笑呵呵地说：“哎哟，你真用功啊，怎么在这么点儿地方练？”我说：“不行啊，练还不成呢，不练就更不成了，这7天，我身上都僵了。”我当时年轻，不会说话，问程先生：“您参加哪儿啊？”他说：“我是评委啊。你到底唱什么呀？你把唱都给人家了，人家都报上来了，你唱什么啊？”我说：“程老师，我唱的人家不唱，我唱《金水桥》。”程先生嘱咐我，“你下午4点以后到我的车厢来。你就敲我的门，

⊙ 1957 年杜近芳（左二）赴苏联莫斯科参加第六届世界青年与学生和平友谊联欢节期间，与红线女（左四）等中国代表团部分成员合影。

唱给我听听。甭跟别人说，我也是上这边儿来遛遛。”程先生给我仔细说了他的车厢号，我赶紧答应着。

等到了下午 4 点钟，我来到程先生所在的车厢外。我敲门，程先生应声，我就进去了。程先生住的是高级软卧、包厢，一个人住，车厢里有独立的卫生间。萧甲的夫人照顾他的生活，住在他的隔壁。程先生很热情地让我坐下，给我倒上水，他对我说：“你给我唱唱。”我心里想，能有机会当面得到程先生的指点，我真幸运。忽然，我想起了一个久悬于心的问题，就冒昧地向程先生提出来：“程先生，我有一个问题：有人说，我唱出来像小生味儿。我不知道是不是跟我老和小生一块儿搭戏有关系？”程先生笑着对我说：“你先唱吧。”我就唱了《金水桥》中，哀求姨娘那段。程先生听完了我的唱后，说：“你跟我正相反。我因为嗓子的原因，出韵慢，收韵也慢。我的戏，你听吗？”我说：“听啊。”他说：“比如唱‘娇儿打雁’（京剧《汾河湾》中的唱段——笔者注）。”程先生给我示范唱法，然后说：“你这嗓子这么脆甜，你就不能这么唱，像唱不动一样。你现在是出韵出得快、收韵收得慢，所以就像小生。你收韵收快点儿，跟出韵一边儿齐，就不像小生了。”程先生问我还会唱什么，我告诉他师父王瑶卿教了哪些戏。他说：“哎哟，王大爷还真教你啊！”我说：“您的唱腔，我不敢唱，因为太难了。但是，我爱听，爱琢磨您的唱法。特

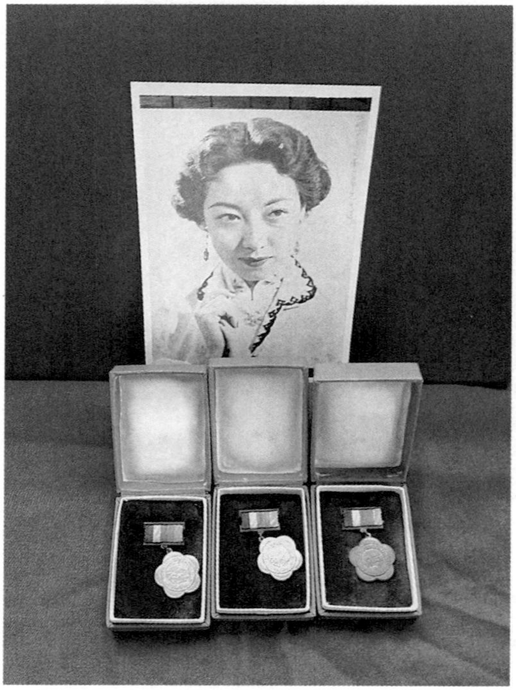

⊙ 1957 年，第六届世界青年与学生和平友谊联欢节上，杜近芳获得金质奖章两枚、银质奖章一枚。

别是您的发音位置，我就学您的高位置。”“我的是什么位置啊?”我说:“高颚调位啊。”“哟，你怎么知道的?”我说:“我师父王瑶卿聊天时说的，我听见了。我平常唱给师父听时，他说了，我这儿开天窗了。”“哎哟，王大爷这么喜欢你！不行，回去了，上我家来啊！你唱唱，我听听。”

出了程先生的包厢，我就仔细琢磨他的话，然后开始练习、矫正，我在这届世青节上得奖后，就有人反馈说，我唱得更好了，没有小生味儿了，问我是怎么回事。我报以一笑，言道:“我有‘神仙’指点。”所以，我从内心里很感激程先生对我的指点。他寥寥数言，使我又进步了许多，这才是真正的大师。

五、人生丰获

10 天排出《白毛女》

1958 年 3 至 5 月，在中国尚未实现邦交正常化之时，日本松山芭蕾舞团团长清水正夫和夫人松山树子突破阻力，携根据中国电影《白毛女》改编的芭蕾舞剐《白毛女》，首次到中国进行巡演，一时轰动全国。中国观众第一次从芭蕾舞剧这种艺术形式里，看到白毛女的形象。喜儿由松山树子饰演。我是从报纸上看到该团在北京天桥剧场演出的消息的，因为当晚刚好有演出任务，第一天没去成。后来见到袁世海先生，他看了演出，鼓励我赶快去看。于是第二天，我去看了演出。芭蕾舞剧《白毛女》给我留下了深刻的印象。当时，舞台上有个纱幔，里面是老百姓打的粮食，都堆在黄世仁家。因为被迫缴粮，农民愤怒振臂，与黄世仁的家丁发生冲突。这个造型，我到现在还记得清清楚楚。之后的一夜，我辗转反侧，久久不能平静。除去演出场景给我留下的深刻印象外，更重要的是，我在反复思考一个问题：日本法西斯侵华，但日本人民是热爱和平的。他们能够用芭蕾舞剧的形式，排出歌颂中国共产党题材的《白毛女》，那我们这些中国的京剧工作者呢？我们是不是也应该做点什么？我每天看书、学习、演戏，吃得饱、穿得暖，受了共产党的恩泽，为什么不能用艺术的形式来表现呢？

⊙ 现代京剧《白毛女》中，杜近芳饰演喜儿。

于是，我想找老艺术家们谈谈。当时，我所在中国京剧院一团的袁世海、李少春、叶盛兰，都是与我长期合作、畅谈艺术见解的老师。我去征求他们的意见。李少春老师说，他演杨白劳；袁世海老师已经表态，他演黄世仁；院里通过电话询问叶盛兰老师的意见，叶老师愿意演王大春。大家鼓励我："你这喜儿是全新创作，相信你准能创好。"演员角色确定后，我们向党支部汇报。党支部领导说："你们 4 个人演最好。"我们信心大增，直接向党支部和院党委“请战”去了。院党委果断拍板说：“已经研究了，你们一团演最合适。”接下来，便是向文化部、中宣部打报告。

不久，中国京剧院党委书记马少波召集大家开会，院长梅兰芳先生也来到院里，传达了让我们欣喜的消息：周总理听到这个事很高兴，鼓励我们大胆尝试。时任国务院秘书长的习仲勋同志也表示支持。中央领导都支持，我们还有什么犹豫的。

一切很快敲定。由马少波、范钧宏创作京剧《白毛女》的剧本，导演为阿甲、郑亦秋，音乐设计是刘吉典，舞美设计是赵金声、安振山。演出阵容是：我饰演喜儿，李少春饰演杨白劳，袁世海饰演黄世仁，叶盛兰饰演王大春，骆洪年饰演穆仁智，雪艳琴饰演黄母，中华戏曲专科学校“四块玉”之一侯玉兰饰演张二婶，李金泉饰演大春妈，苏维明饰演赵大叔，娄正奎饰演虎子。《白毛女》这部戏的意义在于，它是最早尝试用京剧的唱念做打来表现现代题材的剧目，创造了很多新形式，做了不少京剧“四功五法”的新实验。

当时，我们面临的最大困难是没有生活经验。虽然小时候很苦，但我们毕竟长在大城市，对于那些受压迫的农村妇女的感情是什么样子、红军为什么在延安扎根等等，不是很清楚。而电影《白毛女》，我已经看了30多遍，我特别爱看！1958年的生活也很艰苦。我们在北池子院部排戏的那段日子里，可以说是争分夺秒地排练。我们的椅子靠背、坐垫都是五根木条的，困了躺在三把椅子上就睡着了，醒来渴了才想起喝水。饿了到食堂问有炒土豆丝吗？说没有，给个窝头也很高兴。我们有10天时间全都待在团里，没有回家，一边写剧本，一边设计唱腔，一边表演创作。很多演

⊙ 现代京剧《白毛女》中，杜近芳饰演喜儿。

员的家属都找到团里来，不知我们出了什么事。比我岁数大、名气大的雪艳琴老师饰演黄母。黄母第一是恶人，第二是形象丑化。雪老师说，黄母不知道害了多少人，她要上舞台揭露她。这句话让我受到了鼓舞。导演详尽地给我们分析了剧情，介绍每个角色在“规定情境”中的具体行动。受到他们的启发，我的创作欲望更加强烈了。除夕夜，杨白劳躲账回来，给喜儿买了红头绳，并亲手给女儿扎上，这是多么深厚的父女感情！喜儿对父亲的体贴，激起我对幼年生活的回忆。在日伪统治时期，我的父亲靠唱戏生活，连口粥都喝不上。他噙着泪把多年苦挣来的仅有的几件戏服卖掉，想做点儿小生意，好维持一家三口的最低生活，不料把货物丢光了，垂头丧气地回到家里。我想尽力去安慰他，劝他不要难过，而我自己却在背地里哭了，又不敢让父亲看见，怕他伤心。这段回忆让我激动得久久不能平复，喜儿的遭遇引起了我的共鸣。我和喜儿的感情接近了。我觉得，她的爱即是我的爱，她的恨也是我的恨。我就是这样沿着剧情的发展，来探索喜儿的生活和性格。

现代京剧《白毛女》的唱腔、舞蹈动作，是运用京剧传统技巧并加以发展、创造的。比如，喜儿第一次出场，我用〔南梆子〕唱“大雪飞北风紧天阴云暗，盼新年怕新年偏到新年”，调子比较明朗，动作也活泼。天真无邪的喜儿在这风雪交加的除夕之夜，还是有她的愉快的。何况，她又是刚从未婚夫家里归来哩。当唱到“财主家过新年百事如愿，穷人家年关到心惊胆寒”时，喜儿的心情逐渐沉重起来，动作和唱腔也随着心情的变化低缓了一些。喜儿从黄世仁家逃出来时，我唱的是〔高拨子导板〕，来

⊙ 现代京剧《白毛女》中，李少春饰演杨白劳，杜近芳饰演喜儿。

表现她的激动心情。如果按照生活的真实去表现喜儿逃走，必然是不顾道路的平洼，狂跑一阵，纵然跑得满头大汗、气喘吁吁，观众也丝毫不能感受到那种紧张的场面，反会觉得好笑。我必须创造适应京剧特点的新动作。于是，我在出场时，踉踉跄跄地跑到台中间，边走边抚腿，表现喜儿惊慌、疲惫得几乎支持不住。唱〔回龙〕的节奏也比较快，因为喜儿固然很累，但心情既紧张又愤恨。下场时，我运用京剧原有的跪步动作，与这种气氛很协调。当喜儿逃到河边，黄世仁、穆仁智已经从后面追来了。在这种紧迫的情况下，她急中生智，脱掉鞋，想骗过黄世仁、穆仁智，假作投河死了。这个脱鞋、甩鞋的动作，也是从京剧传统动作加以发展、运用的。先是由于地滑站不住没脱下来，再是由于心慌仍未能脱下来，还险些摔倒，最后情急，用力把鞋甩掉。这个动作必须做得干净利落，不能拖泥带水。黄世仁没有搜到喜儿走了，喜儿愤恨地唱道：“黄世仁你瞎了眼窝，不怕你阴谋诡计多。熬不干的水，扑不灭的火，我不死，我要活，我要报仇我要活！”这段唱腔仍以〔高拨子〕为基调。为了突出喜儿“我要活”的坚强意志，我唱这段〔高拨子〕时，部分融合了河北梆子的唱腔，使它更显得高亢激昂。在这种情势下，动作也相应地夸张了、有力了。喜儿到奶奶庙内拿供果，唱的是〔反二黄〕，我们采取“低弦高唱”来唱这一段；动作则运用滑步、搓步和鹞子翻身等传统技巧，表现她迎着疾风骤雨的情境和她坚强地要活下去的不屈性格。

特别有意思的是我们的化妆。我们化惯古典妆了，不会化现代妆。当时，北京电影制片厂有一个专门演坏蛋的演员，他很喜欢京剧，就主动请缨：“我来帮你们化妆吧！”这件事情后来被北影的同志知道了，他们开玩笑说：“你们怎么找一个演坏蛋的来化妆呀！”我们说，他化得挺好的。

10 天之后，我们汇报说：戏排出来了。大家都很兴奋，因为 10 天排一个戏在历史上是没有过的。我们觉得齐心办成了一件大事，真了不起！

彩排是在我们自己建造的人民剧场，那天发生了一个有趣的小插曲。当时，也不知道怎么走漏了风声，来了清华、北大、人大、北师大等北京许多有名高校的不少大学生。大家知道周恩来总理、习仲勋秘书长要来观看，就整整齐齐地站成四方块儿。周总理看到这队伍后就问：“这是你们请的客人？”我们解释说，大学生是主动来的，他们真热情，想看看京剧怎么演现代戏。周总理和习仲勋秘书长都说，看戏是好事，请他们进去看吧。大学生们既兴高采烈，又很有秩序，都彬彬有礼地请中央领导先进去。等中央领导坐好了，他们才非常安静地排队入场坐下。

在开场前，剧院的同志向大家作了简短的解说："我们是在内部彩排，不是对外演出。10 天排出的戏有可能演到哪儿会卡壳，希望大家谅解。"因为只用 10 天排出一部戏，说心里话，效果怎么样，大家心里都没底。我们的心情既兴奋也紧张，但大家还是按照排练的次序，一丝不苟地上台演出。没想到，下面的观众该叫好的叫好，该流泪的流泪。3 个钟头把《白毛女》演下来了，我们自己都觉得今天神了！演出结束后，周总理、习仲勋秘书长上台接见我们。周总理对我们说："祝贺你们尝试成功！"这头一句话就让我们像吃了柿子一般，又甜又滑溜儿。周总理又说："你们不尝试，怎么知道现代戏怎么搞；不尝试，怎么知道观众喜欢你们演现代戏。"听到这儿，我觉得，排这出戏的意义已经比自己最初想的高得多了。周总理体贴地让我们下去休息。随后，周总理就剧本修改、唱腔、音乐加工、演员服装等问题提出了建议。他还就喜儿这个角色谈了意见：第一，喜儿的服装不合乎剧情。剧情安排是 3 年风餐露宿、逃难躲避。深山老林里，虎狼成群，喜儿的一套服装却始终是整齐的。要把袖口、下摆撕成尖的。第二，喜儿服装的颜色不对。风吹日晒后，红衣应该发白；在不同地方躲藏，沾染了灰尘，又应该变成灰的。第三，喜儿不能缠足。

⊙ 现代京剧《白毛女》中，杜近芳饰演喜儿，袁世海饰演黄世仁。

那时，女人已经不缠足了，缠足怎么上山打柴？第四，喜儿要加一个掉鞋的动作。这是因为，喜儿不把鞋放在明显的地方，黄世仁、穆仁智是不甘心走的，他们会让人搜。第五，喜儿与黄世仁斗争，红衣服、白头发在视觉上不舒服，可以增加块红头巾。习仲勋秘书长也提出了意见。他认为，又唱又舞是京剧的特征，希望我增强动作的舞蹈性；他还提出，能不能在张二婶救喜儿时，安排她把外面的衣服脱了给喜儿披在身上，加强喜儿的舞蹈。

我们根据周总理和习仲勋秘书长的意见，对剧目进行了修改。喜儿的衣服不知道怎么撕，周总理就拿铅笔画出来。人民剧场附近有做鞋的，就现改了两双鞋，使喜儿的鞋看起来不像缠足的效果。喜儿掉鞋子，怎么让观众看见呢？我想了个办法：把鞋后跟踩下点儿，戏里河边下雨后不就变成沼泽了吗？我在舞台上做出拔腿飞起再坐到地上的动作，鞋就飞起来了。我用眼睛的余光跟着下意识抓住鞋，嘴上唱着“芦苇深处把身藏”。这个动作获得了满堂彩。张二婶给喜儿披衣服这个动作，我们也动了脑筋。原来，喜儿的服装是布料的，张二婶的服装也是，布与布之间发涩，不好脱，也不好穿。我们就在衣服里面做了丝绸的里子。这样，她好脱，我好披。对喜儿的形象也作了修改，变成了灰衣服、白头发，真像王昆在歌剧《白毛女》里面唱的：“旧社会把人变成鬼，新社会把鬼变成人。”

⊙ 现代京剧《白毛女》中，杜近芳饰演喜儿，叶盛兰饰演王大春。

京剧《白毛女》作为第一部京剧现代戏，我们还尝试了一些创新。比如，电影《白毛女》有喜儿打饿狼的镜头，但在戏曲舞台上怎么演？我就想到，在身段造型上运用点儿武功，把《武松打虎》里的元素放进去。比如，喜儿在奶奶庙从高处飞身跃下，暴打黄世仁，并抄起香炉向黄世仁砸去，我就借鉴了《长坂坡》中“跑剑”的范儿。我们每个人找各自的办法。李少春在戏中设计，杨白劳喝下盐卤后，脱下唯一的棉衣给熟睡的喜儿披在身上，想开门死到黄世仁家，不料腹痛难忍去世；我饰演的喜儿在这里用了“飞跪”“哭尸”“滑步”，融入了京剧的基本功。这些动作设计得很成功，观众每看到这里都感动得流泪。还有黄世仁放枪、穆仁智拉喜儿、王大春练敬礼……都是新设计。这个戏几乎一直是边演出边修改，经常练到剧院要关门了，赶我们走。京剧《白毛女》在艺术上也有许多创造性的发挥。比如，李少春用韵白来表现杨白劳这个老农民形象，唱腔上用正、反二黄反复交换唱，里面又加了四平调；叶盛兰用小嗓来表现八路军战士，但他的唱实际上又用了很多大嗓；袁世海用唱高拨子来表现黄世仁过年时的洋洋得意，在那儿想喜儿；喜儿的唱腔，则有南、北梆子的交融，还有《翻身道情》，贴近了西柏坡，贴近了革命圣地延安。梅兰芳先生称赞我唱得动人、感情深。所有这些尝试，都是了不起的创造，而且得到了观众的认同和肯定。

当时，京剧《白毛女》首演便红透了北京城，全国各地的戏剧业务人员都到北京来看。观众对这出戏极度欢迎，戏票供不应求，经常有观众在夜里拿着被褥排队买票。我们不忍心，就在夜里给观众送热水。我们到上海的人民大舞台演出时，剧场门前水泄不通，因为有太多观众买不到票。后来，我们就到黄浦江外滩去，给观众清唱，露天演出。回想当时，中国京剧院一团演这出戏，有些人是自觉的，有些人是自发的。这个劳动果实不是我们的，而是周总理和习仲勋秘书长的。中央领导引导我们自觉革命。没有他们的支持，我们怎么能豁出命、不怕苦，10 天就排出戏，并在 1959 年向国庆 10 周年献礼呢？

应该说，京剧《白毛女》为京剧现代戏开拓了一条路。也可以说，京剧现代戏是从中国京剧院开始的，而且受到敬爱的周恩来总理、习仲勋秘书长的支持与领导。京剧《白毛女》的成功，为我们党文艺政策的完善与发展提供了好的典型。在京剧《白毛女》成功上演两年后，也就是 1960 年，我们党正式提出了现代戏、传统戏、新编历史剧“三并举”的文艺政策，也就是三种类型的剧目如三驾马车并行。在中国戏曲现代戏创作道路上，京剧《白毛女》起到了星火燎原的重大作用，促成了 1964 年 6 月至 7 月的“红色会演”——京剧现代戏观摩演出大会。京剧《白毛女》的成功，既为新的文艺政策出台进行了很好的探索，也是这一文艺政策的体现。

创演杂谈——新编戏、传统戏

《玉簪记》的创演是在 1956 年。那时候，我和叶盛兰先生在中国京剧院一团，李少春先生和袁世海先生在三团。我和叶盛兰先生当时有三出戏在排：《柳荫记》《白蛇传》，还有当时川剧演员陈书舫的《玉簪记》要学了接。说起《玉簪记》，这里还有故事。本来，这出戏是李少春先生和侯玉兰大姐排的。然而，他们演出以后，票房不太好，观众不太认可。有一天，李少春先生来找我，他说："我和你侯姐的《玉簪记》卖不上票，要不，你和老叶把这戏接了吧。"我和叶盛兰老师商量，叶老师说："不接！"我也和李少春先生说："不行，我们这儿，戏满着呢。我有好几出戏呢，顾不过来。"不久，李少春先生第二次来找我，他说："你也知道，你侯姐已经怀上第二个孩子了，《玉簪记》这戏演不好。你和老叶还是把这戏接过去吧。"他也向领导反映，说侯玉兰大姐心里顾着孩子，《玉簪记》这戏唱也唱不好，干脆让老叶和小杜接了得了。我们还是没同意。第三次，

⊙ 京剧《玉簪记》中，杜近芳饰演陈妙常，孙盛武饰演艄翁。

⊙ 京剧《玉簪记》中，杜近芳饰演陈妙常。

李少春先生又来找我了。这次，他说："这个戏，你们不接也得接！"我问叶老师："他非让咱们接，怎么办呢？"叶老师说："跟他说去，这戏，我们接也成，但不按他们那么演，我们自己重新弄。他们要是做了什么行头、桌围椅帔，我们可以拿过来用。"李少春先生他们已经把桌围椅帔做好了，水仙花的，非常雅致，但他们的扮相、行头不对。我们重新制作了行头。我们还把给他们写剧本的两位作家找来，要求一个礼拜给我们交剧本，我和叶老师以及郑亦秋导演按我们的要求提出修改意见。我们改编川剧《玉簪记》，周总理是非常支持的。周总理对我说："川剧有什么好的'生旦对戏'，你跟叶先生都可以接下来，根据京剧的特点，排出新戏。"我向叶老师传达了周总理的指示，叶老师高兴极了！我和叶老师都看过川剧的《玉簪记》，川剧叫《白云楼》。这出川剧到北京后就演了两折。袁玉堃演"逼侄赴科"太棒了。他的下一辈晓艇演得也好，观众笑得肚子疼。后面的"秋江"，我是向陈书舫老师学的。叶老师提出，川剧的"逼侄赴科"是非常火爆的，这场戏是潘必正的重点戏，一定要有。我提出，"相会"一场是潘必正和陈妙常定情的戏，这场戏要是没有，后面的戏就都没意义了。排《玉簪记》这出戏，叶老师是很铆上的，他中午不休息也要研究，两个星期，天天三班干。我找我的俏头，他找他的俏头。这戏从做服装到排练，一共用了两个礼拜就上演了。扮艄翁的是孙盛武，扮观主的是李金泉。这出戏的海报一贴出来，观众就满。首演在人民剧场。人家说："嘿，这一团真厉害，又斗争又排戏的，居然又出来一出戏。"后来，我们在北京工人俱乐部演出，1200座加小座共1400座，上了九成五的观众。演出时，台底下炸了窝，观众哇哇叫好。

20世纪90年代末，我参加了由中共中央政治局委员、中央书记处书

记、中央宣传部部长丁关根同志策划，中国剧协领导的中国京剧“晚霞”工程，拍摄《玉簪记》，每人30万元的经费，在中央新闻纪录电影制片厂拍。丁关根同志对我很鼓励，给我很高的评价。他对大家表示，杜近芳是一个旗手、一面旗帜。新中国成立以后，她排的新戏最多，而且排一出站一出，都站得住。站得住就说明，外行爱看、内行承认。咱们要搞新产品，必须是内行承认、外行欢迎，二合一，才能作为一个成品。我觉得，丁关根同志那么爱护我，我要好好排一出大戏，就决定拍《玉簪记》。我和于万增合作拍《玉簪记》。于万增是卓琳妈妈多次亲自过问，从战友京剧团调来的。卓琳妈妈对他说：“你跟杜老师合作，要把她的这些戏抢救下来，赶快留下来。这些戏在新中国成立前没有，是新中国成立以后有的，是新中国的产品。”《玉簪记》这出戏，我跟于万增演，也是我给他说戏，曹韵清老师也给他说戏。可惜的是，当时新影已经没有小舞台了，屋子被切分成四块，拍《玉簪记》的屋子太小，我的身段走不开，但还是拍了，钱也用完了。我提出，我找王光英贷款，拍好“晚霞”工程，我组织小队演出还钱。当时的中国京剧院院长是吴江，他挺支持我。他说：“要拍，经费你别管。你拍，我找人做你的跟班，曹韵清老师做导演。你拍完了，年轻演员也就可以正式演出了，这不又可以给中国京剧院挣钱了吗？”后来，好像是到国管局的礼堂，终于拍成了《玉簪记》。我拍完后，于万增、许翠在长安大戏院演了一场，爆满。听说有4个单位要求包场，但不知为什么后来不演了。我非常感谢丁关根同志要求给老中青京剧艺术家留资料！这是后话了。

排演《桃花村》是在1958年。有一次，周总理来看戏，他对我说：“杜近芳，你们老演这哭哭啼啼的戏，显得太沉重。你们是不是也该演点儿喜剧啊？”实际上，经过反右派斗争以后，人们的神经都很紧张，不太敢说话，不知道哪句话会说错，剧院的气氛十分沉闷。周总理的指示来得很是时候。我回去以后就跟党支部书记汇报，党支部书记又带着我去找马少波院长汇报。马少波说：“你们几个主演动脑子想想吧。”

那段时间里，中国京剧院的李少春、袁世海、叶盛兰和我，实际上只剩我和袁老师的情况稍好些。李少春老师病得厉害，每天只在家练功。叶盛兰老师在反右后，精神上大不如前。袁世海老师对我说：“你那‘才子’病了，剩你一‘佳人’；我这‘英雄’病了，剩我一‘好汉’。咱们弄什么

⊙ 京剧《蝴蝶杯》中，杜近芳饰演胡凤莲（1958 年 1 月 11 日摄）。

戏呀？”我说：“您给想想办法。”他就去找翁偶虹先生。翁老说：“《花田八错》这戏不好，我给你们重新整理一个。”《桃花村》是翁老给重新整理的戏，将原来的故事整理成一条线，戏剧效果特别好。翁老问我：“你这花旦唱什么路子呀？”我说：“您写什么路子，我就是什么路子。”其实，筱翠花先生的东西在我兜里头呢。翁老说：“要是给别人写花旦戏呀，写这么两段唱啊，就得把她给累死了。杜近芳唱花旦，我要是不给她写两段解气的唱，观众非打我不可。”所以，翁老就写了“非是我”这段唱。他说：“这段唱，别人要是像她那么蹦蹦跳跳的，张不开嘴了。但是，对杜近芳来说《桃花村》小菜一碟。”《桃花村》这出戏的剧本出来以后，我们又找到叶盛兰老师。叶老师说：“这戏好。我要是演周瑜，精气神老得提着。《桃花村》这个戏轻松，咱们都不累。”我觉得，我和叶盛兰、袁世海三个人演的时候，这戏老爆满。观众老乐，从开始就坐那儿乐，一直乐到戏散，效果太好了。对我们三个人来说呢，谁都不累，可以连续演，特别是过元旦、过春节时，各种晚会上天天演。

1959 年是国庆 10 周年。中国京剧院与北京京剧院合排了《西厢记》，张君秋先生饰演崔莺莺，叶盛兰先生饰演张君瑞，我饰演红娘。据我的印象，《西厢记》至少演了 16 场。有一次，在全国政协礼堂，原定要演《西厢记》，我都练完功、拍上粉了，突然看见张君秋老师来了，一会儿又走了。我直觉感到不对，一定出了什么事。我的包头师傅正要刮片子呢，我对他说：“您先别忙，先把片子闷在那儿，待会儿再刮，不急着勒头。”他问：“怎么回事啊？”我说：“咱们等等叶先生。”一会儿，叶盛兰先生来了，进了自己的化妆间。曹韵清跟也着进去了，一会儿出来，过来问我：“你新做的《玉堂春》的行头在哪儿？”我说，你去问箱上吧。他就问剧务。结果，箱上给我拿了一件最旧、最脏的行头，大家都没准备。有人

⊙ 京剧《西厢记》中，张君秋（左）饰演崔莺莺，叶盛兰（右）饰演张君瑞，杜近芳饰演红娘。

说："要不算了吧。张先生不演了，万一观众都走了呢？挺不好看的。"我说："没关系，我们就唱《玉堂春》。"那天，也多亏有叶老师支持。对《玉堂春》这个戏，我和他太熟了，不用对戏就可以直接上。除了"起解·会审"，还带后面的"监会·团圆"。琴师是周国兴。工作人员就对观众们说："张老师嗓音失润，今天不能演戏了。由杜近芳、叶盛兰为大家演出《玉堂春》，'起解·会审'带'监会·团圆'。大家可以继续看戏，也可以退票。"结果，一个观众都没走，看完了我们的演出。那天，我铆上了，观众的反映好极了，炸窝。谢幕的时候，观众拼命地鼓掌。

当初排《西厢记》的时候，我就听到剧院有些人的议论："这戏是兔子的尾巴——长不了。你看，一个红娘(杜近芳）那么'闹'，一个张生(叶盛兰）再'放愣犯傻'，崔莺莺（张君秋）光拿嗓子，非不干了不可。"我跟叶先生，包括中国京剧院的演出风格，和张君秋先生、北京京剧院的演出风格不一样。比如，老夫人约见张生时，张生是吃了窝心羹，红娘是到处想办法。红娘告诉张生，老夫人要见他。叶先生饰演的张生脸上不乐，心里却乐开了花，整个人乐得喘不上气来。等到红娘叫他别乐了，他才缓了一口气，平复了一下心情。叶先生这么演，台下观众笑声不断。我呢，接到任务以后，就去找荀慧生大师了。荀先生对我说："近芳，你嗓子好，又甜又亮，可以去找帮我编《红娘》唱腔的周昌泰，让他帮助你编这出戏的红娘的唱腔。”所以，我在《西厢记》里红娘的唱腔，是周昌泰编的。我在荀家待了一天，荀先生给了我许多指点。后来，在排戏的时候，我就开动脑筋想办法。比如，我在手上套着猴皮筋儿，绕着酒壶。听到老夫人说“见过你张家哥哥”，我演的红娘一惊，脱口而出“变啦!”一撒手，眼看酒壶往下掉，只听周围看戏的齐声叫道：“壶!”我一撑猴皮筋儿，壶又回来了。大家全乐了。导演郑亦秋说：“这主要是崔莺莺和张生的戏，你就别闹了。”这个表演虽然在正式演出时没有用，但当时，我们创造人物的时候就是绞尽脑汁，想各种办法去塑造角色。

1960年，出国前夕，我正在四联美发店做头发，我家官人带着党支部书记严韵春找我来了。原来，晚上在北京饭店有重要演出任务，上面给严韵春打电话，找我唱《二进宫》。严韵春把电话打到我家，问杜近芳哪儿去了。我家官人说：“她烫发去了。”他们俩于是赶紧跑到四联美发店来找我。我赶紧让理发师傅把我的头发拆了，顶着湿乎乎的脑袋，直奔北京饭店。我到的时候已经开戏了，前面有两个折子戏。我往化妆桌前一坐，是怎么快怎么来。我跟旁边的人说：“您别跟我说话啊，我得背戏，想不起词儿来。”这《二进宫》，我是跟谭富英、裘盛戎二位先生唱的。谭叔说：“你这小子才来，又上哪儿‘咬人’去了?”裘盛戎说：“好小子，咱们台上见。”我师父王瑶卿先生教我，《二进宫》头一句要放音，之后是哭音。还有呢，我以前对我师父说过，李艳妃说要跪死，有点儿撒泼打滚儿的意思。我师父说：“这么着，我给你改词、改腔。”所以，王派的李艳妃最后一句是：“二卿不把国来掌，不看哀家看在先王。”我在唱到“我封你七岁男儿戴纱帽”时就涨调门儿了，后面的“子子孙孙爵禄高”也铆上了，最后一个“王”字收韵。观众炸窝了，哗哗地鼓掌。那天，老裘说：“谁要是跟你一块儿唱，谁算是‘倒了血霉’了。合着这《二进宫》给你一人唱了，我们俩是给你搬桌子的。”

《谢瑶环》初排出来，我正怀着孕，等我生了女儿小香妹后，在1962年开始连续演出。这个戏非常受观众欢迎，人民剧场前天天排队。为了分清队伍里中途去方便的人与加塞儿的人，卖票的专门拿着黄色、红色的粉笔，给排队的人在胳膊上写号。李先念副总理带着秘书也来看这戏。秘书在排队，李先念副总理说：“哎，我累了，我坐那儿了。”他又招呼工作人员：“来，给我的胳膊上也写上号，免得大家觉得我加塞儿。”工作人员说不用，想岔开话题问他别的问题。李先念副总理说：“咱们不谈别的问题，今天就谈《谢瑶环》。”

1963年年底，关肃霜带着剧团从云南进京演出，他们的领导直接跟周总理说：“我们的戏完全按照中国京剧院杜女士的路子排演。”我收到了请帖，跟院里要了车。结果，来了另一辆车，车上的人拿了一张条儿给我，让我接电话，原来是外交部礼宾司的韩叙，他让我坐周总理的车来看戏。在贵宾室里，周总理跟我说：“他们团的领导说了，照你的《谢瑶环》演，所以，你待会儿鼓励鼓励他们。”我就跟周总理坐在一块儿看关肃霜的演出。中间休息的时候，他们团的领导过来对我说：“我们没改，还是按照杜老师的来演的。”我说：“这戏不光我是主演，这可是田汉老的作品呀。”

巧学生主动“让戏”
梅大师“挂帅”出征

1958年的一天，郭沫若先生的夫人于立群老师给我打电话，她问我：“近芳，你今天晚上有事吗？咱们看一场戏去呀？”我说：“好呀！”她说：“我们派车接你，你先上我们这儿来，然后一起去看戏。”于是，我在约定的时间坐着郭府派来的车，到了郭沫若先生的府上。我到的时候，郭沫若先生正在用晚饭。等他吃完了饭，我们仨人一块儿坐着郭老的车上剧场了。郭沫若先生坐在一边儿，于立群挨着他坐，我就挨着于立群坐。那天晚上，是河南豫剧著名演员马金凤到北京演出的豫剧《穆桂英挂帅》。那时候，她还是按照老剧本演，没有改过剧本，先是番兵过场、王伦过场，没有太多故事情

⊙ 郭沫若与杜近芳亲切握手。后排从左至右依次为李少春、李和曾、叶盛兰、张东川。

节，然后穆桂英上，上来就是大段的唱。其中有一段一百零八句的，从穆柯寨的故事开始，到战洪州，再到这次挂帅，一直唱下去。我当时就觉得，好一位唱功了得的马金凤，要唱这么一大段，至少得有10年的唱功基础。郭沫若先生一边看，一边摇头晃脑的。于立群跟我说："近芳，你看马金凤的眼睛、看她的眼神！"马金凤的眼神，把她从穆柯寨时小姑娘的样子，到战洪州时的英武气质都表现出来了，真是好！看完戏，郭沫若、于立群夫妇很贴心地送我回家，看着我下车进家门，他们才放心。

对这件事，我回家就琢磨。平时演戏的时候，我也会请郭老、曹禺、田汉老这些大文豪们来看戏，指正我的不足之处。可是，像这次郭沫若、于立群夫妇单独带着我去看戏，还是头一次。我仔细想了想，郭老这是不是要给我写戏呀？让我演年将半百的穆桂英。1958年的时候，我还很年轻呢。

文艺界、京剧界真是没有不透风的墙。郭老夫妇带我看《穆桂英挂帅》时，剧场还有文艺界的其他朋友。结果，这事很快就传开了，梅先生也知道了。有一天，梅先生给我打电话，叫我去他家里，我赶紧就去了。梅先生谈到马少波院长给了他一个戏——《龙女牧羊》，他正犹豫着呢，5年都没动。他还问起郭老带我看《穆桂英挂帅》的事："是不是要给你写这戏啊？"我说："我也不知道郭老带我看《穆桂英挂帅》是什么意思，不敢问。《龙女牧羊》中的龙女是待嫁的姑娘，您现在这个年岁，千万别演。在马院长心中，您还是当年那个年轻时候的梅兰芳呢。如果郭老写《穆桂英挂帅》中的穆桂英，您演非常合适，您应当演这个！"梅先生有些顾虑："那我不成了师父跟学生抢

⊙ 京剧《穆桂英挂帅》中，梅兰芳饰演穆桂英。

戏吗?”我说:“您可真‘糊涂’。您想想,以您的水平,再加上您身边的这些高人,您一定能把这戏弄好,我们还可以跟您学呀。我要演,它不一定是成的。”梅先生说:“那我就试一试?”实际上,梅先生心里是很想演《穆桂英挂帅》这出戏的。我问梅先生:“咱们上郭老那儿,去请教郭老是否想写这戏,要不要先跟院里汇报呢?”梅先生说:“先不急,咱们先看看郭老去。”这样,我就给郭老打电话。一开始,郭老一定要上梅宅来。我说:“您别介。老师说了,您要是到梅宅,他就躲开。您就在家等着,我们一会儿就来。”这样,梅先生就带着我和许姬传,上郭老那儿去了。我把前因后果向郭老一说,郭老没提二话,立刻让于立群把抽屉打开,里面放着两本稿子。郭老说:“马金凤的《穆桂英挂帅》没有故事,就是抱着令旗唱一百零八句。现在,我已经把它写成了穆桂英的故事。在你们京剧里,这叫什么呀?”我说:“我们叫总讲,就是总的讲法。”郭老说:“在话剧里,这叫梗概。”他指着其中的一本:“这本就是我写的梗概,比较清楚。”他又指着另一本:“这一本呢,是我用来填词的。如果给杜近芳写这戏,我得填词。但是如果你梅大师排,就不用我填了。你根据你唱的韵脚,自己填词。我今天就把这本梗概给你。我希望你梅大师上,也希望近芳上,因为你们俩人唱这戏,一定错不了。”

梅先生拿了梗概,请了陆静岩、袁韵宜两位女作家完善《穆桂英挂帅》这出戏的剧本。一切基本成型,我就把这件事跟马院长汇报了。马院长很快就坐车去了梅先生那儿,接着又向文化部、中宣部汇报,一直汇报到周总理那儿。周总理作出指示:中国京剧院派出最强的演员阵容来排《穆桂英挂帅》。所以,这出戏由郑亦秋导演,李少春、袁世海、李和曾、李金泉、夏永泉、杨秋玲等人参加,梅先生带着秘书许姬传、贾世珍、姜凤山参加。梅剧团有些人有意见,意思是为什么不带他们。梅先生给他们做工作,告诉他们,中国京剧院的高人多,排好了以后还是要回梅剧团演的。剧院确定我做梅先生这出戏的“跟班儿”,在创排的过程中全部学演下来。那一段时间,我是一边在院里演着《白蛇传》《白毛女》,一边在梅先生那儿跟班学习研究《穆桂英挂帅》。

郑亦秋以及贾世珍都住在梅先生那儿,我是每晚去梅先生府上。几乎是天天“夜战”。按照郑亦秋留下来的“课”(指排戏的要求),梅先生、贾老师和我每天晚上进行研究,一直到凌晨。贾世珍具体介绍郑亦秋有哪些要求，我说："郑导演真内行，知道先生您唱舞统一的特点，为您设计了这么一场。"大家就在那儿琢磨身段。我和贾老师不约而同想到了《天官赐福》，就轮换着一个接一个地跳。到了最后几个身段，梅先生和贾老师说："好，咱们要创一绝。"梅先生说："不管什么，咱们取其精华，把它化好喽。"我若有所思，突然想到："挂帅最后一定要拿印啊，没人弄过印的'四功五法'呀?!"梅先生和贾老师都说，对啊！我们就开始琢磨这个印，想来想去，怎么也不满意。三个人坐在那儿正冥思苦想，贾世珍突然说："我想起一出戏来，准合适。咱们瞎费半天事，把自己绕住了。"梅先生问他："什么戏呀？"他说："《关平捧印》。您这出戏，弄捧印，不能飘。短打的不行，飘，必须得是大靠才能演好这出戏。关平一直穿的是靠衣、厚靴子，以《关平捧印》为参考，最合适。"因此呢，梅先生的《穆桂英挂帅》还是要有大靠功才能演得好。

在梅先生研究《穆桂英挂帅》这出戏的时候，我也在一边学习、琢磨。《穆桂英挂帅》演得应当有层次，穆桂英一出场，她的念词，与她的动作、表情，应当统一起来。比如，在这出戏里，穆桂英已经挂过两次帅了。一个经历了两次挂帅出征、当过元帅的人，她的出场应当是什么样的呢？她应当有英武气，应当有如同扎靠的丁字步、子午相。如果一出来还是一般的妇女，就好像《二堂舍子》，那后面就甭唱了。穆桂英这头一个亮相，就应当有大将的风范。再比如，穆桂英唱慢板"小儿女探军情尚无音信"的时候，她的眼神应当是怎样的呢？当一个人心中有挂念、有心事的时候，她的眼神往往会发直、发愣，坐不住，来回走动。

⊙ 京剧《穆桂英挂帅》中，杜近芳饰演穆桂英。

不仅如此，我们对舞台上的方方面面都得琢磨，包括与观众的互动。比如，我在第一次看梅先生排这出戏之后，发现了一个问题。梅先生唱“怕的是奸佞臣”，是冲外头的，有一个指的动作。我说：“先生，您在教我《廉锦枫》的时候说过，唱‘是蛟螭是鱼鳖’之时，手指头不能指着观众，腕子要折下去往下指。您唱‘奸佞臣’的时候，是不是也应当把腕子折下去点儿，不能指着观众呀?”梅先生说：“哎哟，对对对，是的。”

《穆桂英挂帅》后面褶（梨园界一般将“褶”这个字读为“xuē”，这也是一种约定俗成的习惯用法）蟒扎靠的时候，穆桂英戴的是帅盔，不戴七星额子，我觉得，梅先生创造的帅盔真的是太棒了！过去都是戴七星额子。我认为挂帅不戴帅盔不对。比如梁红玉，也该戴帅盔。但是，佘赛花就不能戴帅盔，得戴七星额子。这里面有讲究。对七星额子，我也作了改动。对上面的小白点，我觉得不大气。后来做的额子都是两排红绒球，中间不要小白点，而是加珠子，加的珠子有弹性。这样，在亮相的时候好看，活，该静就静，该动就动。我觉得，老祖宗创造的这些东西，我们要活用、要创造、要发展。

“文化大革命”结束后，我在纪念梅先生的多个活动和许多重要演出中，多次演出《穆桂英挂帅》全剧和其中“捧印”一折。随着年岁增长，我不断地进行思考，对这出戏越挖越深，行内外的朋友们非常关注，也有溢美之词。我不停地回忆、复习、揣摩、思考梅先生的秘语教诲和他的舞台艺术。我不单要学梅先生的“形韵”，还要努力学习梅先生的“神韵”，努力体现出梅派艺术的灵魂和每个艺术形象的灵魂。我觉得，演中、晚年的穆桂英，确实需要演员本人也到这个岁数，才能真正演出其中的内涵和内蕴。直到今天，我还在琢磨《穆桂英挂帅》这出戏！

《谢瑶环》的创作体会

我觉得，我这一生，在唱戏上是个幸运儿，从小就得到很多老前辈和名师的垂教、严教。比如《谢瑶环》这部戏，我就得到了田汉老的垂青。

1961 年，我已经结婚并怀有身孕，住在我婆婆家里。正当过春节的时候，院里打来电话，说田汉老找我。我在家里闲不住，碰巧出去了，大

⊙ 1961 年，京剧《谢瑶环》首演后，田汉与杜近芳亲切握手。

家不知道我上哪儿去了，四处寻找。终于有人撞见我，说："田老正找你呢!"我赶紧上田汉老家。田老说："哎哟，我找你可不容易啊。"我说："我不是来了嘛。"田老说："得了，你就甭解释了。看看，我给你写了一本戏。"我听了特别高兴。田老说，这戏叫《谢瑶环》，是根据碗碗腔《女巡按》的剧本给我新写的。他说："我觉得，这个戏你来演，准能演得好。"我说："田老您能这么鼓励我，我一定把您给我写的戏演好。您把剧本给我吧。"他那剧本字迹潦草，田老怕我看不懂，想写清楚再给我看。可我等不及了，就说不用啦，我今儿就看。我把《谢瑶环》的剧本带回家，一口气看了 7 天，连屋子都没舍得出，把剧本读完了。碗碗腔的这个戏是喜剧大结尾。田汉老在写京剧《谢瑶环》时，强调了谢瑶环这个人物的悲剧性。在强大的恶势力和激烈的斗争面前，她不可能活，所以，全剧是以悲剧结尾。我太喜欢这个戏，也太喜欢谢瑶环这个人物了。

我在排《谢瑶环》之前，首先要做功课，要分析谢瑶环这个人物和故事发生的环境、背景。这个故事发生在唐朝武则天执政时期。武则天作为一代女皇，对女性人才的重视是空前的。我想，谢瑶环大概可以算是朝廷司法部门的第一位女性工作人员。她不同于白素贞，也不同于崔莺莺，更不同于以往的闺阁女性，是生活在一个男女共事的环境中的。她谈论问题、汇报、拿材料，一定会跟男性工作人员接触。在这个过程中，男人的有些特点、习惯，就会影响到她。即使她不是故意学，也会多多少少吸收一些。所以，谢瑶环这个人物虽然是女性，但在她的为人处世上是有些男性特点的，不能扭扭捏捏。这个戏尽管是生旦戏，又不是一个纯旦角戏，这是我在设计谢瑶环的唱腔和戏剧动作时都会考虑的因素。另外，谢瑶环遇到的不是一般的矛盾，要进行的不是一般的斗争。她斗争的对象是皇亲国戚，冒死为老百姓要田契，是需要特别的勇气与果敢的。在编谢瑶环唱腔的时候，我觉得，她的唱腔主题就是"忠臣不怕死”，这是谢瑶环的一个主导思想。她就是要做忠于人民的事情，即便上刀山也在所不惜。结合谢瑶环这个人物的特点，在“忠臣不怕死”这句唱腔里，我用了很多强调的技法，有旦角的，也有小生的。

我喜欢李笠翁提出的戏曲理论，就是立主脑、脱窠臼、密针线，减头绪。这出戏的主脑就是谢瑶环的一系列戏剧动作；脱窠臼呢，就是不能拿别的戏套用到这个戏上，因为谢瑶环这个人物和她所处的历史背景跟别的戏全不一样，得创造，得动脑筋，得日夜想这个问题，要进入到剧本和人物的内心去。

谢瑶环的唱腔，我是 7 天创作出来的。我对谢瑶环声腔的定位是：她的声音不能太过娇嫩，因为她 22 岁了，不是咱们戏里常见的妙龄少女，早过了出阁的年龄，何况又是公职人员。但是同时，她的声音又不能老化，毕竟她还是大姑娘，而且是笔杆子。田汉老写的剧本头一句唱词，我一看是：“婢子本是江南籍”。江南籍，我就把谢瑶环的籍贯定在苏州了。然后，我跟导演、跟田老汇报说，她是苏州人。他们都认可我的意见。当然，在唱的时候，你不能唱出苏州味儿，那就是评弹了；也不能唱昆曲，这谢瑶环的主要唱腔要有一股英气。我从头一段唱腔，就没唱旦角的。谢瑶环是女的。我怎么让观众知道她是女的，但又不是一般的女的，而是个有职位的女公务员呢？我在旦角唱腔里头加了点小生的味儿，但不是完全的小生腔。谢瑶环是女扮男装，她既不能和旦角，也不能和小生完全一个味儿。我让琴师定好了调门，这个调门，在胡琴工尺谱里头能降下来、能升上去。我编唱腔的时候，这头一段唱腔是：“适才间阻梁王干戈轻动，怕的是三吴百姓尽化沙虫，我宁愿冒万死为民请命，愿陛下肯听我这一点孤忠。”大家都说这段好听，表现出谢瑶环的气质好。比如“婢子本是江南籍，先父是乡村一教师”，这唱腔不是小生的，也不是旦角的，但还是以旦角为基础。谢瑶环的爸爸是教师，她 11 岁进宫，那时候已经是小笔杆了。在宫廷里，她搞文字工作，不能唱出那没文化的味儿来。如果她父亲不死，她不敢也无法里通外头，因为宫廷里面跟外面是隔绝的。在谢瑶环拿奏本的时候，有她父亲寄来遗谕这么一个契机：“寄来遗谕数千字，字字叫人发深思”，就是叫人心里头忐忑不安，觉得江南不平稳。我为什么能编出这唱腔呢？是进入到了人物的内心。

比如“花园”一场，谢瑶环在花园唱的是正旦角，但正旦角里头的

⊙ 1961 年，京剧《谢瑶环》首演时，杜近芳饰演谢瑶环。

唱腔，也有很多跟其他旦角不一样的地方。比如说谢瑶环唱的“到任来秉圣命把豪强严办，一霎时正气升春满江南”这段，表现她还是很有信心的，是踌躇满志的。如果“到任来”这段跟《贵妃醉酒》是一个味儿，跟祝英台思兄是一个味儿，那就不行了。谢瑶环此时有一种昂扬的斗志，她把一个迫害老百姓的坏人给镇压了，觉得心里出了一口气。她和一般的女孩子不一样，脑子里头有政治。我演的女孩子当中，也有脑子里有政治的。花木兰的脑子里如果没有政治，怎么能去参军 12 年呢？但是，谢瑶环跟以往所有我演的脑子里头有政治的角色不一样，没有一个角色可以去效仿、借鉴。我只能挖空心思琢磨谢瑶环这个人，这样才能进到这个角色里头去，在这方天地里让她发挥。比如说，她向武则天奏本，就不能够像她刚出场的时候才跟别人辩论完那样，她毕竟是懂道理的，所以，她这段不能不唱，又不能过火，我在编这段的时候是流水板，其他的什么都代替不了。谢瑶环向武则天奏本，可是，跟皇上说话，可不能抬头视君，最多有的时候平视一下，不敢老看，抬头视君有杀头之罪。这些都是人物的特点。

再比如“花园”一场，有些地方，我为什么要唱那么高呢？因为谢瑶环激动，她心里想着打胜了官司。但是，唱到“袁仁兄”这儿，她拉腔了。拉腔干什么？有的人没明白这里的内容，就那么死学，因此，出不来人物。一个人要想一个想爱的人或者想恨的人，他常常音长。这时候她想到袁行健：这人不错。如果他能帮助我打这仗，准能行。这头一堂要是没有他，说不定就把桌子都给掀翻了，印也给夺走了。可是，他老说走，老说走。我怎么能留住他？我跟他拜把子。所以，“袁仁兄”这段四平调一出来，跟别的四平调都不是一个味儿，要表现谢瑶环从心里头喜欢袁行健，觉得他疾恶如仇、有识有胆，这人太棒了，为老百姓做事，又豪侠仗义。用今天的话说，全世界都没有这么一个好男人。田老的剧本写袁行健是“盖世的奇男”。谢瑶环因为心里爱袁行健，她才唱出这种味道。而且呢，她不是想想就完。这人要是想一个人、爱一个人，她就没完没了地在脑子里旋转这个想法，还来重句“盖世奇男”。她心里想，又想到袁行健这儿来：不行，我怎么想到他这儿来了？我这是办案来了，怎么一提起袁行健，就心里头发跳、脸上发烧？还是想我的工作吧。“公务毕换罗衣园中消散”，谢瑶环“对明月蹙蛾眉数声长叹”，她对明月为什么不往上看？那布景上头有月亮，可是，“对明月”要对着布景上的明月，那就得冲后台唱了。我在这儿就利用水中反射的原理，往下看的是那个池潭，“一阵阵桃李花飘满池潭”，看见那月影，那月亮照在水里头，这就是冲前台。“蹙蛾眉”说着办案、想着案子，但这会儿，谢瑶环的思想不集中了，有分岔

⊙ 1961 年，京剧《谢瑶环》首演时，杜近芳饰演谢瑶环（右），苏维明饰演来俊臣。

儿了。这谢大人“蹙蛾眉数声长叹”，办不了案了，干脆挑破了吧，别耽误时间，“这乱愁千万端却与谁谈”？所以，愣神儿了。这时候，谢瑶环有些神不守舍、灵魂出窍，她的心跟她的注意力都在袁行健身上了。苏鸾仙轻轻一拍，谢瑶环就“唉呀妈呀，是你，吓死我了”。这时，苏鸾仙就拿谢瑶环开玩笑了。我老得琢磨这身段应当怎么使、眼神搁哪儿，观众能看得见我的这一惊。

我还帮着导演排戏。袁行健和谢瑶环拜了把子，谢瑶环对他说：我没带家属，这儿没有女人。所以说，袁行健一听苏鸾仙喊“来呀——”，听到的是女人的声音，他非常生气、惊讶。他想的是：哎呀，这里没有女人，怎么出来女人的声音呢？这时候，虎丘这儿正审案，在花园里头不可能住着女眷。难道这谢大人也像武宏那样，强抢民女？谢大人会不会当面打武宏，背后又去给他送伤药呢？谢大人会不会利用我，来摸我的底？我的底露了！因此，他着急，他生气。这袁行健一听见女人的声音，不能是刚上场时得意的小生了。他这时的感觉如果是得意，还以为捡了一个便宜，那就降低了袁行健的人格，他听完应当是生气和惊讶。他一看有块假山石，行，先在这儿藏着吧。他跑到假山石后头藏着去了。谢瑶环、苏鸾仙她们呢，不知道假山后头还藏着一个人。这地方要是演好了，观众要乐的。袁行健几次要出去，但又觉得不行：她们俩在说话，我还藏着呢。在这个地方，谢瑶环按理应当称袁行健袁义士，为什么从她嘴里出来“袁郎”呢？过去，只有结了婚才叫男方郎君呢，这时

⊙ 在2006年中央电视台春节戏曲晚会上，杜近芳演唱京剧《谢瑶环》中“花园”的一段〔南梆子〕唱段，并重新设计了谢瑶环的头饰装扮。

候从她谢瑶环嘴里出来“袁郎”，就说明她思想里对这袁行健爱得很深，已经不由自主了。谢瑶环说“刀锯鼎镬我自当之”，那要连累了袁行健怎么办呢？她舍不得，那如何是好？袁行健太感动了，他沉不住气，走出来了，并说：“贤弟！愚兄与你情同骨肉、生死与共、祸福同当，贤弟就不必忧虑了。”袁行健说“贤弟”时，我就说我们场边打鼓的：你没进到戏里头去。谢瑶环正与苏鸾仙说着话，突然一个男人从后头冒出来，黑乎乎的看不清是谁，她们受到的惊吓可不轻，这是暴露自己了啊！这里应该下大锣。“你？”谢瑶环往近了看，“你——”一看就是袁行健。这里，苏鸾仙的表演也很重要。我告诉演苏鸾仙的演员：你的表演，不能像胡同里二大妈保媒拉纤似的，你得一副冷面孔：“袁先生，刚才我们说的话，你可都听见了？”这脸上是乐的，却是冷笑。袁行健说：“我听见了，我听见了。”“那么，我姐姐说的话要嫁给你，你也听见了？”“我听见了。”“那么，你是愿意，还是不愿意呢？”苏鸾仙的意思是：你要是愿意，咱们就同舟共济；你要是不愿意，我就叫人宰你。谢瑶环再爱他也不成。袁行健要是说走了嘴，我们俩就都完了。这苏鸾仙是这么一个性格和心态。有的演员说，干脆，您给我们演一回得了，我们看您怎么演。她们说，自己怎么演戏，却老进不去。我说，你没上人物心里头去看看他想的都是什么，也不会引导人家怎么说话。之后，袁行健转了一句文：“如得贤弟妆台，乃是我毕生大幸也。”这句话念好了，观众也要乐的。你想，贤弟是男的。这贤弟每天在这儿装扮，就说明袁行健心里头七上八下的，人在最兴奋的时候说出话是最矛盾的。苏鸾仙觉得他已经答应了，就说：“鸾仙为媒，你们两人今天就拜见了吧。”谢瑶环觉得：我跟袁行健在这儿，我该怎么着呢？这时候，她是一个大姑娘：鸾仙，鸾仙，你别走。我该怎么办呢？这些地方要是弄好了，把它们弄得深入了，观众看了应该是有效果的。如果演苏鸾仙的演员上台只是背台词，她不深入角色，就出不来效果。

我们常说演戏要深入角色，这句话怎么理解呢？我师父教导我：你唱戏，得进到戏里头那个人里去。我是我，又是非我。我是杜近芳，但进到《谢瑶环》里头，就不是杜近芳了，我就是谢瑶环了。这个，我师父没教给别人，他把这兜儿里的东西都掏给我了。我体会，按照我师父的教导演戏，就会越演越深。如果你不深，在台上就“疯”不了。人家说：“不疯魔，不成活。”你对着角色，如果“疯”不起来，大脑不兴奋，你的思维、眼神，包括手、眼、身、法、步里面的东西，就都用不起来，这些技巧都没地方安。你如果把这个戏核儿抓住了，就抓住了这个人物的灵魂，然后搁什么是什么；你的技巧和表演是从那里产生出来的，它们不是形式主义的东西。你把《贵妃醉酒》的东西搁在《谢瑶环》里头，那是不行的，就全乱了。

我在演《谢瑶环》的时候，吸收了很多剧种的东西，但我把它们都变了，您听不出来。我 12 岁时，我的师父王瑶卿先生教我：“你吸收什么东西，要学源，不学流。”学流是手段，学源是根本。现在的青年演员，还缺着课呢，没从源上学，而是从流那儿学，所以，不能改造人家的东西。比如，我师父说要因势利导。这个人有什么内涵、有什么潜质，你要敏锐地发现。还有一个就是因人制宜。人与人是不一样的，要根据他的特点去处理问题。

我在《谢瑶环》里用的那个高拨子，是咱们的老徽调，但这高拨子有不同的唱法，因为京剧的唱腔是板腔体。你不能够说，高拨子就按《徐策跑城》那样唱，徐策多大岁数了？都是白胡子老头儿了。谢瑶环才多大岁数？她和徐策的情况不同。她这是上绞刑架、上刀山，要大义凛然。我原来想，上场要走技巧。导演说，你不用。你一走技巧，显得你心里沉不住气。你就大大方方地上，因为正义在你这方面嘛。导演是对的，我想错了。这个“忽听大堂”的过门儿，跟别的过门儿不一样。我要激烈的。谢瑶环这人，你看着是很镇定的，实际上，她脑子里头激烈极了，面对面和敌人们交锋。咱们看的是戏，如果是端着刺刀呢，那可能眼睛都红了。所以，那个高拨子虽然用的是老徽调，但我把它的节奏和安排给改变了，调门也不一样。这是拉正面、唱正面，它比较激昂。要不然，跟小生那个娃娃调接不上。如果高调门唱低了，气氛不够。要是胡琴在底下，你唱上头又不行，觉得这人在叫唤，它不像唱。所以，我把这个高拨子再涨一个调门，唱的是高调里头的调底、低调里头的上头。那拉胡琴的说：“你这要求太难了。”我说：“你累点儿，辛苦辛苦，尝试一下，这个导板准好听。”我跟琴师说，别等我的戏，要从下大锣就进入。

《谢瑶环》这个戏对我这一生来说，是一个很好的考验。我觉得在声腔上，它不是东摘西借、新酒装旧瓶，或者是旧酒装新瓶。它是根据这个戏的内容，根据谢瑶环这个人物的灵魂、心情以及事态的发展而来的。斯坦尼斯拉夫斯基说了，演戏演到最后，是演潜意识嘛。演到越来越深，往深里纵，它是潜意识，那是体验派的说法。我觉得，他们说得都有点儿偏。还是我师父说得准确：“我是我，我是非我，我非我也。”这叫什么呢？唱戏的不疯，听戏的傻不了，这就是所谓的戏疯子。观众看戏要是真替古人落泪，这是你感动他了。那么，演员连自己都没感动，怎么能感动观众呢？

《谢瑶环》这戏，我排了28天就演出，田汉老对我的创作很满意。

“8年抗战”，总理、梅师都急了

我和我家官人相识于1953年，我们俩慢慢悠悠地谈了8年恋爱，可真是急坏了一票人。

我家官人叫吴葆桢，是北京协和医院的一名妇科大夫。他祖籍安徽，生在北京，家里也算是书香门第，祖上最早在明朝做过官。到了他父辈这儿，家里一家人全部变成搞技术的知识分子了。他的父亲是科学家。搞科研的，是航空航天领域的专家。他的妹妹继承了父亲的遗志，也在这个领域工作。我家官人是医生。他的大伯父是电网工程师。可以说，他们吴家的家族很大，那时候光住房就有48间。

⊙ 1960年12月22日，杜近芳、吴葆桢在婚礼现场。

我家官人比我大4岁，他的文学修养好，5岁就能背《唐诗三百首》，中国古典文学、外国文学都很厉害，英语也非常好。他的英语好到什么程度？1978年，国家选拔首批公派赴美访问学者，所有学科加到一起是 52 人。学医的只有两人，其中一个就是我家官人。到了美国，这个访问团的新闻发言人，大家公推的就是我家官人。他还喜欢健身，练洋武术。他会吹苏笛，也擅长拉京二胡，尤其迷梅派的京二胡。在他看来，京二胡就是给旦角创造的，老生使就不合适。老生一般都不愿使，因为它用起来显得媚气。老生里面，也就只有周信芳才用京二胡，京二胡的运用给麒派的演唱增色不少。同时，京二胡对表达不同年龄女性丰富多彩的七情六欲有很好的作用，可以帮助表达深厚的情感。我家官人喜欢看戏，和我有很多共同话题。京剧青衣戏，他喜欢梅派和张派，花脸喜欢裘派，老生就喜欢谭富英。从某种程度上来说，他既是我的良师，又是我的益友。我很尊敬他，有什么事都喜欢和他讨论、向他请教。他喜欢梅派，是王少卿的戏迷。王少卿在什么戏里穿什么长袍，他了如指掌。他还能扮戏。我有时候唱王派戏，他说：“你的王派戏字音清、节奏妙、呼吸巧，但女孩子还是唱梅派戏好。表现女性最好的就是梅大师和张君秋。”就算我唱王派，他也能听出门道儿，有时候还给我纠正，因为他会

⊙ 1960 年 12 月 22 日，梅兰芳为杜近芳、吴葆桢主婚。

⊙ 1960 年 12 月 22 日，梅兰芳、林巧稚、李少春、马少波、张东川等人，出席杜近芳、吴葆桢的婚礼。

拉京二胡，还有许多梅派的谱子。他说，我的王派唱腔唱情，而且年轻化了！他还说："你们王派的呼吸是一绝！"我说："我们王派的呼吸'明偷暗缓'，可称天下第一。我们爱说是'猴皮筋儿''松紧带儿'，没有 3 年硬功夫，你都找不着板！"

我和他交往了一段时间以后，就同意他上我们家去了。我们在一起就是说正事。他一般在那儿坐着，我给他倒杯茶。他有时候喝茶，有时候做自己的工作。我呢，先把煤油灯点上，捻小了灯芯儿，然后坐在一边学习我的文化课、写作业。之后，我们一起吃饭，吃完饭一起去看戏。他也会去看我的戏。看完戏回来就很晚了，他再送我回家。

我们就这样，晃晃悠悠地谈到 1960 年。有一天，周总理和邓大姐把我叫去了，周总理问我："你和吴葆桢谈朋友多长时间了？"我说："8 年了。"周总理哈哈大笑，风趣地说道："好嘛！ 8 年，抗战都结束了！今天，可是有人来告你的状了！"我一问，原来是我家官人的老师林巧稚先生。林巧稚找到邓大姐告状："杜近芳跟我的学生吴葆桢，老是朋友恋爱的，不结婚，哪儿有谈这么长时间恋爱的？把我的学生耽误啦！"邓大姐笑呵呵地问我："近芳啊，还跟不跟葆桢结婚啦？"我向周总理和邓大姐汇报说："吴大夫这个人不错，很敬业、很朴素，对我的艺术事业是支持的。婚是要结的，但我怕影响工作和艺术。"周总理和邓大姐就给我做工作："事业心强是好的，但结婚组成家庭也很重要，要统一起来。"我想了想，又汇报说："不过，因为吴大夫家里算是资本家出身，所以，我还得请领导审查。"周总理抚掌大笑："重在表现啊！"后来，组织上调查了吴家的档案以后对我说，可以和吴葆桢结婚，没问题，还让我们尽快选定日子，举办婚礼！也就是在同一时间，我不知道是周总理还是林巧稚阿姨，向梅先生说了这个情况，梅先生也来做我的工作。梅先生并不是跟我当面谈，他找梅夫人的母亲、一位满族老太太，我管她叫姥姥。梅先生跟姥姥说："您找近芳来谈，告诉她赶紧办婚事，我做主婚人。等开了春，我得去外地出差了，就赶不上婚礼了。"梅先生为这事，还给姥姥弄来了好烟。这样，姥姥就把我叫到家里去，跟我一五一十都说了。她说，梅先生着急。叫我别让他着急，抓紧时间定日子、办喜事。我满口答应说，回去和家人一块儿商量定日子。

不久，我们就商定好了日子。从别人那儿匀了六条"恒大"牌香烟，又买了6斤糖，大家热热闹闹地在协和医院礼堂办了一个类似茶话会的婚礼仪式。虽然我们的仪式很简单，但规格很高，梅兰芳先生、林巧稚先生做我们的主婚人，李少春先生做我们婚礼的司仪。好多人问过我：“你的婚礼怎么办得那么简单呢?”关于这个问题，我要感谢李少春先生。当时，好多亲戚朋友给我出主意，要隆重地办婚礼。李少春先生作为我婚礼的司仪，坚决主张不办酒席。我这才明白，当时正是三年困难时期。我和我家官人在各自领域都是业务尖子，特别是我从事的艺术行业，社会影响大。我们的婚礼如果大事操办，就会和当时的社会环境不符，会给各方造成不良的影响。所以，我很感谢李少春先生在这个时候对我的提醒和帮助。包括到了婆家，我也是只让家里人给我做了碗面，不让他们大摆筵席。对于我的这个婚礼，梅先生、林先生非常赞赏，特别是梅先生对我高度评价。梅先生说：“近芳，你净遇见好人了!”

这样，在1960年12月22日，我和吴大夫结婚了。

洒泪哭梅师

我记得非常清楚，1961年7月30日，是一个礼拜天。我当时住在婆

⊙ 1961年8月10日，梅兰芳追悼会现场。

婆家。那天中午吃完饭，我跟我家官人说："咱们有日子没看师父去了。你今天有一点时间，咱们去看师父吧。"我们到了护国寺那儿，买了几个西瓜。当时，我大着肚子。我们每个人各抱两个西瓜，挺沉的。到了梅先生那儿，一进门，我看家里没人，心想是不是梅先生还没起床，就往梅先生的房间走。刚走到屋外，里屋就传出梅先生的声音："谁来啦？"梅先生可能听见有人来了。我说："是我，近芳。"梅先生说："哎哟，近芳你可来了，快进来吧。是不是小吴也来了？"我说："是的，我们一块儿看您来了。"梅先生说："哎哟，我怎么找不着你们呀？"我就把我住婆家的情况告诉了梅先生，因为我婆家没有电话。我看梅先生大汗淋漓，脸色不好看，师娘在旁边给他递手绢，就说："先生，您怎么不舒服？"他说："我胃疼得厉害。"我赶紧说："那您瞧大夫了吗？"梅先生一边捂着肚子，一边摇着头说："你们给我拿主意，我应当上哪儿看病去。"师娘说："我的血压用安宫牛黄丸压着，还上二百了。"当时，梅先生家里没别人，只有秘书许姬传在。梅先生和师娘都挺紧张的。我说："先生，我们到外边打电话问问大夫，商量一下。"我就把我家官人叫到外面来了，不想当着梅先生的面讨论他的病情。我问："先生胃疼怎么办？"我家官人说："病人往往会把心脏疼当作是胃疼。"我很着急："那怎么办？"

"今天是礼拜天，上哪儿找人去呀？最好还是上医院。"

"为什么？"

"万一有紧急情况，便于抢救呀。"

我们回到屋里，我家官人对梅先生说得很委婉。梅先生说："你们说，我到底应当上医院好还是在家好。"我们说："四嫂在协和医院呀。"梅先生说："你们拿主意。"我就问我家官人怎么办。他说："我给黄宛家里打电话吧。"当年黄宛是阜外医院心脏内科主任，心脏内科的专家，是那儿的负责人。我家官人在电话里就对黄宛说了："梅先生老是胃疼，会不会牵扯到心脏？也没有考虑去医院。有没有病房？需不需要找一个观察室观察一下？千万别出问题。"黄宛让我们留下梅家的电话，等他问了后给我们回电话。过了一会儿，电话来了，黄宛说："我已经腾出一间病房，马上派车过来。"黄宛的心非常细，说他的车不能鸣笛，一鸣笛，大家就都知道梅先生出问题了。他告诉我们，他的车是什么样的、车号是多少、车里有哪些人，还告诉我们联络的人，让我们把名字记下来。

⊙ 1962年，为纪念梅兰芳逝世一周年，演出京剧《贵妃醉酒》，杜近芳（左二）饰演杨玉环；演出京剧《大登殿》，谭富英饰演薛平贵（右二），梅葆玖（右一）饰演王宝钏，李金泉饰演王夫人（左一）。

等车子到了梅府，进屋后把梅先生抬到车上，这样不惊动他人。我师娘提出一个问题："那我怎么办呢？"我们又给黄宛打电话。黄宛说，医院是不让家属陪床的。我说："我这师娘血压高到二百多，也挺危险的。她又不放心梅先生。"黄宛说："这样吧，我也破例了。我先安排，完了再写检查吧。"我就跟梅先生把这些情况一一说明，还给他写了一张纸条，来人对号。我跟师娘说："给您在病房里搭了一张行军床，您看着点儿我师父。千万不要让外头人知道，否则就乱了。"我们还告诉二老，赶紧通知家里人回来或者直接去医院。

我永远忘不了那一天，1961年8月8日，我家官人给我打电话说："近芳，你心里放平静些，梅先生没了。"我当时脑袋"轰"的一下，像五雷轰顶一样，感觉天塌下来了，脚下站不稳，泪水夺眶而出。我怎么也想不到，这才几天，梅先生竟然走得那么快。黄宛一直都及时把梅先生的情况告诉我家官人，我们非常放心医生的水平。谁也想不到，那个下午竟是我和梅先生的最后一面。

梅先生去世后，追悼会在王府井的首都剧场举行。那是北京人艺的剧场，是当时北京演话剧最大的剧场。那时，我已经怀有8个月的身孕，有人劝我这个样子就别去了，对孩子不好。我心想，我怎么能不去送梅先生最后一程？我没有坐剧院的车。我家官人陪着我，我们单独坐车过去。远远的，就见剧场周围站着许多安保人员。梅先生的棺木被安放在剧场一进门的左手边，那里是上位。金丝楠木的棺材，上面已经用玻璃封上了。剧场中间摆放着他的大幅照片。大厅里一半站着家属，学生们一队一队地排好了站着。他们说，我有身孕，不让我站队。我就一直站在边上哭啊哭。吊唁完毕后，梅先生的棺木不能在里面上棺罩，而是被搭到王府井大街上，交通都断绝了。北京的许多市民自发地为梅先生送行，场面非常感人。

"一日为师，终身为父。"梅先生走了，我感到非常伤心。梅先生不但在艺术上无私地哺育了我，而且像一位慈父一样关心着我的生活、成长和工作。我为自己失去这位严师慈父而无限悲痛，我永远怀念他！

我与我家官人吴葆桢

我这个人一贯比较独立，追求自由，经济独立。在与我家官人结婚之前，我就已经声明过："我嫁的是你吴葆桢这个人。我不贪你家一砖一瓦，也不愿掺和你家财产分配的事情。"可以说，结婚以后，我没拿过我家官人一个月的工资，因为他还得养娘。

⊙ 杜近芳与吴葆桢。

我和他结婚后是单独住的，并没有和他的家里人住在一起。我相信"亲戚远来香"，因此，与婆婆和小姑子的关系都保持得很好。我的婆婆是个淑女。每当不演戏的日子，我会抽空陪我婆婆看看戏，给她老人家买点吃的东西，让她教我点儿文化。我的小姑子因为做实验受到

⊙ 杜近芳与吴葆桢。

光辐射的影响，生下的孩子从小就体弱多病，做过4次手术。我和我家官人也是尽力去帮扶。

我们新婚的家具很简单。衣柜、书柜都是他的东西，我那儿就是一个梳妆台、一张床。床是从美国带回来的，结婚的时候，我用的就是这张床。不过，我家官人不愿意睡软床。我们住四合院的时候，他在我床边搭了一张木头板的小床，冬天睡，腰不疼。我最喜欢的就是写字台，很宽、很长。每天，我家官人回家后用打字机打他的论文，我就在桌子另一边画我的画。

结婚以后，我体会到了“新婚燕尔，如胶似漆”几个字的含义。如果说结婚前，我是比较“独”的一个人，结婚以后，我觉得不一样了，两个人应当在一起。比如，1970年云南大地震时，我家官人去前方救援。我在家里就天天担心，睡不着觉，只能吃了安眠药，抱着脑袋睡。等他从废墟上一身破烂地回来，我在晚上也没吃安眠药，就呼啦呼啦地睡着了，因为他安全地回来了，我心里踏实了。

我和他都算是工作狂，是很有事业心的人。平时，我们都比较忙。我那时候每月能挣770元，可以说是资金雄厚，所以，家里请了保姆来打理，有做饭的，有收拾屋子的，有了孩子以后，还有专门照看孩子的。虽然忙，但我们彼此都把对方放在心里。他看的戏多，也愿意给我讲。结婚之后，他说：“我给你讲讲《摘缨会》。”我说，你尽找我不会的。他就给我讲这个故事，说的是不要因小失大。我觉得这不错，回家来还有一位老师。如果我晚上演戏，他会专门为我准备吃的，留着我回来吃。记得有一次，我晚上演戏回来饿了，我家官人就给我准备了热汤面和羊肉。他跟我说：“羊肉是明天吃的，先搁着。你先吃碗热汤面。”结果呢，我吃了热汤面，又试着吃羊肉，吃着吃着就吃没了。那晚，我就不敢睡觉了，上院子里自己遛去，吃了二斤羊肉呢。他工作忙，我觉得自己没有什么能帮助他的，就问他喜欢吃什么。他喜欢吃的，我都记下来，一

样一样地告诉保姆，他喜欢吃什么就给他做。有时候，我也搭着给做。他累一天了，回家以后喜欢坐着歇会儿，看会儿电视，先不吃饭。他喜欢看球，我睡觉，他就戴耳机看。我会给他做点儿小菜，他爱捏着吃点儿，喝啤酒，看球。

对于他的工作，我是很支持的。他从北京协和医学院毕业以后，调进协和医院，一个个科室都待过。最后，林巧稚给他确定到妇科，接林巧稚的班。有一天，我看他坐在那儿老是不说话，就问他："到底出了什么事？"他说："我这工作没法做，林大夫把我分到妇科。"我想，女同志事情多，而且看病强度大，是不是看我家官人身体棒才这么分配的。我倒是宽他的心，让他放心去工作。在事业上，我们一直相互扶持，他支持我，我支持他。

我和我家官人从结婚以后都保持着一个很好的习惯，那就是彼此尊重。我们互相尊重，绝不会随便进各自工作的屋子，也不会随便拆对方的信件、拿对方的东西。我做的事情，除非我主动告诉他，他不能随便乱问。对他做的事情，我也是如此。比如，在结婚前我请周总理审查他成分的事，在结婚以后，我才告诉了他。也是在那个时候，我才知道，原来，我家官人早就加入共产党了。我问他为什么不早告诉我，他说怕我担心。尤其是后来，我们经历了"文化大革命"，我们的这种习惯和尊重更成为一种对于对方的保护。他知道我这个人说话有时候不注意，而我也知道他会说梦话，梦话里不知能说出什么。我的有些事情，没有告诉他，害怕他担心。他呢，比如为林巧稚开追悼会、偷偷把林巧稚的骨灰送回她家乡，这些我知道，但他也没有麻烦我。我们对各自的处事方法很欣赏，对我们 30 年的缘分很珍惜。

1991 年 8 月份，我家官人倒下了。他得了肺癌。

他自己虽然是医生，但从来不体检，冬天只穿一条牛仔裤，给他做的棉坎肩儿都不穿，羽绒服就披在身上。我没见过他吃药，他也叫我别吃药，说是药三分毒。

他得这个病，就是抽烟抽多了，因为他太累，做手术压力大。他看病、做手术的时候不能抽烟，写文章、搞科研什么的就猛抽。林巧稚曾带我到他的办公室，让我看他那儿的香炉，我一看，全是烟屁股，他抽烟太厉害。我曾经建议他："你能不能买点儿好烟，少抽点儿？"他说，他宁愿买不好的烟，多抽。他老咳嗽，就这样，后来得了肺癌。

他是协和医院的大夫，他在协和医院的铁哥们儿和学生组成了一个医疗小组，给我家官人做手术。做完手术，大夫就跟我们说："看来是晚了，肿瘤比鸡蛋小，但比鸽子蛋还大。"

我整整照顾了他半年，和他的一个学生两人轮班倒。我值晚班，白天只能睡几个钟头的觉，因为还要给他做三顿饭。只要是他想吃的，我就尽力满足他，给他弄些可口的。

他走了之后，我孤孤单单一个人，觉得事业上失掉了一只臂膀。那时候，我每天必须给自己找点儿事做，不然，受的打击太大，实在是承受不住。

初为人母　备尝辛劳

在结婚以前，我就跟吴大夫说："你要是找生儿育女的夫人，就找别人去。咱们别耽误时间。我只生一个。"吴大夫非常支持我，这在当时是很不容易的，因此，我们只有一个女儿，小名叫"小香妹"。

我怀小香妹时，一天比一天累得慌，越来越走不动道儿。然而，我并不娇气，怀孕期间也没怎么歇着。

⊙ 杜近芳、吴葆桢的爱女吴香妹。

我家官人是妇科大夫，这方面懂得多，自然对我照顾有加。那时候，每天晚上，我要从家走到我婆婆住的隆福寺那儿。我家官人说："你越多走，孩子越好生。"他每天晚上回来写论文，我说："我想看电影。"他就说："行，我今天晚上不写了。"我脚肿得只能穿拖鞋，他就陪着我去看电影。我看电影还不忘，哪个镜头好，我都记得。我还让他带我上公园，我还站在栏杆上呢。他都依着我。

我怀孕的时候，剧院里开始排《谢瑶环》，我一天两班。人家叫我别唱了，我

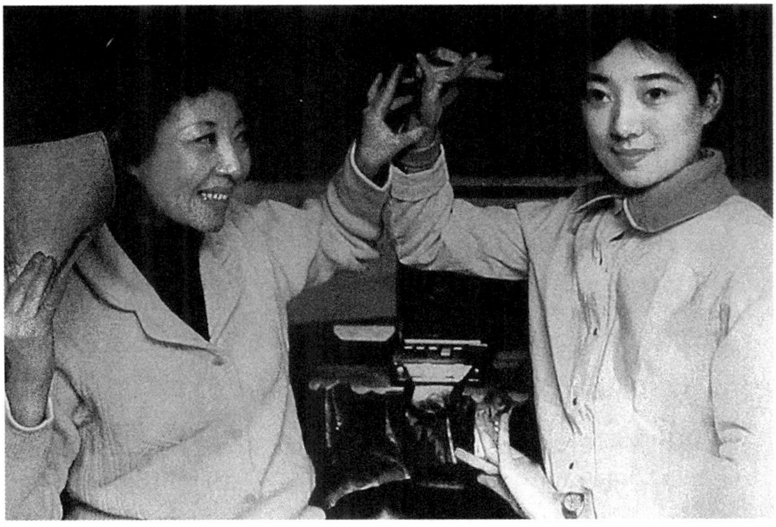

⊙ 杜近芳为爱女吴香妹说戏。

说不要紧的。我没翻跟头，嗓子也不受影响。《谢瑶环》首演的时候，我是肚里带着孩子演的。演完一场，田汉老不明所以，还问人家："怎么杜近芳最近胖了啊？"院里人说："她不是胖了，是怀孕了。"田汉老恍然大悟。后来，《谢瑶环》的剧本是田汉老等到我生完孩子、连续演出以后才发表的。

那年天热的时候，盖五爷（即盖叫天——笔者注）到北京来演出。他只唱一个白天，唱《蜈蚣岭》。盖老说："我的前面让近芳来唱。她唱，观众就不会抽烟、喝茶、上卫生间了。"既然老前辈说了，我虽然怀着孕也照唱不误。头一天唱《三击掌》，我们是场上摘凤冠、身上脱去龙凤衣。当时，我怀孕了，一脱宫装，台底下全乐了，我也乐了。我已经身怀六甲，穿那青褶子都系不上扣儿了，肚子鼓着，真难看。后来，盖老让我再演两场。我说，找一出别脱蟒的吧，脱蟒太难看了。他说："你不是会《金水桥》吗？"我说："别从'点将'起了，因为大家要扎靠，时间太长了。能不能从'闹书斋'起，人多点儿？"这样，我们就演这个戏。李幼春饰演秦英，苏维明饰演詹太师，张文英饰演詹妃。李世霖会这个戏，而且还倍儿棒。李金泉饰演长孙皇后，我饰演银屏公主。大家伙儿说："嘿，你什么时候还藏着一出呢？"《金水桥》这出戏，我穿红蟒，不用脱。我在这儿演完了，大众剧场不干了。观众要看我这出倍儿

⊙ 京剧《穆桂英挂帅》中，杜近芳、梅葆玖共同饰演穆桂英，吴香妹饰演杨金花。

棒的《金水桥》，找院里谈演出的事。院里跟我说。我说不成，我没气儿，怀孕演不动了。

北京京剧团要排《蝴蝶杯》，由李玉芙主演。北京市有关领导奉彭真同志的指示，让我给说戏。彭真是北京市委书记，我不好推脱，就答应了。那时候，我的肚子已经很大了，躺在沙发上，有时候就睡着了。他们来了就敲桌子，我醒了喝口茶就说戏。所以，怀孕期间，我一直都没闲着。

1961 年 10 月 18 日，那天早上起来，我就觉得不行，肚子里不对劲儿。我问我家官人："孩子怎么回事?"他赶紧去买了点心，让我使劲儿吃，说待会儿我生产，必须得有力气。肚子一开始疼，我就想走，但寸步难行了。本来，我有一个说起来有点儿幼稚的想法，就是：我是在我家官人工作的协和医院生小孩。他是妇科大夫，已经是主治大夫了，而且又负点儿责任。我想，我生孩子的时候，无论多难受，也不能喊疼，得咬紧牙关忍着。我抱着这种心情，算是对他的支持。结果不成，太疼了，我嚷得嗓子都哑了。我家官人也很有意思。我是顺产。他平时每天都给人家接生，也不感觉怎么样。到我的时候，把他吓得拿一本书抱着脑袋，跑到一个旮旯儿里蹲着。他自己没敢给我接生，吓跑了。人家跟他说："吴大夫，您来给指导一下。"他不，躲得远远的。后来，还是我叫他："你进来吧，已经生出来了。"他才进来。他们医生抱小孩跟咱们不一样，他用手掐着小孩，哈哈。

我生完小孩以后的心情是：第一，只要这孩子活着，就感到满足。第二，孩子有没有什么毛病？没毛病就满足了。我看那小孩，爱得不得了。我的女儿脸上有个痘，我还特地叮嘱护士："我家孩子有痘。以后，你千万别给我弄错了。别人的孩子再好，我也不要，我这个就是最好的。"就是那种对自个儿孩子的自私心理。

生完孩子以后，我是困死了、累死了、饿死了，吃东西像无底洞。我家官人不知道从哪儿给我买的老母鸡，用饭盒装一盒，我连汤带肉全给吃了。医院给我的病号饭是四碗青菜、两碗米饭，我拽着送饭车说不行，这量不够。当时，我就那么饿。

但我生孩子的时候，并没那么娇气。我只在医院里待了 7 天，就出院了。小孩也回家了。

可惜的是，我在家里没养好月子。我女儿满月前，北京市文化局领导张国楚上我家去了。彭真说了，杜近芳的《廉锦枫》太好了，让她演一演。张国楚不敢跟彭真说，杜近芳生小孩了。他来我家把意思一说，我说我不行，刚生小孩。他说，那不行啊，彭真市长要看这戏。我说，你能不能跟彭市长说啊，我在月子里呢，孩子昨天才满月。他说不行。没办法，我在孩子满月后的第二天就去演了《廉锦枫》，连功都没练，就演“下海刺蚌”，不过，这也说明我的功底不错。56 天产假，我都没歇好，所以，我后头的病就是月子病。

我生完小孩以后，按照我家官人教的方法，把肚子像裹腿似的用棉布裹起来，恢复身材。最后，我恢复到了生孩子前的 85 斤。

我对自己的女儿，有一点望女成凤的期望。以前，梨园行里教孩子学戏，要么送科班，要么易子而教。自己的小孩，我要说她，她要赖皮，我就被逗乐了，就教不好。还有一点，唱戏的人不能教自己的子女，有的时候能出人命。比如说，李万春当年演完了戏，因为演得不能让他爸爸满意，观众走了以后，他爸爸说：“别卸靠！”直接把李万春从台上扔到台底下去了。大家赶紧上去，把李万春从凳子里拔出来，并给他解靠。李万春的妈妈哭啊：“你怎么往死里打孩子啊！”李万春的爸爸还骂儿子呢：“你在台上唱的是什么玩意儿啊！”再比如，尚小云先生给儿子尚长麟把场子，就看尚小云先生的眼神儿越来越不对。结果，尚长麟还没卸戏呢，尚小云先生就让他搬凳子，打得他连那彩裤都是血。这都是恨铁不成钢啊！否则，哪有对自己的孩子从小就爱得像心肝宝贝，到唱戏的时候反倒成了仇人呢？就是希望孩子成功。

我对我女儿也是这样。我对她的要求高，就硬压着她学。结果呢，我女儿早上不起床，还说唱京剧没有前途，不想唱了。我同她越说越火。说到最后，她跟她爸爸说：“我在家没法儿活！”确实，那时候，我要求极严。让她练《霸王别姬》，我问：“你怎么就那么一点儿劲？”我气得把那宝剑尖冲着她，“噌”地就从门那儿过去了。香妹往后躲，摔在炉子上了。这要出人命啊！后来，我一想，这样不行。就对她说：“香妹，你要是愿意学就学。你要是不愿意学，我再也不教你了。”香妹还是没有学京剧，现在出国了。

六、再访美欧

《白蛇传》将访美洲4国

1960年年初的一天，我接到通知，去中南海怀仁堂开会。到了才知道，原来是周恩来总理亲自召集的会，布置了重要的任务：要出访美洲4国，特别是庆祝古巴独立1周年。周总理当时强调，这个任务很艰巨，但是也很光荣。

我们去的演出团有100多人，是我历次出国当中人数最多的一次。担任团长的是对外文化联络委员会副主任陈忠经。他可不是简单的人，曾长期潜伏在国民党军将领胡宗南身边，使胡宗南屡战屡败，周总理赞誉他为中共情报战线“后三杰”之一。他去美国留过学，英文棒极了。他很看重我们文艺工作者，认为文化交流工作非常重要，我对他是非常佩服的。后来多少年，我一直管他叫陈团长。

我们这次带出去的节目，除了民乐、舞蹈，京剧武戏是《闹天宫》《雁荡山》，大戏带的是《白蛇传》《野猪林》，时长都在两小时左右。

为什么会带两小时左右的《白蛇传》呢？原来，1955年，我们从西欧回来以后，周总理了解到外方媒体，特别是法国方面反馈过来的情况，他们要求观看《白蛇传》全剧，希望能看到完整的京剧大戏。周总理指示，请田汉先生根据出访要求进行新的编排，从《白蛇传》开始试验，作一个创造性的开拓，拿出完整的、能演一个晚上的京剧大戏带到国外。

《白蛇传》这出戏自排出来以后，就在不断完善。尤其是在1958年下半年，为了向1959年中华人民共和国成立10周年献礼，对这出戏进行了较多的加工，不停地演，边演边修改、提高。我们演得太晚就不回家了，中午有时候都睡不了午觉。到了1960年，加工完善的《白蛇传》进行献礼演出，时长将近三个半小时。

为了这次出访，再次对《白蛇传》这出戏进行了修改、加工。“国际版”《白蛇传》主要改了以下几个方面：一是，走云牌。因为出国访问的艺术团里有高水平的舞蹈队，走云牌能让外国观众一看就知道，这是一个神话故事。开场的场面好看，有气魄。二是，把雄黄酒由许仙劝喝改为邻居乡亲劝喝，而许仙因为白素贞有身孕加以拦阻。白素贞觉得正值端午佳节，

大家过节热闹，盛情难却，饮下雄黄酒。这样改，消除了许仙故意以酒试白素贞的嫌疑，避免观众误会。另外，周总理曾经强调过，无论怎么演，舞台上都不能出现蛇的形象，哪怕是一道白光也不行。三是，白素贞结婚以后，要有段“巧梳妆”的戏。周总理说过：“你们结婚后要甜甜蜜蜜的。如果你们结婚后不甜蜜，法海来破坏，没有什么可惜的。”白素贞起床后梳妆打扮，许仙唱吹腔，扶着她啊，给她戴花啊，很甜蜜。法海来时，白素贞给病人看病去了。白素贞一走，法海把许仙叫到一边去，说白素贞不是人，是蛇。许仙要斥责法海胡说八道。四是，许仙“观潮”这一段简化了，实际上没有“观潮”这个情节了，直接表现法海半劝半拉许仙上金山寺。五是，《白蛇传》中的“断桥”一折减掉了一些零碎的唱，主要是保“青妹慢举龙泉宝剑”的大段唱。外国的歌剧在这一点上跟我们中国的京剧是有相同点的，一出戏的主要演员必然有一个核心的、成套的、大段的唱腔，要显示他作为主演的实力和功力。六是，“合钵”一场很简单，“倒塔”一场结束后，是白素贞、许仙、许仕林三人见面团圆的结局。

出国的通知下来以后，有一天，李少春先生找我去了，跟我说：“到外头，你得给我说戏啊。我这次演许仙。”有一天，袁世海先生也跟我说：“嗨，哪儿不合适，你跟我说啊。我演法海。”我这才知道，原来组织上已经个别通知他们了，我事先并不知晓。这次“国际版”的《白蛇传》，许仙由小生改成老生，法海由老生改成花脸。

快出发前，我看见李少春先生面色凝重，好像在思考着什么，不像是在想戏。我就问：“您在想什么呢？您是不是在想中美关系的事？”他说：“你怎么知道的？”我说：“您这个人想问题总是直眉瞪眼的。您想戏不是这样的，您想戏就在那儿练功呢。”他莞尔一笑，又问：“你怎么想的？”我说：“咱们这次就在美国的前后左右演出，它如果要是请咱们去，咱们就得去。咱们要是一去，美国人就得来，这不就解冻了吗？”他说：“我也在想这个问题，但是我不敢说。我不知道找谁说合适。”我就建议道：“咱们找陈团长去。”我们找到陈忠经，他听我们一说，忙道：“我也在考虑这个问题。你们这两位艺术家跟别人不一样。这次出访有你们，对我的工作太有利了。咱们上国务院吧。”陈忠经带着我们就去了国务院。到了以后，是副总理兼外交部部长陈毅同志接见我们。我们其实就是问了一个问题：“万一美国请我们艺术团访问，我们去不去？”陈老总在听了我们的陈述后，略一思考，表示让我们坐一会儿，就步出了房间。我们猜测，陈老总肯定是去请示毛主席或周总理了。大概半小时后，陈老总进来了，坐下对我们说道，毛主席说，你们不仅关心国家，还关心世界，很好。陈老总接着表示，毛主席说了，时机不成熟。你们就在美国的前后左右院敲锣打鼓唱大戏。我们又问，周总理是什么意思。陈老总哈哈大笑："周总理也是这个意见呀。"我们表示，一定遵照毛主席的指示。

惊险的拉美两国行

这次，我们出访美洲 4 国，第一站先到委内瑞拉，赶上了当地的军事政变，非常周折。第二站是哥伦比亚，差点儿遇到炸弹爆炸的情况。第三站就是古巴，待了近两个月。接着去了加拿大，又待了两个月，参加第九届美洲国际戏剧节。再之后，我们坐船去了法国。全团九十几个人，只有我和郭淑珍两人不晕船。其他人晕得厉害，"凄惨"无比。我们在法国的演出结束后去瑞士，再经捷克斯洛伐克到苏联，最后回到中国。

先从我们的第一站委内瑞拉说起。我们一共有 4 架飞机飞委内瑞拉，分别有舞美队、演员队、乐队等，防止混乱。结果，因为委内瑞拉正在发

⊙ 1960 年，中国艺术团到访南美洲时，委内瑞拉各界知名女性到中国代表团驻地热烈交流。左三为杜近芳。

生军事政变，我们只有 3 架飞机成功抵达，第四架飞机迫降在非洲一个岛国。这架飞机上坐的是我们所有的乐队成员，王守义带队。我忘了这个岛是哪个国家的。他们告知机上人员，委内瑞拉正在政变，不放行飞机，还把他们的护照扣了。所有机组人员和乘客全部被看管起来。

由于消息不畅通，我们这 3 架飞机到达以后，不知道第四架飞机落到哪儿了，只好向瑞士方面打听。联系上了以后，陈忠经就去找委内瑞拉方面交涉。陈忠经的英文是非常棒的，他带上几个人就去了。他先和发动政变的一方进行交涉，表示中国艺术团是委内瑞拉政府邀请的。现在，委内瑞拉内部发生争执，中国艺术团是就此回国，还是继续进行文化交流？他们回答："我们打我们的仗，你们唱你们的戏。"陈忠经向他们要了一份盖了章的文件，证明他们许可我们演出。然后，他又找委内瑞拉政府交涉。委方政府回答，政变是他们国家内部的事情，让我们按原计划进行演出。于是，陈忠经又请他们签了字。这样，委内瑞拉两边都同意了。接着，我们从中斡旋，请委内瑞拉政府与扣押我们飞机的非洲岛国交涉，如此才放行，而且，还为我们换了一架大飞机。这算是有惊无险。那时候，出国搞文化外交，真是冒着很大的风险。

我们先到的人住在红宝石旅馆，据说，那是当地最有钱的人才住的地方。旅馆在山上，我们出门或回程，要坐 20 分钟的缆车上下山。我们一边担惊受怕，吃不好、睡不好地等那架飞机，一边按照既定的时间表，下午 4 点到晚上 9 点排练。没有乐队，怎么办呢？大家就自己嘴里念"锣鼓经"、哼过门儿。由于正在打仗，硝烟弥漫，室内的空气很不好，有的时候还停水，饭里头有沙子。排练时，白天在饭店，晚上到剧场，因为定了剧场不去，是要受罚的。有时候，交通堵塞得厉害。我们就不坐车，排着队走路，经常是在催泪瓦斯弥漫的空气里行进，一边流着眼泪，一边往剧院走。这样过了 4 天，第五天时，陈忠经说："被扣在非洲的那架飞机终于起飞了。"大家这才松了口气。在此之前，大家心里揪着，都不怎么说话，脸上的神情都是忧郁、恐惧的。

我们的演出，按照惯例，头一场是综合节目，第二场就是演《白蛇传》。演出在委内瑞拉受到巨大的欢迎，首演就卖了满堂。因为打仗，老戒严，有些买了票的观众在半路上被拦住，但他们非要看我们的演出不可，于是就跟部队吵闹，甚至动起手来。我们这京剧真是厉害，让外国观

⊙ 1960 年，中国艺术团赴委内瑞拉访演时，杜近芳（前排左三）、李少春（前排左一）等人演出京剧《白蛇传》后，与委方嘉宾、观众合影。

众不顾生命危险也要来看戏。

演出票的最高票价是 27 美元。那时候，1 美元兑换 30 块人民币，这票价得多高啊！剧场有 3000 多个座位，还卖了站票。剧院附近的大街上，到处是买不着票的观众。现场的演出气氛真是好啊！比如说，刘琪在剧中演的许仕林，喊了一声“母亲”后，观众的掌声非常热烈、持久，说明观众感到很心酸，同时也觉得许仙、白素贞这家人总算团圆了。很多观众非常热情地表达：“中国戏太厉害，既是悲剧，又是喜剧，让我们看得哭哭笑笑，但感动不已。中国演员太了不起，太伟大了！”

在委内瑞拉的演出快结束时，委内瑞拉总统贝坦科尔特出席观看了演出，并上台接见、慰问中国演员。他一方面称赞我们的艺术，另一方面对他们国内动荡给我们造成的不良影响表示抱歉，他很友好，说了很多话。

与委内瑞拉不同，哥伦比亚方面对我们不是特别友好，还有些刁难。我们入境时，检查行李，被他们翻出了一些东西。这些东西是我们在外面跟国内联系的信息。我们倘若不知道国内的情况，在外面回答别人的问题，就没法与国内统一口径。为了不产生不必要的麻烦，我们针线活儿好的同志就把一部分材料，缝进了男式的西装里。因为男式衣服厚，瞧不出来，没有痕迹。在入境检查时，缝在衣服里的材料没被发现，其他的东西被发现了，于是就说我们宣传共产主义。我们跟他们交涉。哥伦比亚方面要求我们入境的时候必须摁手印，要摁整个手印，而且是右手，很严格。我对摁手印这事非常气愤，觉得是一种侮辱。我的态度不太好，我说：

“这样不成杨白劳了？”陈忠经说：“就等你了啊。”我当时也不知道是怎么回事，小时候的拗劲儿就上来了。其实，连团长陈忠经都得摁手印的。

我们这次很惊险的是险些遇到炸弹袭击，幸亏提前撤离了，没有伤亡，但想想还是很后怕的。那次，我们去哥伦比亚政府所在地，因为后面还有记者招待会，很快就赶往别处了。听说，我们走了大概几个小时以后，在他们政府周围，炸弹爆炸了。是针对哥伦比亚政府，还是针对中国艺术团的，我们就不知道了。

在哥伦比亚，我们看了一场斗牛。西班牙的斗牛士打遍了世界各地，到哥伦比亚来表演。我们受邀请看斗牛的，都得穿上华丽的衣服，买的是位置最好的票。实际上，这么做带有向外宣传的意思。现场的观众一看我们进场了，就都鼓起掌来。斗牛的场地虽然上面有遮棚，但还是非常炎热的。袁世海老师虽然有点儿感冒，但还是一块儿来看了。看第一场斗牛还好点儿，比较顺利。第二场斗牛就要命了，这斗牛士差点儿没死了，几次被抬下去，又坚持上来。最后是牛死了，斗牛士也被抬下去了，大家觉得挺残忍的。那天晚上，我们吃牛排，大家说吃不下去了。袁世海老师本来就身体不适，参加了一天的活动，又看了这么残忍、血腥的场面，回去之后就生病了。

本来，在哥伦比亚的演出结束后，我们要去墨西哥的。后来，不知什么原因、出了什么问题，就没去墨西哥，直接转道奔古巴了。

为菲德尔·卡斯特罗演出

我们艺术团到访古巴时，正是古巴独立 1 周年的时候。我们一到首都哈瓦那，还没演出，就听说要开大型会议欢迎我们。后来，通知我们还是先演出。除了在首都演出外，还巡演了 6 个省。可以说，我们在古巴感受到的都是无比的热烈与热情，人心热，观众热，领导人热。我们在古巴演了近两个月的时间。

特别有意思的是，为了保证我们的安全，我们在古巴一直是住在兵营里，睡那种三层的军用上、下铺，床很小。男女分开，中间隔一道军用的布帐，实际上就是隔成了两个营帐。我们去的时候，天气非常炎热。一

⊙ 1960年，中国艺术团在拉丁美洲访演时，演出京剧《白蛇传》。杜近芳饰演白素贞（中），李少春饰演许仙（左）。

个非常奇特的现象是，那儿的可口可乐可以随便拿。我们住的地方到处都有可口可乐，床底下，沙发底下都是一箱一箱的，渴了就可以喝。但老喝也受不了，太甜了。那时候最想的，就是能喝一碗咱们中国的茶。

古巴最高领导人菲德尔·卡斯特罗看了一场综合节目，后来又给他安排看了两场：《逼上梁山》和《白蛇传》。《逼上梁山》其实就是《野猪林》。演完《野猪林》以后，卡斯特罗非常热情地上台接见我们，与我们握手、合影。他从军装兜里掏出一个《毛主席在延安》的油印本，然后对大家说，古巴就是根据这个独立的。而且，他引用了毛主席的那句名言："枪杆子里面出政权。"卡斯特罗看《白蛇传》的时候说，一个美好的家庭，别人凭什么来侵略它！他还盛邀中国艺术团前往他的府邸做客。我还有跟卡斯特罗的合影照片。

"1960年6月初，中国艺术团应邀来到古巴访问演出，访演一切费用由古巴政府负责，这是对中国友好的表现。艺术团到达哈瓦那的第二天，革命武装部部长劳尔·卡斯特罗夫妇邀请并陪同艺术团的全体人员参观哈瓦那人民海滩和农业社并一起用餐……古巴教育部部长阿曼多·阿特于第二天在约里克里斯塔尔公园设宴欢迎艺术团，他在讲话中强调了艺术团的到来，有利于两国人民的文化交流和互相了解。6月6日晚，中国艺术团在哈瓦那国家剧院举行了首场演出，观众达2000多人，因为座位不够，不少人是站着看的。电视台现场转播了演出，全国各地的人都在自己的家里观看艺术团的演出。人民社会党主席、革命指导委员会主席、教育部部长、司法部部长等观看了首场演出。京剧《三岔口》和《秋江》引发了观

众会心的笑声和赞叹声……每个节目演完后都要谢幕好几次，有的节目不得不重演一次甚至两次。演出完毕时，全体谢幕达七次之多。第二天，古巴各种报刊的报道也是一片赞扬声。《革命报》以整版篇幅报道了演出盛况并评论说，京剧的演出超越了语言的障碍，《三岔口》中机智嬉戏和灵巧非凡的动作获得了显著的喜剧效果；《今日报》说，观众在看京剧时，兴奋得如醉如痴……”①

“总理菲德尔·卡斯特罗、国家银行行长格瓦拉等领导人饶有兴趣地观看了6月7日晚上的第二场演出。演出结束后，卡斯特罗向全体人员祝贺演出成功，他说：‘古巴人民永远不会忘记你们如此精湛的演出。’几天后，卡斯特罗在电视台谈国内形势时，还专门讲了一段赞扬中国艺术团的话，他说：‘中国的京剧是一种优美的艺术，我们很喜欢这种艺术的精细表情和完美的姿态，这是一种永远忘不了的戏剧演出。’‘京剧给我们的印象就是看到另一个世界的事物，我们现在看到了新鲜的并有真正艺术价值的事物，这种感觉是全体古巴人民所共有的。’”②

⊙ 京剧《野猪林》中，李少春（右）饰演林冲，杜近芳饰演林娘子。

“在古巴不仅演出了与前两个国家相同的两套晚会节目，李少春、杜近芳、袁世海还联袂演出了全本大戏《野猪林》《白蛇传》等。6月30日，在哈瓦那演出《野猪林》，观众并未因语言的隔阂而减少笑声掌声，剧

① 周丽娟：《对外文化交流与新中国外交》，文化艺术出版社2010年版，第70页。

② 周丽娟：《对外文化交流与新中国外交》，文化艺术出版社2010年版，第70页。

终，观众以雷动的掌声一再要求演员谢幕。有些观众说：‘我们虽然语言不通，但完全懂得剧中人的感情。’他们把剧中的林冲被逼上梁山比作古巴人民到马埃斯特腊山，拿起武器参加反对独裁者的斗争。”①

热烈的古巴6省巡演

袁世海先生自从看完斗牛那天，就一直高烧不退。为了保证演出，他演出前要打针。打完针后，曹韵清陪着他。由于身体原因，他一直住在哈瓦那。参加了在哈瓦那的演出后，我们赴古巴6省演出，他就没去。因此，我们在6省的演出演不了《野猪林》，只能演综合节目了。

在综合节目中，有的时候，我演《秋江》；有的时候，跟李金鸿演出《拾玉镯》；还有的时候，我演出《霸王别姬》中的“舞剑”一段。这一段，我不从前面的〔西皮二六〕唱腔开始，而是直接从〔夜深沉〕曲牌的剑舞开始，算作古典舞。我们把4个舞蹈编排在一起，成为一个组合节目。第一个是我国著名朝鲜族舞蹈家崔美善的长鼓舞。第二个是我国著名蒙古族舞蹈家莫德格玛的盅碗舞。这个盅碗舞挺绝的，就是头上顶碗，手里拿手珠，快速地、有韵律地扭动肩膀。莫德格玛向我介绍说，蒙古族从小练舞的时候，身上什么地方都不许动，就是两个肩胛骨不停地抖动。第三个是我国著名舞蹈家陈爱莲的民族舞蹈《春江花月夜》。我的《霸王别姬》“舞剑”是最后一个。由于中国艺术团在古巴受到热烈欢迎，节目紧张不够用的时候，经常让我们4个人先上去顶一顶，后面再想办法排节目。

菲德尔·卡斯特罗的弟弟劳尔·卡斯特罗，一直陪着我们在6省巡演。我们的交通工具是军车，以保障我们的安全。那时候，正是田里的庄稼丰收的季节。在路上，我们看到当地人特有的风俗。他们披上各种画有动物的布料，比如画着米老鼠啊、大象啊之类的。好多人拿着六弦琴，又弹又唱地在庆丰收。一看见我们中国人，他们就把我们的车包围了，又唱又弹。我们就得下车，跟他们一起跳舞、联欢。当时，我感觉

① 周丽娟：《对外文化交流与新中国外交》，文化艺术出版社2010年版，第71页。

整个人好像在梦幻中似的，古巴这个国度喜庆一片。劳尔·卡斯特罗一下车，人们就开始鼓掌。有时候，大家太热情了，不停地弹唱，一直围着我们，劳尔·卡斯特罗就对他们说：“谢谢大家，我们这会儿该走了。”路上要是没有他押车，我们根本走不动，还不知道什么时候才能到目的地呢。

⊙ 京剧《霸王别姬》中，杜近芳饰演虞姬，袁世海饰演项羽。

我们这一趟走的地方很多，看了古巴的城市、农村等各种地方，也看到它的许多物产。我印象比较深的是，古巴的叶子烟最好，能做成非常细的烟丝，制作闻名世界的古巴雪茄。古巴雪茄的种类很多，大大小小的。有一次，他们给我们每人脖子上戴了两圈雪茄烟串成的串，我们就一根一根地嘬着抽，绕圈儿抽烟。我那时哪会抽烟呀，就是觉得挺香的，很有意思。古巴人是离不开咖啡的，就像中国人喝茶一样。哪怕是高层建筑工人，两肩上也背着咖啡壶。古巴的甘蔗非常粗壮。我们到甘蔗田里，看见那甘蔗长得跟树似的，所以，他们的蔗糖产业很发达。菲德尔·卡斯特罗向古巴群众演说时特别指出，美国的烟、酒、糖，原产地都是古巴。古巴人民没得吃、没得喝，美国却像强盗一样掠夺了这些资源，加工后再高价转卖给古巴。所以，必须把美国强盗打倒。

我们在6省巡演住的都是兵营，还去雷区附近演出，有时在埋有地雷的军事区旁边搭台演，有时就在雷区里演。古巴方面的人员嘱咐我们，一定要紧跟着部队，听指挥统一行动，时刻保持警惕，别自行其是。在雷区附近演出，大家是很留神的。

“艺术团还到起义军的革命根据地马埃斯特腊山区进行慰问演出，去的公路上尚有未清除的地雷，也可能会遭遇小股叛军袭击。在起义军驻地，全团男女各住两个大帐篷（一律是三层床），在临时搭起的露天舞台上演出。7月的古巴炎热异常，有时一阵突来的暴雨把观众和演员浑身浇透……

⊙ 中国艺术团主要成员陈忠经（前排右四）、李少春（前排左四）、杜近芳（前排左七）、郭淑珍（前排右三）等人，与外方嘉宾合影。

但满山的战士齐声高呼：‘中国！古巴！’他们为精彩的演出而喝彩。”①

“1960 年 6 月 22 日晚，在古巴圣克拉拉市的体育馆大厅，中国艺术团向 5000 名热情的观众作访问的第十场演出。人们在演出前两小时就等候在体育馆的门口。演出是在古巴和中华人民共和国国歌声中开始的。观众高呼口号：‘要古巴，不要美国佬！’‘中国万岁！’‘毛泽东！’演出结束时，全体观众起立鼓掌并高唱《7 月 26 日运动进行曲》达 10 分钟之久。圣克拉拉妇女代表把一面古巴国旗赠送给中国艺术团。许多人在散场时到舞台上向演员们热烈祝贺，并同他们交换纪念品。圣克拉拉市市长在 21 日招待中国艺术家的宴会上说，古巴人民和中国人民是团结一致的，互相热爱的，因为他们在过去遭受到同样的苦难，而现在两国都已把命运掌握在自己的手中。他希望两国人民将来的文化联系更加密切。中国艺术团团长陈忠经在宴会上向英雄的圣克拉拉市市民致敬。他说，古巴人民的口号：‘要古巴，不要美国佬！’是完全正确的。不仅古巴人民和两亿拉丁美洲人民，而且还有六亿五千万中国人民以及世界其他各国人民都有力地支持这个口号。现在孤立的是美帝国主义而不是古巴人民，胜利属于古巴人民。陈忠经讲话结束后，在场的人们热烈高呼：‘北京、北京！’‘毛泽东、毛泽东！’”②

中国艺术团在古巴近两个月的演出总共访问了 6 个省，演出 20 场。古巴报刊在中国艺术团离开时，发表了许多赞扬的言论。《革命报》说：“中

① 周丽娟：《对外文化交流与新中国外交》，文化艺术出版社 2010 年版，第 71 页。
② 周丽娟：《对外文化交流与新中国外交》，文化艺术出版社 2010 年版，第 71 页。

国艺术家的演出将载入编年史册。”《前进报》写道：“中国艺术团的访问，使我们的祖国只限于了解美国的生活方式而与其他隔绝的时代过去了。国际交往对我们自己的文化发展是不可缺少的。当古巴人民了解中国人民的习惯和他们的艺术时，他们将成为好朋友。中国艺术团的演出是令人不能忘记的。”①

我们在古巴各地演出，无论是工厂、军营还是山区，都受到热烈欢迎。我们作为演员，很满足，很开心。我们演出时，有一位妇女抱着孩子来看戏。散了戏后，她找到我们的翻译，非常激动地说：“我们一生都没看过戏剧，你们中国演的叫戏剧吗？”翻译说：“是啊，是中国的古典戏剧。”这位妇女高声说：“你们就是上天派来的天使。”她还说，看戏的时候，她跟她的孩子说：“孩子，你别睡觉，你这会儿睡觉太可惜了，你看看天使们多好看啊。”翻译把这个情况转告给我们，我们很感动。我们觉得，自己做了好事，不但交流了中古两国文化，而且让山村的妇女、儿童真正地看上了戏剧。得到他们这样的赞誉，我们感到很欣慰。

古巴的天气是很炎热的，太阳特别辣，大家的脸都晒黑了。古巴人的热情就像这里的温度似的，所以，我一直都感到心情很愉悦、很兴奋。在古巴演出也非常过瘾，大家都很卖力。而最让人激动的是，我们竟然见证了中古两国建交这戏剧性的一幕！

“百万人会议”——中古建交

在古巴 6 省巡演完后，我们又回到哈瓦那演出。一天，我们接到参加集会的通知，菲德尔·卡斯特罗要发表演说。那天又热又晒。我们到了现场一看，真是人山人海，非常热闹，据说是“百万人会议”。我们中国艺术团的全体团员都参加了，坐在军队行列之中，没坐前排。虽然有翻译，但有的地方听不清楚，就跟着领导叫好、鼓掌。

那天，我印象最深的是，菲德尔·卡斯特罗在百万人会议上当众宣布与中华人民共和国建交。曾涛是新华社驻古巴分社的负责人。菲德尔·卡

① 周丽娟：《对外文化交流与新中国外交》，文化艺术出版社 2010 年版，第 72—73 页。

⊙ 1960 年中国艺术团在拉丁美洲演出时，杜近芳（左）与歌唱家郭淑珍合影。

斯特罗拉着曾涛，把他请到主席台上去。菲德尔·卡斯特罗向集会的群众说：“我要跟中国建立外交关系，这个新华社的同志是他们驻古巴的代表，我要把他请到主席台来。国民党的驻古巴大使，他是代表美国来的，请他们马上离开古巴！”这个可不得了，台湾国民党当局驻古巴“大使”本来坐在头一排的座席上，就这么给轰出去啦。菲德尔·卡斯特罗让曾涛坐在那儿，还给他话筒。观众站起来、蹦起来跳舞。曾涛没有思想准备，但他很镇定，向大家挥手致意。现场集会的群众高呼：“古巴兮，杨吉诺！”就是打倒美帝国主义的意思。还有就是“Chinese”，“毛泽东”。这些，我都能听懂，其他的就听不懂了。

“1960 年 9 月 2 日，古巴在西维卡广场（后来改名为革命广场）召开上百万人参加的人民全国大会，礼宾司官员安排曾涛坐在主席台第一排。人们从四面八方涌来，很快整个广场都挤满了人。卡斯特罗首先讲话，主要内容是批驳由美帝国主义操纵，在哥斯达黎加召开的第七次美洲国家外长会议 8 月 28 日所通过的《圣约瑟宣言》。这个宣言攻击古巴革命，干涉古巴内政，而且还攻击了苏联和中华人民共和国对古巴的支持，卡斯特罗逐点批驳了《宣言》的内容。当他强烈谴责美帝国主义时，会场上‘要古巴，不要美国佬！’的口号响彻云霄。他在驳斥《宣言》中对苏联和中国的侮蔑后，猛然大声地对到会的人们说：‘古巴政府提请古巴人民考虑，是否愿意古巴和中华人民共和国建立外交关系？’会场上近百万人举起双手，以雷鸣般吼声回答说：‘同意！同意！’于是卡斯特罗宣布：‘中国代表已经在这儿。’他把曾涛拉到讲台旁，握着曾涛的手，高高举起，向全场群众高声说：‘从现在起，断绝古巴同蒋介石傀儡政权的外交关系，让台湾的代表马上离开古巴！’这时，会场上欢呼声震耳欲聋，人们高呼：‘中国！中国！’各种帽子在广场上空飞舞，持续了好几分钟。在主席台上，几位古巴部长和外交部的官员都含笑走过来和曾涛握手表示祝贺。已故的起义军总参谋

长加米略·西恩富戈斯的父亲马丁·西恩富戈斯含着眼泪高兴地对曾涛表示说，很久以来我们就等待着这一天到来了……卡斯特罗讲完话后，会场上的100万人高高举手，通过了举世闻名的第一个《哈瓦那宣言》。宣言中关于中古建交这样写道：古巴人民全国大会批准它和全世界人民友好的政策，重申它也和一切社会主义国家建立外交关系的意愿，而且从现在起，运用它的主权和自由意志向中华人民共和国政府表示愿意在两国之间建立外交关系，因此，要断绝到今天为止古巴还和台湾——美国第七舰队支持下的傀儡政府保持着的联系。得知古巴宣布与中国建交的消息后，毛泽东主席笑着说：‘这个拉丁美洲的大胡子还会搞人民外交哩！’周总理非常赞赏《哈瓦那宣言》，连声称赞：‘这是一篇极好的革命檄文。’自1961年至1967年两国每年均签订文化合作年度执行计划。双方在文化艺术、体育等方面进行了较广泛的交流，并互派专家、技术员和留学生。中国和古巴建交使中国与拉丁美洲之间的外交关系出现了零的突破，驻古巴大使馆成了中国对拉丁美洲开展工作的第一个窗口和阵地，新中国在拓展与拉丁美洲各国之间外交关系方面迈出了具有重要历史意义的第一步。可见，中国对古巴的文化交流为中古建交烘托了气氛，预热并巩固了群众基础。”①

我回国之后的这么多年里，经常有美洲的贵宾来中国访问。我记得是“文化大革命”结束后，有一次，中国京剧院给我打电话说，楚图南头两天给院里打电话：“有美洲的朋友来，我请客。你们派车，让杜近芳那天到四川饭店来。”有时候，外交部的同志也给我打电话，说古巴的使团要来，让我去参加活动。多年来，我始终对美洲，特别是古巴充满好感，总会回忆起出访演出的岁月。偶尔见到来访的美洲客人，我总会向他们介绍当年的情况，并让他们带回我对老朋友们和当地人民的问候。

“加拿大”的访演高峰

结束在古巴的访演之后，我们坐火车去了加拿大。这趟火车旅行，是我出访美洲以来感到最舒适的一次。两个人一间的包厢里面，有独立卫生

① 周丽娟：《对外文化交流与新中国外交》，文化艺术出版社2010年版，第72—73页。

间，还可以洗澡。包厢外头是走廊，可以坐着看车窗外的风景。吃饭专门有餐车。火车行驶得稳极了，不颠簸。这列火车是加拿大的，确实讲究、先进。早上起来先吃水果，然后是牛奶、鸡蛋、火腿，并给你一个牌子，可以选择是吃生的还是煎的。那时候，我特别爱吃黄油，但并不长胖，可能因为消耗大。有时候，也选择燕麦冲牛奶，或是牛奶加咖啡。我觉得特别好的是，这包厢里外隔音，所以，我还可以背背戏、喊喊嗓子。

⊙ 1960 年，中国艺术团赴加拿大参加第九届美洲国际戏剧节时，团长陈忠经（左二）、杜近芳（左一）等人受到加方代表和当地侨胞的热烈欢迎。

我们在加拿大演出的那个剧场不得了，警察带着武器维持秩序，因为买票的人太多了，在加拿大的华人比较多。这个剧场是 3000 人座的，有好几层楼，每层楼都差不多大小。舞台是伸出去的，离观众非常近。我在加拿大唱过的最高剧场是 6 层的，实际上是 7 层，就是 6 层包厢再加上池座。让我们不太适应的是，这舞台不是水平的，而是斜坡的，只到最前台的那点儿地方是平的。我们的演出跟西方的歌剧一样，一个麦克风都不用，完全靠演员的功力和剧场的拢音。演出非常成功，可以说场场爆满。由于是演歌剧的剧场，下沉式的乐池特别大，也特别开阔，而我们的乐队是在舞台上，所以，连乐池也卖了票，而且

⊙ 1960 年，中国艺术团赴加拿大参加第九届美洲国际戏剧节时，团长陈忠经（右一）、杜近芳（右二）等人受到加方嘉宾的热情招待。

卖得比池座还贵，因为离舞台近。听说，乐池里还有保安，怕蹿出人来。另外，连走道都卖了票。针对观众在过道看戏的问题，剧场老板还来征求我的意见，因为我是首席演员。西方人的习惯是，有什么事情都要问问首席演员的意见，他们非常尊重首席艺术家。他问我："女士都穿着3寸的高跟鞋，她们跪着不成，能不能让她们脱了高跟鞋在走道里坐下？"我说："只要保证剧场的安全和秩序，请她们坐下，我没有意见。"此外，剧场老板还陪着我熟悉剧场里我应该知道和了解的地方，比如，观众从哪些地方进、哪些是保安待的地方、观众席的分布、上场门和下场门的具体位置等等。

我们在加拿大一演就是两个月，温哥华、渥太华、多伦多等大城市都演了个遍。在加拿大，《白蛇传》演得较多，《野猪林》演得少。这是因为，《野猪林》的故事比较复杂曲折，那时演出没有翻译过的字幕，最多在每场的间隙打一个追光，一个外方的主持人简单解说下一场的大概内容。所以，太复杂的故事，当地观众看起来不容易理解。总体来说，我们的演出很受欢迎，常常是谢幕不停，观众就是不离开。我忘了是在哪个城市，有一天，由于前一晚演出结束得太晚，我们中午11点才起床，当天是准备吃完中饭就赶往另一个城市演出的。我下到一层吃午饭，一看窗外，吓了一跳，街

⊙ 1960年，中国艺术团赴加拿大参加第九届美洲国际戏剧节时，加方热情招待团长陈忠经（左五）、杜近芳（左三）等团员。

上满是横幅标语，人们身上挂着牌子在游行。我心里纳闷儿，这是哪儿罢工啊？会不会影响我们转点啊？我就问同去吃饭的资华筠：“这是哪儿罢工啊？”她说：“这是冲咱们来的。”我说：“哟，我们哪儿惹娄子了？”她比我敏感，笑笑说：“不对。看这架势，好像是要挽留我们，恐怕你不能安稳地吃饭了。”这时，陈忠经下楼来了，把情况告诉了我们。果然，有些观众没有看到演出，聚到我们的驻地宾馆，要挽留我们再演出。陈忠经说：“杜近芳你怎么样？”我一听，是要我演《白蛇传》呀。我说：“没问题。如果能演，怎么解说？另外，没有布景呀！”他说：“你都甭管，没问题。”我问：“服装之类的怎么办？”陈忠经说：“我去想办法。问题是你能不能盯得住。今天下午演《白蛇传》，晚上 8 点钟启程。”我说：“行，保证完成任务。”说完，我就去拿饭盒，准备上剧场了。陈忠经派翻译和几个帮助我们的华侨、留学生陪着我去剧场。到了剧场，我是一边吃，一边就准备开始练功了。有些小型的服装、化妆盒是跟着演员的，但大多数道具、服装都在飞机场了。所以，陈忠经派人赶紧奔机场。由于事出紧急，而且是从机场往回拉东西，还得走烦琐的手续、进行安检等，主要把演员的服装、化妆用品等拿回来，其他的布景道具能拿上什么就拿什么。等把东西拉回来一看，别说没有布景，连桌子、椅子都缺。那“盗仙草”得拿出草来啊，我说我上哪儿拿去呀？后来，就拿了根钢棍儿绑上，说这就是“仙草”。就那根“草”有道具，其他都是空的，不知道是什么。他们直对我说：“你可别有情绪。”我说：“咱们既然给观众演了，就算尽心尽力了。”这给报幕解说的人出了难题。那天的解说员可累了，连比画带说的，尽量给观众讲清楚。我们就这样演了一场《白蛇传》。

⊙ 1960 年，中国艺术团访问加拿大宣传画册封面。

那天演得还挺不错，观众欢迎得不得了。演出结束后，我们就赶紧卸妆，得赶时间呀。大家都帮助我们往飞机场送东西。我穿着旗袍，

⊙ 1960 年赴加拿大参加第九届美洲国际戏剧节时，中国艺术团成员会餐。

脸都来不及洗，袜子也没穿，身上都是汗。演完戏，晚上 6 点了。回到旅馆收拾行李出来，已经 7 点多了，8 点钟准时上车呀。搬运当中还有一个大鼓，那些乐队成员都走了，也不知道谁那时候高兴了，在那儿敲鼓。好多观众就在周围逗留，看着这中国人敲鼓，以为还有什么节目呢，慢慢地又聚过来了，还唱歌，像游行似的。陈忠经一看，不行，就拿着扩音喇叭，站到一个高处讲话。他的英文好，意思就是说，请大家给我们让让道，这儿没演出。我们运输的时候，别碰到、伤了大家了。我们要到另外的城市演出，时间非常紧，快赶不上飞机了。感谢大家对我们的热情。他一直在那儿说，嗓子都哑了。我们回到旅馆，提溜着箱子，赶紧上车去飞机场赶飞机。我就带着妆上飞机，空姐看我这样儿，还“哎哟”了一声，因为我没卸妆啊！

我觉得，我在加拿大的演出是我对外出访演出的一个高峰，说明我们的京剧艺术在北美发达国家也受到热烈欢迎。这次出访回来以后，周总理在中南海怀仁堂隆重举办宴会宴请中国艺术团，我吃了一半就去化妆了。宴会之后，毛主席等中央领导观看了我们的《白蛇传》，还称赞我们为祖国争得了荣誉。现在回想起来，仿佛就在昨日。

密授机要　夜谋国事

1963 年的冬天，我们准备排《红色娘子军》的时候，我在家里突然

接到一个电话："你是近芳吗？"我问："您是谁呀？"他说："我是韩叙。我通知你，你在家等着，别吃饭。晚上有宴会，待会儿有车来接你。车牌号，你记一下；司机叫什么，你也记一下。"我说："韩外交官，有什么大事啊？"他说："你去了就知道了。"挂了电话，我就在家里等着。虽然不知道是什么事，但既然是韩叙找我，那肯定是跟外交和对外文化交流有关的事。韩叙是周总理的得力助手，一直在外交部工作，后来做过外交部副部长、驻美大使等。我很早就跟他熟识了。

不久，车就到了。我和司机对了对，就上了车。我记得那天，我穿了一件湖色的丝棉袄。到了中南海之后，我一看，与会的人并不是我熟悉的。听他们介绍，有周总理办公室的秘书，还有邓小平办公室的秘书。这些人当中，我最熟悉的就是韩叙。韩叙很热情地让我坐下，与他们一道用餐，先吃饭，再谈事。一边吃饭，一边闲聊着，他们突然问我："杜近芳，你有什么后顾之忧没有？"这句话让我意识到，看来有什么重要、艰巨的任务，可能要"玩命"。我说："我个人没有后顾之忧。唯一的就是我的孩子才两岁多一点。我丈夫是医生，工作比较忙，每天都要做手术，又是书呆子，要是我出了问题，请领导照顾我的家庭。特别是孩子，帮助抚养到 18 岁，帮着我丈夫一点儿。就这个问题，别的问题不存在。"他们赶忙说："没这么严重。"之后，大家就吃饭，都不说话。我着急，怕耽误时间，这顿饭基本上没吃饱。我说："吃完饭，咱们还要开会吧？您叫我来，不是为了请我吃饭。能不能给我一杯浓茶，今天有重要的事情。"韩叙说："杜近芳，你太敏感了。"他向我介绍了中法即将建交的情况，我一听非常兴奋。他说，中法建交的条件已经很成熟了，但苏联可能要进行破坏。中法建交，牵扯到外交的大局，对西欧、美洲乃至全世界都有影响，意义重大。我越听越激动，我说："您就说吧，我应当怎么做？"他说："你要当领导。"我连忙摆手说："不行，我当领导不成，得有别人领导我才行。"他们说："这次出访代表团的领导呢，一个是劳辛，有事主要向他请示。上海方面是金仲华。你是团干部，又是全国青联的副主席，你代表共青团。所以，你们三个人是一个领导小组。你是搞统战工作的，必须得团结人。这次出去，你们在艺术上一定不能输。"我说："好的，我明白了。"韩叙接着说："你有出访演出的经验，也去过西欧、美洲。我们就是想听听你的意见。"我说："我因为好久没出国了，现在是什么情况不太了解，但根据以往的经验，苏联在艺术方面有两样武器，一是他们的芭蕾舞，另一个是格鲁吉亚的民间舞。他们的《天鹅湖》和《巴黎圣母院》，我都看过，不比我们的弱，艺术非常精彩，技术非常尖端，在某种程度上还要超过我们。”我给他们举了《巴黎圣母院》的例子，最后的上绞绳、接羊接人的技巧，比我们的大武戏《雁荡山》有过之而无不及。我建议他们注意，苏联是否会在同一时间派团去和我们“打擂”。最后，我建议：“我们可以带本国学习西洋艺术最好的艺术家，展示我们海纳百川的气度，但这些年出国交流的经验告诉我，本民族的优秀传统艺术在国外有巨大影响力。这次出国，我认为要多带能代表我们中华民族的文化艺术，比如京剧、民族舞蹈、民乐演奏等等。这些就是我的建议。”他们认为我的建议很有价值，要好好研究。韩叙还告诉我，这次不但要去法国，还要去联邦德国、比利时、荷兰、意大利等国。我们还谈了美国肯尼迪政府在国际文化战线发动争夺战的问题，以及如何从全国搞民族艺术工作的艺术单位中“抽尖”的问题等。因为这次是与上海合作，所以，我还提了些问题，比如，我该跟谁联系，如何知道西欧的局势、苏联的动向等等。我说：“任重道远。感谢领导对我的信任与培养，我会把我的工作尽我的水平做到最好。”

就这么说着聊着，从吃完饭一直谈到天亮。我边谈，边在我的笔记本上做记录。他们叮嘱我，这是机密，本子不要丢了，要严守保密原则。于是，我想了个办法，把这天谈话的内容画出来。这是我的诀窍、我的密码，只有我能看懂，谁都看不懂。他们看见我画这个就乐。然后，我就把记着字的纸撕下来，擦一根火柴烧了。

秘书们说：“杜近芳谈得很尖锐，我们要好好研究，有些问题要汇报、落实。”

⊙ 1964 年赴欧洲演出京剧《白蛇传》时，杜近芳饰演白素贞。

回到家以后，我睡不着觉，太兴奋了，而且，我喝了一夜的好龙井茶。上班以后，我不怎么说话。同事们问我："你昨儿上哪儿去了？给你打电话也找不着。你今儿怎么不说话啊？"我说我有事，也不多言语。

力排众议　独挑大梁

出国前，我们在东四的一个解放军招待所集中，便于安全保障和集中学习。我们每天坐车去北京电视台，在那儿有一个专门的舞台供我们练功和排戏。

这次出访，艺术团的成员都是业务骨干中的骨干，是从全国 18 个文艺单位中挑选出来的。拿民乐独奏来说，全国拉民二胡最好的是南京的张悦，大家管他叫"迷人的张悦"。弹琵琶最好的是刘德海，他是中国音乐学院的，被尊称为"琵琶精"。吹笛子最好的是上海民乐团的陆春龄，人称"笛王"。这 18 个文艺单位中，有一个保定的老调剧团，这是我推荐的。当时，出国要带大武戏，我找熟人了解情况，问他们哪儿的武戏是最强的。他们告诉我，河北省有一个老调剧团，武戏棒极了，跟头翻得好，但张嘴唱不成。我说，不要张嘴的，就要翻个儿的。这样，就把他们给调来了。一看，果然很出色，跟头比我们京剧院的翻得好。我们这个三人领导小组也作了分工。出国期间，我主要负责业务方面的工作，平时注意演出的质量，观察每个人的艺术水准，记录每个人擅长的艺术、技术的特长。有一次演《三岔口》，饰演刘利华的武丑演员生病了，上不了台，大家很着急。我说："我有主意。"由于平时注意观察，我找了老调剧团一个武戏好、身段漂亮的演员，让人把《三岔口》教给他。他顶替生病的京剧演员，圆满完成了《三岔口》的演出任务。这个人后来一直记着我，他说："我感谢杜近芳一辈子，是杜近芳让我唱了京剧的《三岔口》。"这样，我们与保定老调剧团就形成了比较好的合作关系。

在戏曲方面，这次带的是大戏，比如《白蛇传》《雁荡山》《闹天宫》。上海方面提出，《白蛇传》分着演，一人演一段。北京这边熟悉外事工作的有些同志不同意，他们谈到，外国的戏剧习惯是：主要角色由主要演员一人贯通、饰演到底。我也表达了我的观点：根据我几次出国的经验，西方人认为艺术的完整性非常重要。如果一个角色中途换了人，他们会认为

⊙ 1964 年赴欧洲演出京剧《白蛇传》时，杜近芳（左）饰演白素贞，齐淑芳饰演小青。

这些人都不是真正的艺术家。但是，上海方面的同志有他们的看法，这成了当时一个悬而未决的问题。

最后，这件事的解决，竟是邓小平同志一锤定音，说来挺有戏剧性的。我们本来在中南海怀仁堂审查节目，那天因为有任务，就改在了中央人民广播电台的一个舞台。时间还早，我就自己开始练功了。当时，我担心出国演出的折子戏少，就把梅先生教我的《廉锦枫》中的“刺蚌”也恢复练习起来。这折戏有 20 分钟左右，载歌载舞。当时，梅先生教我的时候，还特地请李少春先生给我辅导身段。特别是梅先生知道我有腿功，就给我加了一个动作，让李少春先生在“刺蚌”这儿给我添了一排“探海”转圈的技巧。这是有根据的，因为在水中，蚌一旋转，带动水流旋转，我就得根据水流的方向反着来“探海”转圈。我嘴里哼着锣鼓经，反复练习这段“探海”转圈，练得满头大汗。“好！好！”叫好声连着掌声，把我从练功的情景中“唤醒”。我定睛一看，是邓小平同志一边叫好、鼓掌，一边朝着我笑眯眯地点头。原来，邓小平同志在对外文化联络委员会主任张奚若同志陪同下，已经来到审查现场，而且站在一旁，看我练了好一会儿功，并让别人不要叫我。我这人只要上了台毯，一练起功来，就跟疯了似的，心无旁骛；又因为老没练这段表演了，脑子全在戏里，完全不知道周围是什么情况，更注意不到邓小平同志一直注视着我。所以，我就像被“唤醒”了似的，赶紧停下练功，快步走到邓小平同志身边，赶忙上前问

⊙ 1964 年赴欧洲演出京剧《秋江》时，杜近芳饰演陈妙常，孙正阳饰演艄翁。

候，邓小平同志笑眯眯地看着我，问我练的是什么戏。我说，这是梅先生年轻时候的一个戏，又把戏的大概内容向他汇报了。邓小平同志边点头边表示，这戏很美，下次出国可以带。我连忙点头称是。这时，大家都围拢上来了。邓小平同志对大家伙儿说了一番话，大意是：这次去法国，是为了庆祝中法建交，任务很光荣。我们的节目要精彩，既有短小精悍的节目，又有大戏。杜近芳的重点任务就是大戏《白蛇传》，一定要演好。我赶忙表示，保证完成任务。所以，由我主演大戏《白蛇传》就这么“一锤定音”了。这次的《白蛇传》，我也称之为“国际版”，因为根据出国演出的需要进行了修改。饰演小青的是上海京剧院的齐淑芳，饰演许仙的是童祥苓。这两位都是好演员，我们合作得很愉快。齐淑芳是刀马旦，她练功的东西出国时都带着。她练功的靠是她嫂子张美娟拿麻包做的，用针线缝了一个布领，像朵花似的。这“麻包靠”又沉又扎，我提溜都提溜不起来。她平常练功常穿这个，所以，再穿舞台上用的女靠时，就跟穿衬衫似的。她还有下高的功夫，《三战张月娥》中扎着靠从两张桌子上翻下来，扔起刀，再落地滚背接刀。

童祥苓也很不错的。我记得在法国，有一次演大武戏《雁荡山》时，武戏演员出现病号，没有能下高的演员了。童祥苓主动说：“我行，我行，给我勒上吧。”他就把许仙的“脸儿”（妆）抹了，扮成水兵，参加《雁荡山》的演出，从两张桌子上翻下来。他既是许仙，又是水兵。所以说，这次出去的都是尖子。《闹天宫》这出戏，由我们中国京剧院的王鸣仲主演。历次出访演这出戏时，李少春先生都很提携、照顾王鸣仲，尽量让他演。王鸣

仲的这出戏会两个路子。除了李少春先生的路子，另一个是李万春先生的。他是从李万春办的鸣春社科班毕业出来的。他到中国京剧院工作后，又向李少春先生学习了这出戏，后来演出主要以李少春的路子为主。张美娟新排的武戏《火凤凰》也非常棒，十杆枪的出手就是她发明的。与她配戏的都是她的同学，所以，合作默契、整齐好看。张美娟还带了一出《挡马》。她是武旦，嗓子有负担，有时候念词儿都嘀咕。我就向她建议：“美娟大姐，你这嗓子别这么用。你那么用试试看，是不是舒服点儿?”她一试，有音了，特别高兴：“嘿，我怎么会有嗓子了呢？你真是歌唱家啊!”还有一折《拾玉镯》。我因为任务繁重，就把这出戏教给了杨春霞，希望她尽快拿下，我们好轮流演出，我可以把更多的精力放在《白蛇传》这出戏上。

《白蛇传》震动法兰西

我们的首站是联邦德国，在那里演出了“国际版”的《白蛇传》。那时候没有字幕，国外的剧场也没有这个习惯，更没有翻译成外文的字幕，只有翻译了几页纸的节目单。可是，德国的观众完全能够欣赏，这个戏很受欢迎，剧场里非常拥挤，演出的效果很轰动。

我们的感觉是，德国人比较严肃，一板一眼的。有一次，我一个人去餐厅吃饭。一位女服务员，个儿挺高的，夹着菜单，走着军姿似的过来，立正，把菜单递给我。我用铅笔画上了几个菜，再把菜单还给她。然后，她就向后转，又走着军姿回去。因为德国人这种严格的纪律给我们留下的印象太深，所以，在我们想来，他们看戏一定不会鼓掌。但是，看我们的演出时，他们鼓掌又高呼，像军队喊号，很整齐，但又非常兴奋、激动。他们看我们表现小刀会题材的民族舞蹈时，有些微词，意思是说，你看，中国舞蹈里面，女的也老打仗。我们慢慢感觉出来，到了国外，有些戏不能演。我们原来以为，外国观众不喜欢文戏，看不懂。其实，并非我们所想，他们完全可以接受文戏。而且，他们要看的，就是最能体现我们文化价值观和艺术思想的艺术。所以，《白蛇传》反而特别受欢迎，跟我想象的不一样。外国观众觉得，这才是真正的中国戏剧。

出国是一个关乎国家形象和国民文明素质、文化品位的问题。那时

PARIS RETROUVE SES VIEILLES AMOURS

...L'Opéra de Pékin vient de s'installer sur la scène de l'Alhambra avec ses danseurs, ses musiciens, ses acrobates, ses costumes lumineux et raffinés, à l'exemple de celui de cette jolie danseuse dont le maquillage n'a d'égal que la finesse de la porcelaine.

Une somptueuse fête des yeux et du cœur, cette reprise de « Cyrano de Bergerac » à la Comédie-Française. C'est ce qu'affirme le général de Boissoudy en félicitant Jean Piat, Geneviève Casile, Jacques Toja et le décorateur Jacques Dupont, héros du gala des Médailles de la Résistance. Oui, la France aura toujours pour Roxane les yeux de Cyrano...

⊙ 1964 年，中国艺术团赴欧洲演出时，法国媒体大篇幅报道访演盛况。

候，国内对于欧洲的时尚啊、服饰装扮啊不熟悉。都是国家统一制作出国服装，用于出访人员出国穿戴，回国后要上交。这次出国，给大家用黄狼皮制成大衣来代替貂皮大衣。我呢，因为有了前几次出国的经验，知道去西欧的发达资本主义国家，作为一个国家级艺术代表团的首席演员，如果这么穿，外国人不光瞧不起你这个演员、这个演出团，更重要的是瞧不起你所在的国家；所以，我个人的旗袍、礼服等衣服都是自个儿花钱做，而且是挑选上好的料子和款式。我去北京专门卖皮货的建华商店挑了高级灰鼠皮做大衣，并且还让裁缝在灰鼠皮里加一层薄丝棉。那时候，这件大衣的要价是 600 块钱，相当于 6 两黄金。我想买下来，但管外事的同志说："不行，按规定是国家来买，你可以穿，回来再交公。"我穿的这套灰背大衣，到了法国都很时髦。果然，法国人非常挑剔，确实注意我们的穿着，反馈来的信息是：你们的演员中，杜女士穿着讲究、得体。周总理说的"外交无小事"，我是一直铭记在心的。

我们在联邦德国演出的时候，从法国反馈来的信息是，苏联艺术团的演出不是很成功。原因是，苏联人带去的节目自以为迎合了西方观众，实际上丢掉了自己的民族特色，所以不成功。这样，我们就更有信心了，因为外部条件对我们有利。我们就按行程安排，准时抵达了巴黎。到了巴黎以后，从下飞机开始，就有法国观众欢迎我们。我们想，肯定是一些在 1955 年看过我们演出或是了解我们的法国朋友。他们非常热情。我们

可以说是马不停蹄，第二天就要演出一台综合晚会。艺术团领导作动员，大家高度重视，憋着股劲儿一定要打响第一炮。我们也被法国观众的热情所感染，听说票卖得特别快，一票难求。由于观众太多，卖站票时，专门有人打着一面塑料片做的旗子，上面用法文写着：“看中国戏，站票队。”剧院门口的街上都是人，比我们第一次去巴黎时还要热烈。我们走进后台才发现，哪儿哪儿都有保安，挤不动，走不动。街上也走不了。演出前，戴高乐总统让他的表侄女玛丽·泰蕾兹·戴高碧（后来做过法国驻中国大使馆参赞）接待我们。我们参加了各种招待活动，非常高兴。特别是1955年来过法国的同事们，都有一种喜悦、亲切感，但同时，大家又都觉得累得慌。法方对我们的安全非常重视。“1963年底至1964年初中国艺术团87人赴法国、意大利、瑞士、荷兰、比利时、西德等欧洲六国访演达半年之久。中国艺术团在巴黎演出

ARGUS de la PRESSE
Tél. PRO. 16-14
37, Rue Bergère, PARIS (9e)

17 FÉVRIER 1964

ARTS SPECTACLES LETTRES

75 ACTEURS, DES CENTAINES DE COSTUMES

Paris va découvrir le monde enchanté de l'Opéra de Pékin

Aux sources d'une histoire millénaire

Une étonnante lanterne magique

⊙ 1964年，中国艺术团赴欧洲演出时，法国媒体大篇幅报道访演盛况。

ARGUS de la PRESSE
Tél. PRO. 16-14
PARIS (9e)

« J'admire Napoléon. Khrouchtchev est un tigre en papier ! » A DIT MAO TSÉ TOUNG

LE PAYS DE LA DÉMOCRATIE POPULAIRE A SA PETITE REINE : LA BICYCLETTE

⊙ 1964年，中国艺术团赴欧洲演出时，法国媒体大篇幅报道访演盛况。

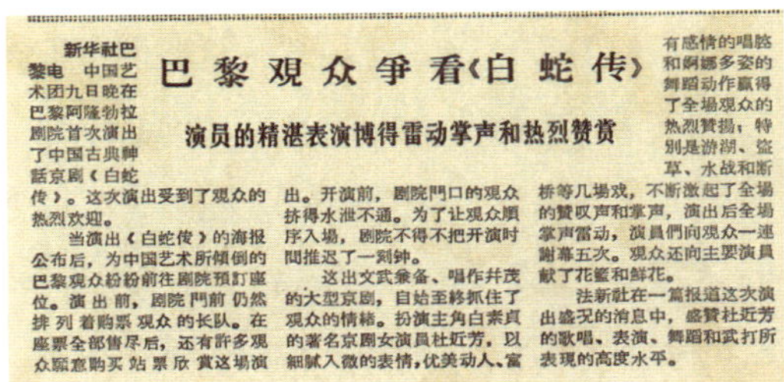

巴黎观众争看《白蛇传》

演员的精湛表演博得雷动掌声和热烈赞赏

新华社巴黎电 中国艺术团九日晚在巴黎阿隆勃拉剧院首次演出了中国古典神話京剧《白蛇传》。这次演出受到了观众的热烈欢迎。

当演出《白蛇传》的海报公布后，为中国艺术所倾倒的巴黎观众纷纷前往剧院预订座位。演出前，剧院門前仍然排列着购票观众的长队。在座票全部售尽后，还有許多观众愿意购买站票欣赏这場演出。开演前，剧院門口的观众挤得水泄不通。为了让观众顺序入場，剧院不得不把开演时間推迟了一刻钟。

这出文武兼备、唱作并茂的大型京剧，自始至終抓住了观众的情緒。扮演主角白素貞的著名京剧女演員杜近芳，以細腻入微的表情，优美动人、富有感情的唱腔和婀娜多姿的舞蹈动作赢得了全場观众的热烈赞揚；特别是游湖、盗草、水战和斷桥等几場戏，不断激起了全場的赞叹声和掌声，演出后全場掌声雷动，演員們向观众一連謝幕五次。观众还向主要演員献了花籃和鲜花。

法新社在一篇报道这次演出盛况的消息中，盛赞杜近芳的歌唱、表演、舞蹈和武打所表现的高度水平。

⊙ 1964年3月15日，《人民日报》刊载《巴黎观众争看〈白蛇传〉——演员的精湛表演博得雷动掌声和热烈赞赏》。

的海报刚刚贴出没有两天，从（1964年）2月20日到2月底以前的门票，很快就销售一空。随着演出场次的增加，观众购票的热情也一天比一天高。许多买不到坐票的观众，干脆买站票。艺术团在巴黎首场演出的京剧剧目有杜近芳和孙正阳的《秋江》，张美娟的《火凤凰》，王鸣仲和蓝煜民等的《雁荡山》以及《三战张月娥》《拾玉镯》等。其他音乐舞蹈节目有《红绸舞》《盅碗舞》《弓舞》、琵琶独奏、笛子独奏等。演出结束后，全场观众起立，热烈鼓掌欢呼，中国艺术家们一再谢幕，每一次谢幕观众就发出一次春雷般的掌声。当盛满鲜花的大花篮被抬到舞台上时，观众情绪达到了高潮。”①

第一场综合节目演完之后，我饿了一夜。为什么呢？首场演出结束以后，戴高碧以盛大的宴会宴请中国艺术团成员。法国政界、文化界等上流社会许多知名人士出席，祝贺首场演出圆满成功。宴会上的主餐是活的海蚌，这是法方的最高礼节。每个人面前一大盘子冰，冰上是一个大“黑虫子”，海蚌边上是切成片的柠檬，再配上几块面包和红葡萄酒。这就是全部餐食了。我看法国贵宾们的吃法，是把柠檬汁挤在活的“黑虫子”上。过一会儿，“黑虫子”就变硬了，慢慢有点儿发黄，法国贵宾们非常兴奋地用叉子取食。我吃不了这蚌。另外，我演出完是热嗓子，蚌下面全是冰，会刺激嗓子，影响第二天的演出。所以，我就只能喝葡萄酒、吃面包，但面包不够。晚上回去后，我饿得不得了，不得不向领导申请，出去买点儿吃的。可晚上店面都打烊了，更没有我们中国的吃食，只买到一罐花生米，领导让我凑合一下。我逢到有重要演出时，非常谨慎，花生也不能吃，怕扁桃腺会发炎。我就只能饿着肚子，吃片安眠药赶紧睡觉，等着第二天早上吃早点。

第二场演出的“国际版”《白蛇传》，可以说是空前的成功。从这次演出之后，《白蛇传》在法国的受欢迎程度就一直居高不下，有时连演两天两场，非常受欢迎。我们在巴黎演了一个多月。1964年“3月9日、10日两天，大型京剧《白蛇传》上演，杜近芳扮演的白素贞，受到了观众高度的赞赏，巴黎《世界报》认为，这出京剧‘令人赞叹不已’，是‘诗情洋溢的美妙诗剧’。‘这种诗意体现在身段、表情和唱功上；我们知道，他

① 周丽娟：《对外文化交流与新中国外交》，文化艺术出版社2010年版，第75—76页。

⊙ 1964 年，中国艺术团赴法国庆祝中法建交，杜近芳（左三）与金仲华（左一）、张美娟（左二）、王鸣仲（左五）等人受到热烈欢迎。

们一定花了十年、二十年才练成这样完美的功夫。’评论强调说，‘无疑，京剧是完美无比的独特艺术’。《人道报》上的文章说：‘无论是手姿化妆还是华丽的刺绣衣服方面，京剧都是含有其特殊意义，虽然部分内容我们不大理解，但基本上还是可以懂得的，那是因为中国艺术家的面部表情和做功是那么富有感情和微妙到极点。’《巴黎新闻》称赞京剧是‘融汇了歌唱、对话、舞蹈、武术、服装、舞台装置在内的一种完整的戏剧，再配合上动人心弦的音乐，时而静中生趣，时而激情冲荡，达到了登峰造极的境地’。《法兰西晚报》在盛赞中国艺术团的演出后说：‘这就是我们通过约一百位杰出的中国艺术家而看到和感受到的六亿中国人及其有五千年历史的艺术、文化和文明。他们是无与伦比的。’巴黎的观众对中国艺术团的演出叹为观止，他们异口同声地称颂：‘中国的艺术又一次征服了巴黎’”。①

《白蛇传》作为一出完整的大戏，确实受到欢迎。它有用布制成的简化布景，这是周总理针对这次出国特别提出的，虽然简易，但是很好看，效果不错。我饰演的白素贞的服装比较特殊，是全白的。因为这次出国时间较长，怕衣服受到污染、损伤，同时也是为了保证演出质量，我们一共准备了五整套白素贞所需的服装、道具等。前期运送舞美道具的时候，先运走两套；我们大部队出发时，再押着三套。其实，还有一套在中国京剧

① 周丽娟：《对外文化交流与新中国外交》，文化艺术出版社 2010 年版，第 76 页。

⊙ 1964 年，中国艺术团赴法国庆祝中法建交，杜近芳（右）、张美娟（左）等人在车站受到热烈欢迎。

院呢。

可以说，这次在法国巴黎的演出是我所有出访中最累的一次演出。由于演出太受欢迎，要看演出的法国观众太踊跃，法方向中国艺术团正式提出加演日场。加演日场确实满足了法国观众高涨的观戏热情，但对于我们来说，体力和心力消耗更大。我常常是晚场《白蛇传》连演，白天还要参加日场演出。虽然还有《虹桥赠珠》《火凤凰》等其他折子戏，但《秋江》基本还是要上，否则，综合晚会的时间不够。一般来说，日场是从下午 2 点演到 4 点，赶紧卸了妆，然后回宾馆，烧一杯茶，喝了就睡觉，因为实在太累了，起床后还是迷迷糊糊的。要是在国内，我可以随便套件衣服就上剧场了，但在国外还得随时注意形象，迷瞪着打扮穿戴后，就赶紧坐车上剧场。

晚上，我们一般是 8 点钟开演。若有重要嘉宾出席，就是 9 点开演。比如，有时部长们来，安保就会加强，9 点钟开演，艺术团团长陪着嘉宾在包厢里会谈、交流。演出开始的时间迟，结束的时间也迟。为什么呢？因为嘉宾往往还要上台接见演员，而且一般还要发表感言，看了我们演出的嘉宾们没有不被感染、感动的。有时候，演出完了还有宴请，这样，回到宾馆的时间又晚了。我为什么觉得自己一直就在忙乱中呢？因为当时苏联的演出团也在巴黎演出，跟我们“打擂”。我不仅要想着演出，还得跟苏方比着召开记者招待会，作舆论宣传。比如，应该在下午 6 点钟到剧场，我们就在 4 点钟开记者招待会。这样记者会从 4 点开到 5 点，5 点以后还可以休整休整。结果，苏方在 3 点钟开记者会，把记者“抢了”。艺

术团领导就决定，干脆不吃饭了，我们在 2 点钟开记者会。所以我觉得，在巴黎这一个多月，累极了，黑、白天演出。我都不知道这一个多月，我到底演了多少场。

在巴黎演了一个多月后，法方安排我们在法国 6 市巡演。可能是法方也感觉到，我们在巴黎的演出太紧太累了，于是，让我们在一个城市演一段时间就休息一个礼拜。我们觉得休息的时间太长，提出休息 3 天就行。法方安排我们白天旅游，晚上入住最高级的海边宾馆，住一天就得花很多钱。我和张美娟住一个房间。按说，海边景色很好，可我们听不惯海浪的声音，我们女同志还感觉害怕。我跟张美娟说笑："我们真是不会享福。"休息的 3 天里，我有时候会在翻译的陪同下去卢浮宫看画。我不用解说，就问画是哪个年代、哪个世纪的，按着时间顺序来看。那些画真是珍品啊，我特别爱看，看得我都不想吃饭，就这么点儿宝贵时间。

在我历次出国中，这趟在法国巴黎的演出是最累的，而法国 6 市的巡演又是最得到休息的，让我一辈子都难以忘怀！

王太后彻夜接见 《白蛇传》演至天明

我们在法国演出的时间比较长，比利时方面有些着急，催促我们，所以，在法国的演出结束后，我们就赶往比利时。比利时是君主立宪国家，他们的王室成员，特别是当时的伊丽莎白王太后对中国很友好，她曾来华访问过。

我们在比利时的首场演出是综合晚会，不出所料，受到了热烈欢迎。第二场是《白蛇传》，比利时方面通知我们，王太后可能要出席。团长通知我，到时候和他一块儿见王太后。我一想，若是不化妆，等王太后接见完再化就来不及了；要是化一半，那形象不好看。干脆，我提前到剧场化好妆等着。当晚，我化好妆后，团长领着我去剧场的大会议厅等候王太后。突然，就听见"哗"的一声，人们的惊呼声、鼓掌声四起，我们还不知道是怎么回事。原来是王太后到了，她是坐着轮椅的。所有的灯全打开了，所有人起立鼓掌，行注目礼。她微笑着跟大家招手，示意大家坐下。比利时方面的文化官员引领着团长和我走到她跟前，介绍我们。伊丽莎白

⊙ 1964年赴欧洲访演，在比利时演出京剧《白蛇传》时，杜近芳（中）饰演白素贞，童祥苓（左）饰演许仙，齐淑芳饰演小青。

⊙ 1964年赴欧洲访演，在比利时演出京剧《白蛇传》时，杜近芳（左三）等人多次受到比利时伊丽莎白王太后的亲切接见。

王太后非常亲切地拉着我的手说："欢迎你们。请你们原谅我，我得坐轮椅。"团长和我都说着"感谢您来观看我们的演出，感谢您对我们的关心"之类的话。王太后拉着我的手，上下打量着说："你太漂亮了。"我非常客气地回答她："谢谢您，祝您身体健康。"她说："太美丽了，你们的艺术太美丽了。"我们赶忙说："我们去准备演出了，请您观赏并给我们的演出提出宝贵意见。"

这次《白蛇传》的演出也是我平生没有过的，是演出时间最长、接见次数最多的一次，令我终身难忘。《白蛇传》头一场“游湖”之后，我们正在赶换第二场“结亲”的服装和布景，突然，团长通知我们：不行，伊丽莎白王太后要接见主要演员。你想，第一场和第二场是连着的，刚演了个开头，这时候接见演员，我平生第一次遇到。我赶紧加快速度，换好装，下楼，上楼，从后台赶到前厅包厢。一见面，王太后就说：“太好看了，太美了。”刚看完第一场“游湖”，她就称赞：“这是世界上最好看的”，还给了很多很高的赞誉之辞。我说：“谢谢您的赞美。您继续往下看，后面更精彩。”我委婉地表示要去赶装了，王太后这才放我们走。我一进后台，马上开锣，演第二场“结亲”。大家一看，本来开戏就晚，9 点钟才开戏，再照这样下去，后面十几场，演一场接见一场，得演到什么时候啊？准得演到天亮。后台的演出监督叮嘱大家要连着演，舞美队尽量快速换布景，使戏紧凑不断，减少王太后接见的可能。

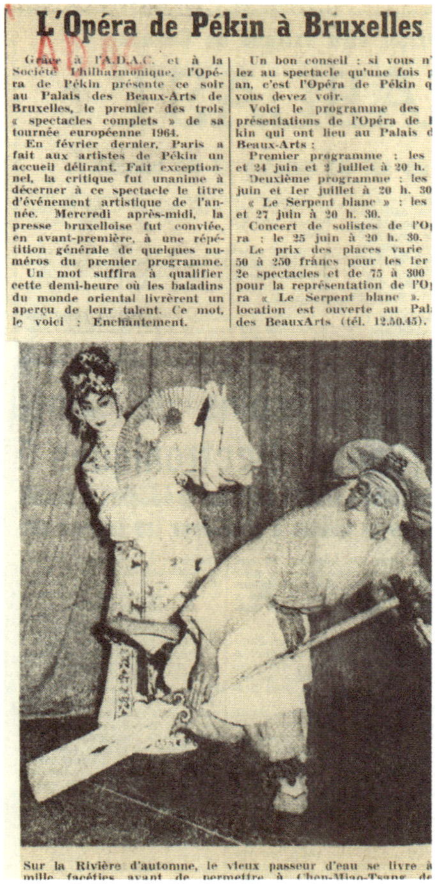

L'Opéra de Pékin à Bruxelles

Grâce à l'A.D.A.C. et à la Société Philharmonique, l'Opéra de Pékin présente ce soir au Palais des Beaux-Arts de Bruxelles, le premier des trois « spectacles complets » de sa tournée européenne 1964.

En février dernier, Paris a fait aux artistes de Pékin un accueil délirant. Fait exceptionnel, la critique fut unanime à décerner à ce spectacle le titre d'événement artistique de l'année. Mercredi après-midi, la presse bruxelloise fut conviée, en avant-première, à une répétition générale de quelques numéros du premier programme.

Un mot suffira à qualifier cette demi-heure où les baladins du monde oriental livrèrent un aperçu de leur talent. Ce mot, le voici : Enchantement.

Un bon conseil : si vous n'[...]lez au spectacle qu'une fois [...] an, c'est l'Opéra de Pékin q[...] vous devez voir.

Voici le programme des présentations de l'Opéra de [...]kin qui ont lieu au Palais d[...] Beaux-Arts :

Premier programme : les [...] et 24 juin et 2 juillet à 20 h.

Deuxième programme : les [...] juin et 1er juillet à 20 h. 30

« Le Serpent blanc » : les [...] et 27 juin à 20 h. 30.

Concert de solistes de l'O[...]ra : le 25 juin à 20 h. 30.

Le prix des places varie [...] 50 à 250 francs pour les 1er [...] 2e spectacles et de 75 à 300 [...] pour la représentation de l'O[...]ra « Le Serpent blanc ». [...] location est ouverte au Pal[...] des BeauxArts (tél. 12.50.45).

Sur la Rivière d'automne, le vieux passeur d'eau se livre à mille facéties avant de permettre à Chen-Miao-Tsang de

⊙ 1964 年，中国艺术团赴欧洲演出时，比利时媒体大篇幅报道访演盛况。

紧接着的几场，我们舞美队挺棒的，连幕带景一块儿往上推，节省了换场时间。但不管怎么抢，到了“盗仙草”之后，无论如何得休息了，这也是我们原定的休息时间。刚一休息，马上通知我们：接见。我们又匆匆忙忙地赶过去。王太后高兴极了，说：“太好了，太神奇了，这是世界上最好的艺术。”她发表了很多感想，主要的意思就是赞美，还提了些问题。总之，她的感言和双方对话需要两倍的时间，因为要翻译，所以，又是好长一段时间。我们心里很着急，一方面，后面还有戏，我们要赶装准备；另一方面，王太后年岁大，而且身体不好，这么兴奋，身体会不会出问题？我

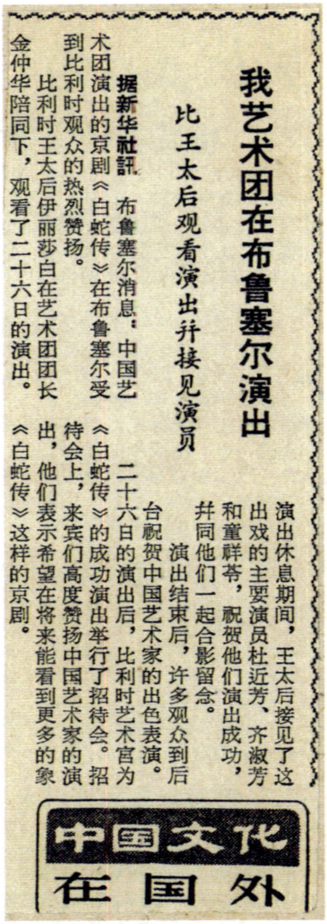

我艺术团在布鲁塞尔演出

比王太后观看演出并接见演员

据新华社讯 布鲁塞尔消息：中国艺术团演出的京剧《白蛇传》在布鲁塞尔受到比利时观众的热烈赞扬。

比利时王太后伊丽莎白在艺术团团长金仲华陪同下，观看了二十六日的演出。

演出休息期间，王太后接见了这出戏的主要演员杜近芳、齐淑芳和童祥苓，祝贺他们演出成功，并同他们一起合影留念。

演出结束后，许多观众到后台祝贺中国艺术家的出色表演。

二十六日的演出后，比利时艺术宫为《白蛇传》的成功演出举行了招待会。招待会上，来宾们高度赞扬中国艺术家的演出，他们表示希望在将来能看到更多的象《白蛇传》这样的京剧。

中国文化在国外

⊙ 1964年7月5日，《人民日报》刊载《我艺术团在布鲁塞尔演出——比王太后观看演出并接见演员》。

们抓住机会，问她要不要休息一下，她直摇头说不用，她太兴奋了。好不容易，接见完了，我们赶紧接着演“水斗”一场。“盗仙草”和“水斗”是武戏，演员是很累的，确实需要缓一缓。这一接见，就甭休息了。“水斗”演完后，我们本来是不休息的，接下来就是“逃山”一场了。结果，“水斗”一结束，还得再接见。好嘛，那剧场从后台到前台包厢的路，我是熟得不行了，可以不用别人带了，这来回已经七八趟了。王太后是一次比一次兴奋。我们觉得，她要不是坐着轮椅、身体不好，肯定会手舞足蹈地跳起来。她对我们说：“哎呀，你们多少年才能训练出这么一个演员呀?”她之前看过苏联著名芭蕾舞艺术家乌兰诺娃的演出，就直言不讳地说：“你们的演员可是比苏联的乌兰诺娃还厉害呀!”她表示：“乌兰诺娃确实跳得好，但她只跳不唱啊。你们是又跳又唱，还那么好。”王太后这么说，我们都不敢接腔，只能不断地说：“您太鼓励我们了。我们还要再完善我们的艺术，下一次来，再奉献给您。”

我们又赶紧演“断桥”一场。“断桥”是全出戏的重点场次，非常精彩，所以，我们有预感，恐怕演完了，王太后还得接见。果然，“断桥”刚演完，接见。“断桥”演完，就剩最后一场“合钵”了。等“合钵”演完，我们不停地谢幕。全剧结束，拉上大幕后，还是两个字——接见。那时候，已经是凌晨两点多了。王太后表示，她本应当上台去祝贺，但因为身体和时间的原因，就不上台了。当晚看戏的时间，已经超出了她平常的三倍。我们赶忙表示：“感谢您对我们这样的厚爱，希望您尽早休息或请医生给您作必要的检查。您今天太累了，换一天时间，再聆听您对我们演出的宝贵意见。”王太后那天真是兴奋到极点了，又说了很多话，好不容易才离去。临走时，她还高兴地对我们说，过几天要宴请我们。比利时方面的官员也说，伊丽莎白王太后从来没有看这么长时间的演出，并接见演员这么多次，还给了这么多赞美之辞，而且兴奋至极，还意犹未尽。那天，我们都是够累的，我也是累得不行。等卸了妆，收拾完，回到宾馆，天已经亮了。

过了几天，果然有人来邀请，伊丽莎白王太后要宴请我们。艺术团的领导都去了。演员们由于演出很密集，比较劳累，都没去。团领导回来后，向我们传达说，伊丽莎白王太后邀请了比利时政商界、文化界的许多贵宾，高度评价我们的演出，询问在场贵宾看了中国艺术团的演出没有，并说没看的都应该看一看。听说，她的这些谈论后来都在《人民日报》刊发了。给我们传达的第二个信息是，王太后要择日专门宴请中国艺术团的艺术家们。过了几天，果然接到邀请，我们艺术团的几位主要演员如期赴宴，从中午 12 点吃到下午 4 点多。一张长条形的餐桌，菜一道道地上，这西餐也是我吃过的少有的“讲究”。整个用餐过程中，王太后反复强调，中国京剧是她看过的最好的艺术。这就是她的核心意思。那天，还照了很多相片。这是这次比利时之旅最令我难忘而自豪的。

比利时的演出结束后，我们又去荷兰、瑞士、意大利演出。一路演来，非常轰动，可以说是火爆得不得了。哪里都演不够，场场爆满，一票难求。总之，就是非常忙碌，总觉得时间不够用。忙到什么程度？在荷兰，我是一边往剧场的化妆间走，一边踢腿。每次演出前，我本来都要跟乐队对一遍的。结果，根本没时间。我就请琵琶大师、我国著名琵琶演奏家刘德海，帮我跟乐队对一遍。他不但有小嗓，而且还挺好。我跟他说：“您帮帮我，去过过戏瘾吧。”他非常高兴。当时，荷兰的大公主、女王储，也就是后来做荷兰女王的贝娅特丽克丝宴请了我们，她对我们很友好、很热情。意大利是最后一站，我们待的时间也非常长，去了罗马、米兰、都灵、威尼斯等好几个大城市。在罗马，我们是在著名的罗马歌剧院演出。剧院天天被围得水泄不通，车都走不动，场场客满。意大利人非常热情，他们对《白蛇传》情有独钟，特别欢迎。有一件事，能反映出当时中苏对抗的紧张和我们的演出得人心。有一天，我听舞美队的同志说，就在我们开演前，观众要进场的时候，苏联人弄来几辆大彩车，停到罗马歌剧院门口，音乐声开得很大，车上的人又跳又唱，这是明显地干扰我们的正常演出。来看演出的许多意大利观众对苏联人非常反感，要求他们离开。苏联人不肯，还

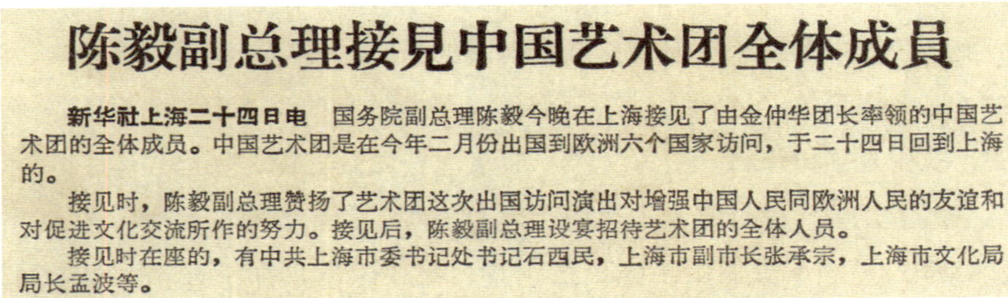

陈毅副总理接见中国艺术团全体成員

新华社上海二十四日电 国务院副总理陈毅今晚在上海接见了由金仲华团长率领的中国艺术团的全体成员。中国艺术团是在今年二月份出国到欧洲六个国家访问，于二十四日回到上海的。

接见时，陈毅副总理赞扬了艺术团这次出国访问演出对增强中国人民同欧洲人民的友谊和对促进文化交流所作的努力。接见后，陈毅副总理设宴招待艺术团的全体人员。

接见时在座的，有中共上海市委书记处书记石西民，上海市副市长张承宗，上海市文化局局长孟波等。

⊙ 1964 年 7 月 25 日，《人民日报》刊载《陈毅副总理接见中国艺术团全体成员》。

把音乐声开得更大。好多意大利男人火了，上去推车，后来又开始砸车。警察也来了，维持秩序，但也是睁只眼闭只眼。最后，竟然有人烧车了！苏联人的彩车特别易燃，最后真的烧起来了。这是我后来听说的。那天晚上，我们还是照常唱戏，照常受欢迎。在米兰，我去了那儿的大教堂，比巴黎圣母院建得还高，非常辉煌、肃穆。我那时候年轻、胆大，上到教堂的最高点。去威尼斯演出，是在著名的凤凰剧场。这个剧场多灾多难，四次着火。我们去演出时，它是在第四次着火后刚刚新建成的。

pechinese

hos - Echos - Echos - Echos

EMISSIONS DE DEMAIN

Maria Callas ha assistito in questi giorni allo spettacolo dell'Opera di Pechino (qui si felicita con la cantante Tu Chin-Fang) al teatro Alhambra di Parigi. Per l'occasione la diva portava il tailleur in broccato rosso con disegni cinesi. La Callas canterà il 22 maggio all'Opéra nella «Norma». A sua volta, sempre in maggio, l'Opera di Pechino sarà a Milano, al teatro Nuovo, per un periodo di dieci giorni.

⊙ 1964 年，中国艺术团赴欧洲演出时，意大利媒体大篇幅报道访演盛况。

这是我平生最后一次这么长时间地出访演出，真是毕生难忘！我感到，我把自己的一生献给钟爱的京剧艺术是值得的，因为世界上这么多国家的人民对它是那样赞扬和热爱。京剧不仅是中国的，更是世界的，是全人类的宝贵遗产！而就在我出国的这段时间里，国内风云变幻，政治气候急转直下。回国后，我迎来了人生的重大拐点，跌入长达十几年的人生低谷。

七、冬去春来

创排《红色娘子军》

1963 年，何金海老师带我去北京三座门小礼堂看电影《红色娘子军》。白天看完了，我非常激动，就说晚上再看，哪儿看都成，站着看都成。我跟何老师说：“咱们要是能排这戏多好！”何老师说：“你别跟别人说，已经内定了！”我赶忙问：“都谁呀？”“你的吴清华，李少春老师的洪常青，袁世海老师的南霸天。”我问：“叶盛兰老师呢？”何老师说：“叶老师说了，他戴着金丝眼镜、拿着象牙烟嘴，可以演南霸天旁边的师爷。一要跟葛存壮学习，二要跟葛老赛一赛，这师爷脑子里头可不简单。”

虽然在 1963 年就看了电影《红色娘子军》，但这出戏的排演却有些波折，“文化大革命”期间排了一段时间，又停了一段时间，中间还插着排了《平原作战》。《红色娘子军》这出戏从 1970 年开始排，最后到 1972 年才拍成电影。

⊙ 现代京剧《红色娘子军》中，杜近芳（左）饰演吴清华，冯志孝（中）饰演洪常青，周宝奎饰演小庞。

说到《红色娘子军》创排的具体情况，可谓多方合力、精英汇聚。当时不叫中国京剧院，而是叫中国京剧团《红色娘子军》剧组，各个领域的权威专家都被调到剧组。比如，阎肃被调来担任这出戏的编剧，郑小瑛被调到剧组搞京剧交响乐、配器并做指挥。这个戏的作曲张建民原先是搞民乐的，也被调入剧组，参与音乐创作，后来就留在了中国京剧院。舞美设计是李文培先生。西洋乐队也是外借的，有的是从军乐团借来的，都是顶尖的人。京剧界这边，设计唱腔，老生方面请了李少春先生，李金泉是他的助手；旦角方面请了张君秋老师。这出戏的导演是孙元意、夏永泉。武打动作有许多是张春华设计的，我的吴清华的身段就是他和孙元意、夏永泉帮着设计与造型的。

可以说，所有的人都为这出戏倾尽心血、精诚合作。乐队指挥郑小瑛是一个非常简单朴素的人，她的屋子里除了谱子，就是录音设备。我非常喜欢郑小瑛，她的指挥水平非常高，配器也都是一流水平。比如说“向前进”的旋律，就用长号、圆号凸显出部队前进的气势。当时《红色娘子军》用的大乐队是现场指挥，而且乐队全部在台上，靠近下场门。演出暗场的时候，乐队看不见指挥。我还给郑小瑛出了一个主意：在指挥棒上拴一个绿色的小灯泡。

舞美设计李文培先生，在专业上非常聪明，不但做出的效果好，而且节约资金。他买了一大堆纽扣，又买了四把芭蕉扇，然后把这些扣子穿一窟窿眼儿、系一扣，全部搁在芭蕉扇上。芭蕉扇上，线不到二寸长，这灯光一压，只听得“哗哗哗”，两个人一人两把扇子，表现出了下瓢泼大雨的效果，比那铁道具管用，也没花多少钱。

编剧阎肃是个特别逗的人。那时候，每天三班搞创作，天气又特别热。实在热得不行了，阎肃就穿上游泳衣，跑到游泳池里纳凉。他身体挺棒的，精力旺盛。我们一般在中午都睡会儿觉，他不睡觉，就是闷头老干，很少看他休息，不是拿着笔，就是在那儿看书，要不然就是写东西。他是“飞笔”，有时候写东西，灵感来了，晚上都不睡觉。以前在北池子的时候，他与我们有一墙之隔。后来，我们排《红色娘子军》，大家吃、住、行都在一块儿。他在我们心目当中，不是外单位的，就是我们京剧院的人。他平常不大说话，非常谦虚，经常是写好词就分给大家看。大家看完之后，他就到我们创作组来，比如去唱腔创作组、身段创作组等。他把大家组织起来，然后对大伙儿说：“我写了这本子，你们看看，这成不成？”当时，阎肃是创作组的负责人。他非常尊重京剧艺术的特殊规律，愿意倾听大家的意见，参考、吸收大家的好主意，再进一步修改文学剧本。有时候，唱腔组和身段组的同志意见不一，他能把这些个好的意见综合在一起，很好地吸收与调和。他的创作方法非常科学、成功，我从他那儿学到很多。我记得，阎肃在创作《红色娘子军》时，在剧本上经常问

⊙ 现代京剧《红色娘子军》中，杜近芳饰演吴清华。

我一句话："你唱得舒服不舒服？"他还经常问张君秋老师："你设计唱腔困难不困难？"哪儿不合适了，阎肃随时更正、修改。除此之外，阎肃在创作上非常注重体验生活，他常常跟我们说："我是先有的生活，才有的戏。"我们都觉得，阎肃在生活上的体验是很深的。我们排《红色娘子军》的时候，除了参考上海的《红色娘子军》电影，从里面挖掘一些素材和资料，还听阎肃给我们讲。因为他是去海南岛体验过生活的。他经常把采风体验的感受和当地的风土人情讲给我们听，帮助我们创作。《红色娘子军》这个戏的成功，跟阎肃在创作方面科学的领导方法是分不开的。

我饰演吴清华，而给吴清华设计唱腔的是张君秋先生。因为我们老要一块儿讨论声腔，就在楼上楼下住着，因此，我跟张老师的关系特别好，和他及他的夫人谢虹雯的关系是不一般的。有时候，我们两人晚上坐在院子里研究唱腔，饿了，又没什么吃的。不知谁在白天摘的桃，洗了一大堆，张老师说："咱们饿了，吃桃吧。"《红色娘子军》的唱腔，我们就是这样一夜一夜地搞出来的。

当然，对于张老师的唱腔设计，有些我同意，有些我是有自己的思考的。我发现了问题，自己研究了，再告诉张老师。比如，"接过红旗肩上扛"这段，张老师先设计了一版。我觉得可以更好，就找到拉胡琴的万瑞兴。我说，E 调胡琴不够，还得要正宫调的胡琴。张老师问我："你要干什么呀？""张老师您听，还是按您的谱子，但是得这个调门。"我拿一个音笛跟他说。他说："这调门怎么唱？你的调门比我设计的高着四度。"我说："我给您唱一遍。"我一唱，这段的气势就上来了。张老师说："挺好听的，气势也磅礴。"大家都说："这好，这个好。"郑小瑛说："你再给我唱一遍。"她回去拿来录音机，把我唱的录下来，再跟乐队合。

那时，我和张老师一块儿研究，一块儿分析阎肃给我们讲的唱词的内

⊙ 杜近芳（前排右一）等人在海南岛体验生活。

容，把唱词和我们的唱腔对照，内容和形式绝对是统一的。因为平常在一块儿唱，就互相学习，有时还互相开一些玩笑。当时，大家就是心往一处想。比如，洪常青这个角色唱腔的设计者是李少春，李少春身体有欠佳的时候，就是李金泉帮着他进行设计。为了排好这个戏，李少春、李金泉、张君秋、阎肃和我这一组都不回家，都住在解放军艺术学院。说是一天三班，其实根本就不止，有时候是连夜干。这种创作态度与合作精神，能不创作出成功的作品吗？为什么《红色娘子军》那么快就排出来了？就是因为我们生活在一块儿，心想在一块儿，创作的意念在一块儿。大家在一块儿都没有隔阂，这出戏很快就排出来了。

值得一提的是，当时我们对这出戏的创作并不是闭门造车。演现代戏，如果没有生活的体验和积累，是不行的。你不到生活中去感受、体验，你的脑子就是空的。为了体会红色娘子军的战斗生活，我特意上杨村，下到连队去体验军营生活。连队里的小战士都是从农村来的，做饭就做四成熟，我就跟他们吃一样的饭。到了礼拜天，分别是上午 10 点和下午 4 点吃饭。我饿得难受，但只得忍着。那可以去小卖部买吃的吧？大街上的冰棍是 5 分钱一根，部队里的冰棍便宜，2 分钱一根，可是不敢去买。你是改造来了，还是改善来了？那时候，每天像军人一样出操、训练，我吃得多着呢，不像女同志的饭量。你不能想象，我那时候，吃着一大碗顶着鼻子的、白米和小米做成的“二米饭”，边吃边拿一碗水，一边吃一边喝。有时候会改善一下伙食，这周吃一回油条，下周吃一回油饼。我为了排《杜鹃山》，在湖南体验生活时，打过手枪，是领导手把着我的手打的9环。那不是我的功劳，没有人把着我，我连环边都找不着。在杨村时，我打的是步枪，每天一大早打靶，趴了一个多月，连靶子边都打不着，打枪真不那么简单。后来，我老觉得肚子凉凉的，就是长时间在地上趴的，当时也顾不得。我最好时能打一个5环、4环，挺艰苦的。在《红色娘子军》中，吴清华是要拿枪的。如果我没有下过部队，这枪都不会拿，更不要说举枪、瞄准等等动作。咱们一般拿枪，一个是冲天，另一个是冲地，这样即使走火，也不容易出事。我在《红色娘子军》刚开始演的时候，拿枪横着就出来了。懂的人就知道，我是没打过仗的。等到我后来经过部队的体验和训练之后，吴清华再拿枪，朝天、朝地都是标准的姿势。打过枪和没打过枪是不一样的，在演出中能体现出来。当时演出，很多观众都是经历过革命战争年代的，有的就是军人和战斗英雄，人家都会打枪。如果我在台上拿枪的姿势不对，他们就会觉得假。所以，演现代戏，必须体验生活。你没有生活，到台上就露馅儿。

《红色娘子军》排出来以后，进行彩排。彩排的时候，请各样板团来审查，然后进一步修改、提高。

⊙ 1972年，杜近芳（右）拍摄京剧电影《红色娘子军》。

要额外说明的是，我们在排《红色娘子军》时，没能亲自到海南岛体验生活，只是听阎肃给我们说。等到这个戏排出来之后，我们才去了海南岛。亲身体验带给我的感受，是相当深刻的。比如说，在去海南岛之前，我能想到的是：吴清华是一个童养媳，她是在海南岛上生活得很苦的一个女孩子。等去了以后，我就有了更感

性的认识，才知道什么叫睡牛棚、盖草席。我看到70岁的老阿婆喂养一头牛，早晨起来得穿上胶皮衣裳，把那牛粪、牛尿倒在大缸里，这是积肥用的；然后把牛拉出来给它洗澡，在它全身上下地擦。洗完澡之后，那牛乖乖地卧在那儿。老阿婆拿着鞭子，跟牛说一通话，跟哄小孩似的。老阿婆把绳子一掂，说："好了，咱们走吧。"那牛就慢慢地走了。全家人都指着这头牛来犁田，这种乡村的农耕本事很不简单。吴清华是一个穷苦孩子，睡的是牛棚，盖的是草席。实际上，她就是在牛屎、牛尿里睡觉。我一看现场那环境，内心就充实多了，塑造人物的信心也更加饱满。演《红色娘子军》这出戏，如果只是单纯地追求要美、要媚，那绝对演不好。这是一个思想大改造的问题，你没有生活的积累，是唱不好的。我后来唱的时候，内在的情感就深了许多，自己也感到越唱越有意味、越来越满意。

我记得，我们到海南岛演出，并不是在正规的剧场，因为根本容纳不下所有的观众。我们只能在广场上搭起棚子，露天进行演出。一场下来，现场至少也得有3万人看我们的戏。我们这出戏虽不在八个"样板戏"之列，但它已经得到很广泛的传播。《红色娘子军》虽然没被定成现代京戏中的"样板"，大家却普遍认为，这出戏是"不是'样板'的'样板'"。之所以如此，就是因为它的创作人员都太厉害了，都是最一流的、全国最有名的。

1972年，《红色娘子军》在八一电影制片厂拍成电影。八一厂的同志对于部队的事情熟，而我们的《红色娘子军》又恰好是军事题材的电影。我觉得，这个戏是天时、地利、人和都具备。八一厂的军人多，我们常常请教他们关于军人的问题，他们也会给我们提一些很有建设性的意见。给我们摄影的是电影《农奴》的摄影，人非常好。当时用了非常好的技术手段，我就记得个术语叫"伊斯曼"，不是现在的数字电影。电影《红色娘子军》的导演是成荫，很有水平。我记得里面有一场哭戏，成荫跟我说："京剧的动作太程式化了，这里如果没有内心感情，在镜头上拍出来不好看。这地方，你需要真实一点儿，加进一点儿现实的东西。"成荫还说："我觉得，杜近芳你是有这个表演能力的，能够做到京剧的程式化、现实化衔接起来没有痕迹，像你这样的演员是不多得的。"我拍电影《红色娘子军》的时候，已经40多岁了。给我化妆的化妆师非常棒，是给王晓棠化妆的。我忘了他的大名，老管他叫"二堂"。他不但能化妆，还拍过电影。《红色娘子军》的电影版对舞台版的改动很小，基本没怎么改，大家对于拍摄电影都很慎重。

这部电影的合作者们都为了艺术非常的坚韧和拼命。比如，洪常青的扮演者冯志孝，是作为青年培养对象来到一团的。他是唱老生的，拜了马连良先生。他是有基本功的，主要是唱功和做功老生戏。冯志孝在《红色娘子军》这出戏上也是脱了层皮，很拼命地在完成，超越了老生行当。为什么呢？因为给他设计了高难度的动作。你想想，他一个唱老生的，让他打飞脚上桌子，不是从桌上打飞脚往下，而是从下打飞脚跳到桌上，对于一个武生演员来说，也不是那么简单的。冯志孝得了肝炎，就是《红色娘子军》这出戏给累出来的。我记得，当时剧组一块儿出发，都坐大汽车。其他所有人都上了汽车，唯独不见冯志孝。一看，他上不去，腿都迈不动，就坐在汽车的台阶上。他跟司机说：“你关门吧。”然后，他嘴里边就开始吐白沫子了……我们这些人为了艺术都是拼了命，是以这种精神把《红色娘子军》这部电影拍好的。

当然，我觉得这出戏的创演过程中，有些问题处理得不够妥当。比如说，这出戏用了 ABC 三个演员来演吴清华，A 角是我，B 角是杨秋玲，C 角是李维康。当年，我才 40 岁出头，杨秋玲 30 多岁，李维康 20 多岁。我个人感觉，没有必要安排三个人，因为当时虽说这个戏吃功夫，但我正当年，还盯得下来，最多再有一个 B 角，在我生病或是演出场次太多的情况下轮换演。这些都没有问题，都是正常的，但是，没有必要用三个正当年的好角儿。凡是有追求、有上进心的演员都想把角色演好，都有竞争的心理，这不必回避，但这样就会造成人为的矛盾。当时京剧电影《红色娘子军》中搞武戏的，都傍着我们中国京剧团的武旦刘琪，抽调他们来帮助我们剧组排这出戏。像王晶华，也是著名的老旦，在这部电影里只演了一个次要角色。

我认为习近平总书记在文艺工作座谈会上的讲话，给我们指明了方向。特别是“文艺工作者应该牢记，创作是自己的中心任务，作品是自己的立身之本，要静下心来、精益求精搞创作，把最好的精神食粮奉献给人民”，这几句话给我的印象非常深。我感到，自己多少年来，就是全身心地扑在创作作品上，习近平总书记的这几句话说出了我的心声。撇开政治因素不谈，京剧电影《红色娘子军》在艺术上是成功的，应该说是一部优

秀的作品。我家官人重病躺在病床上的时候，突然有一天，广播里又开始放现代京戏，放的就是我在《红色娘子军》里吴清华的唱段。他说，现在听起来还是非常非常的好，能拍成电影留下来不容易，今后很难再拍出这样好的戏了。我的学生丁晓君前两年排演了《红色娘子军》这出戏，她演的时候也是场场爆满，连演过很多场，而且只要不上座，就贴这出戏，准满堂。有时候，也把我这个“老娘子军”请上去，我这“老娘子军”都成老阿婆了。所以，我觉得《红色娘子军》真的是京剧现代戏里的一出精品。

创演杂谈——现代戏（一）

我们在1961年的时候排了《柯山红日》，这个戏是移植歌剧的。歌剧的作者叫陈其通，是总政的。我们演的时候，戏的主角是司令员杨帆和他的妻子、军医黄英。李少春先生饰演杨帆，我饰演黄英，叶盛兰先生饰演奴隶主的管家吉桑，袁世海先生饰演反动的奴隶主柯陆亚德。当时，我们一团演这个戏的时候，那是相当上座的，观众是很欢迎的。后来，李少春先生看中了四团的《满江红》，想让一团尝试演出，四团的同志说了：“那咱们换戏，一团把《柯山红日》给我们，还得把我们教会了。”李少春同志非常谦虚，他很仔细地研究了孙岳的《满江红》，而且根据自己的条件进行加工，最终成为他的代表作。我觉得李少春老师给我们很多启示，你看他是多么有本事、有成就的艺术家，但他又非常虚心，所以，他一定能成功。我常常说，你要想有本事，就必须虚心；你要是不虚心，台上就会“心虚”，演不好的。就是这个道理。

1955年到1964年期间，我出了几次国。等我在1964年回来的时候，现代戏会演已经接近尾声，我只看到了《红嫂》《奇袭白虎团》，还有赵燕侠的《沙家浜》。那个时候，中国京剧团已经排了《红灯记》，由刘长瑜主演。我一回来，组织上就想让我接这个戏。我心里想，这个戏，人家已经演了很长时间了，我不是一下就能接下来的。组织上表示：你不演也行，但你必须帮着搞唱腔。然而，我光在台下帮忙设计唱腔也是不行的。他们怀疑我会不会真心帮忙？会不会藏私？所以，还得让我扮上戏，带着自己的设计上台演出。我设计出来唱腔，再由我在台上唱，看台底下观众

⊙ 现代京剧《柯山红日》中，杜近芳（左二）饰演黄英。

的反应。我心里很清楚，这戏最终不会让我上。

演出《红灯记》的过程，可以说，我是一边学习，一边设计、创作唱腔，一边演出实践，一边解疑，一边修改。

先学：他们在人民剧场排戏，我也得每次都到。他们演的时候，我就在侧幕看，边看边学。在对面看不行，对面看是看不会的。

再设计、创作唱腔：当时，这个戏有很多处的唱腔在观众那里要不下好来，正是需要不断修改、加工、提高的阶段。关于唱腔的问题，李金泉找我帮忙。李金泉在编唱腔上付出了很多的劳动，但是，他设计的唱腔偏老。我们觉得，《红灯记》要是找一个唱李多奎的演李奶奶，是大失败。具体唱腔的修改上，比如，“都有一颗红亮的心”，一开始的旋律像儿童歌，不精神，也叫不下好；再比如，“听罢奶奶说红灯”的二黄唱腔，“家传的红灯”叫不下好来，我从第一句就给改了腔，改完的唱腔非常受观众欢迎，唱完这段，叫好声不停。说到解疑，刘长瑜演唱“心肺炸”炸不开，就来问我，我告诉她：“你哪儿都别使劲，使嗓子就不行。你就下槽牙使劲，就行了。”

铁梅的唱腔提高了，李玉和的唱腔相比而言显得弱了。我听说组织上的指示是：李玉和在监狱这段不够激烈，所有导板都不理想。建议我们最好听听《战太平》，一个是余叔岩的，另一个是谭富英的，找找感觉。

我虽然为《红灯记》设计了唱腔，但当时仍然在总结会和各种会议上接受着批斗。比如，我尽管已30多岁了，但是演出了铁梅的稚气，尤其是从刑场回来以后，演出了在屋子里找人的焦急，想起刑场，想起爹和奶奶，趴在桌子上号啕大哭，声泪俱下，非常抓人。可是，有人非得在开大会的时候故意表扬我，人为地引起了一些矛盾。另外，那时天天要组织开会，组织开会的那些人却不懂戏。有时候，我正在跟别人说着戏呢，他们不知道我在说什么，就批评我思想有问题。还有些人说，我改唱腔是在恶意破坏《红灯记》。

说实话，我其实并不愿意演《红灯记》。我觉得，当时我演《红灯记》不太合适，我的年岁、舞台的阅历以及跟我合作的搭档都不太合适。我当时已经30岁了，演我奶奶的演员比我小10多岁，演我爹爹的演员比我小快10岁了。我一个大嫂子在台上装小孩子，梳一小辫，从形上也不像。我自个儿站在台上，都觉得无地自容。他们都比我年轻，我演得真是难受极了。我曾提出，我不适合演铁梅。我30岁了，需要费很大的劲去刻画这个人物。刘长瑜当时17岁，我觉得她演这个角色是合适的，我有很多地方也跟她学。可是，在当年那个背景下，你不服从上面的决定，就会产生一些矛盾，甚至于受到批判，只能服从命令。后来，李维康来了。我心想太好了，可来了一个救命的，她演铁梅合适。《红灯记》这个戏，我就往下撤了。

⊙ 现代京剧《红灯记》中，杜近芳（左）饰演李铁梅，杜福珍饰演李奶奶。

还有特别有意思的一件事。一开始，袁世海老师拿着自己的一张相片跟剧组说："我应当唱李玉和。你们瞧，我这粗眉毛、大眼睛的，多像工人呀。李少春更像个知识分子。"结果，组织上不同意。后来，袁老师演了鸠山。

我觉得，《红灯记》这戏让不让我唱、是否拿我当试验品设计唱腔，都不是主要的。这戏里面有我的创造，我难得地有一个机会锻炼自己，有一些题目考考自己，得到了提高，这才是主要的。

创演杂谈——现代戏（二）

组织上让我参加《杜鹃山》剧组，能够接演这个戏，我感到非常光荣。为了更好地创作这出戏，我们主创团队到湖南去体验生活。

这次湖南行对我们来说，是一次很有收获、很有教育意义的学习实践。我们顺着当年的红军路，从吉安一直上了井冈山，到了井冈山的最高峰。给我们带队的解放军同志说，走得特别累的时候，一定要坚持站着，绝不能躺下。我们同去的一个同志不听解放军同志的话，他实在受不了啦，就说要躺一会儿，结果，没一会儿就吐白沫了。我就想，我们是来体验、考察的，当年的革命先辈们在战争环境下多么艰苦呀！另外，我们看到毛主席和朱老总当年种的核桃树。我取了一片核桃树叶做了一个书签，当时觉得很亲切、很受教育。

我们还要下矿井体验。我因为练腿功，腿受了一点伤。其实，作为女同志，又有伤，是不方便下矿井的。但我这个人就是这样，事事不愿落后，既然来了，就要都体验到。我就谎称自己没病，先后四次下矿井，体验煤矿工人的井下作业。井下工人的工作是非常艰苦的，一条电动的传送带两旁，工人们拿着铁锹不停地铲煤，往电动带上送，但是那煤又哗哗地往下掉，所以，就得不停地铲。我们跟他们干一样的活，真是累极了。本来，他们专门给我们从北京来的同志做了不辣的菜，但当地非常潮湿，再加上我们的劳动量增加了，时间一长，我们也去吃和工人一样的带辣椒的菜了，用辣椒，搁上葱、油，再放一杯开水。我吃辣椒吃得满嘴都是红的。结果，因为不适应，脚上出了癣，冬天得光着脚丫子穿棉鞋。为了创作好柯湘这个角色，我问煤矿工人："过去，有女干部来领导吗？"那个工人说："你想想看，只要下了井，全身上下就一块毛巾，吃饭是它，回去洗澡是它，出去见人围在身上也是它，这里怎么能来女领导呢？"他接着又说："从迷信角度说，这矿山是不让女人进的。"我一听，恍然大悟，原

⊙ 杜近芳（前排左二）参观学习。

来是这么回事。

这趟体验生活，对我创作《杜鹃山》的唱腔是很有启发的。比如，我看见当地小孩一边走一边唱歌，我就跟在他们后面学着唱。我问他们这是什么歌。他们告诉我说，这是《工农红军歌》。所以，我在唱腔设计中就运用了《工农红军歌》的元素。再比如，通过在矿井的体验，我觉得柯湘这个女性应该是比较男性化的。我在设计她的唱腔的时候，没有用普通的旦角腔，而是借用了老生的唱法。比如第一段“家住安源”，我就借鉴了《李陵碑》的反二黄，但出来的效果还是女性的唱腔。因此，这就锻炼了我设计现代戏唱腔的能力。当时，唐在炘也在这个组，他听了我的唱以后，说：“哎呀，老杜，你设计唱腔怎么这么厉害呀！本子一出来，你的唱腔就出来了，你真快！”我说：“唐老师，你能帮助我吗？”他很高兴地答应了，所以是唐老师拉琴，我唱。但是最后，也没让唐在炘拉琴，把他发配去听音响了。

⊙ 现代京剧《林海雪原》中，杜近芳饰演白茹（1958 年 8 月摄）。

那时候，《沙家浜》中郭建光的人物形象还没有那么丰满。我觉得，赵燕侠演这戏挺不错的，这戏对她的路子。

“文化大革命”期间，我在首都剧场唱了一场《沙家浜》。这个戏，我是跟着录音、看着别人演出学下来的。那时候，我 30 多岁，扮阿庆嫂有某些接近的地方。不知道为什么，我一上场，台底下就炸窝了，只听人们在台底下窸窸窣窣地议论：

“真漂亮！”我是北京人，嘴里的北京话厉害。我一说话，台底下就老鼓掌。那时候，观众看“样板戏”不敢像看传统戏那样叫好，但是，鼓掌时间长，鼓掌齐整。我演到后面，有一句台词是：“谁不知道她是常熟城的一个大美人啊！”我这句话刚说完，台下就有观众喊了：“你才是大美人呢！”这出戏演完，剧院的领导说：“得了，你这出戏收了吧，演不了啦。”

我还唱过全出的《海港》。上面指示我们去北京人民大会堂开会，在会上表示：中国京剧团要演《海港》，让杜近芳和吴钰璋跟人家学《海港》。当时，李丽芳他们的《海港》剧组到北京来了。我们学了之后，就跟《海港》剧组在一起演。

中国京剧团想移植山东的《奇袭白虎团》，定的是李光演严伟才、我演崔大嫂。为此，我还特意跑到北京人民大会堂，看看朝鲜人穿什么衣服。结果，因为某些原因，这个戏最终没排成。

我觉得，我自己扮成农民不像，因为演农民的人比较粗犷，而我的线条是细的。单从扮相上来看，我演的喜儿和吴清华都必须做很好的化妆处理。

1975 年，中国京剧团组织我们去革命圣地延安学习。我们参加了种树活动，听同志们作报告，同时也为老百姓演出。我们站在山坡上，拿着扩音喇叭为老百姓清唱。来听我们唱戏的人太多了，人挤人。等人们走了之后，拿筐子捡地上落下的鞋，捡了三筐。我们被派饭到老百姓家，尝尝革命圣地的饭。没有白面，他们拿黄面子给我们炸年糕、做面条；没有肉，吃素。

因为邓小平同志原定要陪同金日成参观四川，所以，让我们去四川演出《红色娘子军》。后来，虽然邓小平同志没去，我们的船仍开到四川，先到成都演出，还参观了二龙庙，接着奔赴武汉。在武汉，当地同志找来最好的钢琴搬到台上。殷承宗弹钢琴，我跟叶金援扮上，用钢琴伴唱《红灯记》。因为我的五叔既拉胡琴，还吹小号，我从小就对西洋乐器熟悉，唱起来还算适应。钢琴对音准的要求非常严。校音准，对我是个锻炼。殷承宗很喜欢研究，有时候让我给他说说胡琴伴奏与唱之间的关系、钢琴与胡琴有什么不同。说起来，用钢琴伴唱京剧应当归功于李维康，李维康首先用钢琴伴唱毛主席诗词《卜算子·咏梅》。

我认为，现代戏对京剧是推进的，在艺术上是积极的。当然，它也有不成熟的地方。现代戏应当有不同于传统戏的、专属现代戏的程式。由于现代戏中的女性形象都是革命女性，在身段和舞蹈造型上是可以借用一些武生、武小生、武旦挺拔的东西的。

在那难熬的岁月中，1976 年 1 月 8 日那天，是我永远不能忘怀的。我还照常去上班，那天不知道为什么路上车多人慢。我原本要坐公交车，后来决定走着去上班。在路上，我遇见了孙岳。孙岳哭丧着脸，我还以为是他们夫妻闹矛盾呢，就劝他保护嗓子，想开点儿。孙岳说："不是，不是因为家里吵架。"他只说了这一句话就哭了，又说："总理走了。"他说这句话不要紧，我只觉得天旋地转，周围的白杨树都转啊转啊。后来我就什么也不知道了。过了很久，我睁开眼睛，发现一大堆人围着我，还问我："你怎么躺在这儿了？"我说，我也不知道。他们又问我："你上哪儿啊？"我说："我去魏公村。"大家连拖带架地给我架到车上。我到了团里，直接去了革委会。我说："周总理的遗体告别仪式，我希望领导上让我去。你们要是不让我去，我也一定会闯进去的！"他们听我这么说，就安排了一辆汽车，送我们到北京医院。在北京医院，要进去的人太多了，排的队太长了，我们直跟人家说好话。我进去的时候，头脑还清楚，但怎么出来的就不知道了，整个人又晕了。团里有辆车，大家把我抬上车，送我到了家门口。他们问我："你现在明白点儿了吗？"我说："哎呀，我不是在总理的告别室吗？"他们说："你晕倒了。别想了，你回家睡觉吧。"他们给我抬到床上，我昏昏沉沉地就睡着了。我就感觉整个人好像失去了主心骨，一根支柱坍塌了，晕头转向。后来，我们剧团有几个同志和我，就自个儿为周总理开了追悼会。

春消息——演《霸王别姬》

1978 年，党的十一届三中全会开启了改革开放的大幕，既是我们国家的重大转折，也是我艺术人生的一个大转折。

我们都在团里待命。我当时就在家里准备，觉得很大可能要听我们唱京戏。有一天，我上班的时候碰见袁世海老师，我说："袁老师，不知道中共中央工作会议在什么地方开。我要求领导这两天不安排我演出，指不定什么时候来一个硬任务，怕来不及。”他说：“这会在京西宾馆那儿开啊。这回要的都是地方戏，没要京剧。”我说：“咱们还是得提高警惕，说不定哪天点卯演戏。”袁老师说：“不会吧，要是点卯，得在人民大会堂啊。”我说：“那可不一定。”结果，还真给我说着了。有一天，文化部部长黄镇的秘书告诉我，黄部长要见我。见到黄部长，寒暄了几句，我问他：“您找我，有什么事情要指示吗？”他说：“杜近芳，你说实话，霸王到底是谁唱得最好？”我说：“您要问我谁演得最好，袁世海老师16岁就带我演霸王，我觉得他最好。”这样，上面就让袁世海老师演霸王。当天通知：后天晚上，中国京剧团就要拿出一台京剧节目。时间非常紧。那天，我和曹韵清赶紧去找袁老师。袁老师说：“我要是演《霸王别姬》，就得改霸王的戏。”我急了，就说：“现在是临时任务，您那些美好的想法可以以后安排。”我怕大家再给他贴大字报。我说：“您就别改了，现在别有什么举动。这场《霸王别姬》唱完了，您就算找到准座儿了。”他说：“不行，我要唱就非得改。”他还有点儿拧。曹韵清在一边说了：“哎，老海，咱们这可不开逗，我这儿等电话呢，我今天连家都回不去。这可不是开玩笑，你到底演不演？你要是不演，我马上给景荣庆打电话。你要是演，就把你定下来。”袁世海说：“好吧，那我就演这场吧。”结果，剧团就一个一个给演员打电话催。那天都下午 5 点多了，通知后天在京西宾馆演戏。不久，上面也来了电话指示：大轴是杜近芳、袁世海演《霸王别姬》，前面由李和曾、李世济等人各唱一段 5 分钟左右的唱段。

演《霸王别姬》这个戏，我们没有排练，因为我跟袁世海老师太熟了，根本用不着对戏，用的也是京剧团一团的班底。当时，我跟演《霸王别姬》的大家说：革命老前辈们的年岁都大了，开会那么辛苦，我们这戏千万千万不能时间太长。从第八场起，50 分钟，节奏要快。虞姬坐下就上霸王，最后，虞姬自刎就结束，别拖拉。

那天演出，可以说，大家的精神都高度集中，演得很严谨。那天，我演得也特别棒。平常，这种晚会都是安静的。没想到，那天演《霸王别姬》那么火爆，上场就有碰头好，最后演完，台上的演员下不来。那时候，舞台周围放着“保卫灯”，从台上往台下看，哪儿都是一片黑，看不见有哪些领导。然而，中央领导们给我们的热烈掌声，我一直也忘不掉，10 年的委屈好像都一扫而光。那天演出完，领导没上台，但我仍然觉得十分高

兴，觉得自己焕发了第二个青春。晚上，让我们在京西宾馆参加宴会。我那天吃了两个大馒头、一大碗饭，还有好多好多肉，吃得特别多，也特别香。回家以后，我喝碗茶，吃了安眠药就睡了，躺那儿就打呼。以前，我睡觉没声音。从那天开始，我睡觉就开始打呼了。

第二天，我一大早起来又赶紧去上班，害怕再有别的任务。团里找我说，第八轮演出，上《谢瑶环》。中央给的任务，叫拨乱反正。之后，要我演《白蛇传》。我们 4 点前就来到人民剧场，演整出的《白蛇传》。演一天《白蛇传》休息一天，别的戏不上。我演了两场。

“演传统戏，从三皇五帝开始”

有一天，在北京人民大会堂小礼堂演出《红灯照》。我们这些不需要扮戏的演员在前台待着。邓小平同志带着他的秘书、领着小孙子去后台以后，就来前台接见我们。我们摆好了地方，请邓小平同志与我们合影留念。他跟我们照完相，临进小礼堂看戏的时候，说了几句话，大概的意思是：对他们去讲，演传统戏，从三皇五帝开始。我当时就在他身后，这句话，我听得真切。当时，我心里觉得特别高兴。进小礼堂之后，我跟赵燕侠大姐坐在一块儿。我对她说：“赵大姐啊，咱们排了那么多戏，要好好演啦！”赵燕侠在“文化大革命”期间受打击太大，一时脑子还转不过来，她跟我说：“恐怕这些老戏还得好好消消毒。”我说：“消什么毒啊。这些是好戏，大姐！”

第四次文代会，邓小平同志代表党中央发表祝词，指出现在中年人是关键的关键。我仔细琢磨他这句话。经过“文化大革命”，我已经 40 多岁了，正是中年。想到邓小平同志之前说的要演传统戏，我心里就按捺不住了，我觉得我们这代人的责任太重了。

我秘密地找到金紫光。他当时是北方昆曲剧院的院长，有能力张罗演出的事。我跟他说：“我要唱传统戏。”他说：“你还能唱传统戏？”我告诉他：“这 10 年，我就没搁下，我偷着练功呢。”《白蛇传》人多组不齐。我说，我要唱《霸王别姬》，从第八场虞姬上场起，省事。

金紫光找到北京京剧院、中国京剧院的人，很快就定下在民族文化宫剧场演两场《霸王别姬》。同时，定了演员，演霸王的是高盛麟先生，拉京胡的是姜凤山，司鼓是赓金群。赓老说，他都快要忘了。在演出前，我跟高盛麟一块儿排戏，把演职员都聚在京西宾馆的会议室里。男演员归高盛麟先生给他们说戏。宫女、场面、桌子怎么摆、拿什么东西、舞美等等，这些都归我，我来说戏。当时开第四次文代会，北京西苑宾馆里住了那么多会议代表。我们排戏的时候，周围挤满了参加文代会的代表，从走道通过都得让路。所有人都有一种想不到还能再见到传统京剧的感觉，赞誉声不绝，还有鼓掌的。说得最多的话就是："绝了，绝了！"我们一共说了两天戏，第一天说完了，第二天再对一对。

⊙ 1979年，第四次文代会召开期间，演出京剧《霸王别姬》，杜近芳饰演虞姬，高盛麟饰演项羽。

关肃霜大姐也参加了演出。原来，她也10年没搁下功。关肃霜大姐挺厉害的，演《盗库银》时，她自己给下串说，鼓也是她给说。她说："我是来参加文代会的，连勒头带都没带。我练功练得脚丫子是一顺儿的，近芳知道，因为我没鞋穿。"他们问关肃霜大姐："张君秋的行头，您穿得了吗？"她说："哎哟，我红了！张大师的服装让我穿，那我准穿得了。"

第一天演出，关大姐在前面演《盗库银》，她太厉害，打出手跟着锣鼓点。我和高盛麟先生的《霸王别姬》是大轴。我对高盛麟先生说："您带着点儿我。您的这霸王是'杨霸王'吧？您不可能是'金霸王'。"他说："我这就是'高霸王'。"我说："您在台上走您的，我跟着您，绝不会搁外头。"他问我："你都跟谁演过霸王啊？"我说："我第一次演《霸王别姬》，跟的是孙毓堃先生。"他挺吃惊的："啊？你多大岁数啊？"我说："我那时14岁。"他又问："你14岁就跟孙先生演，那你的个头儿矮怎么办呢？"我说："我把孙爷爷挤到后头去。"高先生说："哎哟，那你今天可别挤我，我个儿矮啊。听说，你这小子在台上演戏挺挤兑人的。"我说："您放心，我绝不会

给您起哄，绝对给您傍严了、托好了。”

头一天演《霸王别姬》，那台底下是少见的热烈，简直是炸窝了。李万春先生事后跟我说，那天，他是在民族文化宫剧场楼上看我的戏。他说，楼底下一点儿地方都没了，观众人挤人。把门的工作人员找来警察守门，说绝对不能再开门放人了。连第四次文代会的许多代表都没有票，看不上戏，实在是没法办。观众们10多年没有看到传统戏了，一看之下都傻了，都有那种久违的感觉，而且都说：“哎呀，真真不得了！”

第一天演完后，我对关大姐说：“关大姐，明天您压大轴吧，我给您头里垫。”她说：“别介，还是你。”第一天演出很成功，谁知道，第二天就出事了。

第二天，高盛麟先生因故晚上演不了霸王，临时把景荣庆喊来了。那天，我正在后台化妆，后台管事的跟我说：“今天换老景。”我只回了一个“哦”。我知道肯定出事了，就没问。老景演的霸王基本是金（少山）派。观众们也觉得奇怪，都问高盛麟怎么了，我们只好说他病了。后来，高盛麟先生真的病了。

这两场戏的反响在当年可以说是轰动的，因为那么多年没有演出京剧的传统戏了。当时，中央领导都知道了，从全国各省区市来的第四次文代会代表也都知道了，看过戏的人可以说是热议。许多人都夸赞我们，说太不简单了，这么多年没演老戏，说演就演，还演出了高水平。因为我的老戏早就开张了，演得越多，恢复得就越好，水平也就越来越高。

⊙ 京剧《谢瑶环》中，杜近芳饰演谢瑶环。

第四次文代会是在1979年10月底到11月中旬召开的，这是一场盛会，一场欢欣鼓舞、扬眉吐气的会。这次文代会是在北京西苑宾馆召开的，我有幸参加了这次会。我们这组里有我、常香玉、侯宝林、关肃霜等人，所有“三名三高”（名作家、名演员、名教授和高工资、高稿酬、高奖金的合称）、顶尖冒头的全在我们这个组。当时在交流发言时，忘了是谁提出一个讨论内容：中国京剧院的《闹天宫》要去美国演出，请大家帮着想一想，《闹天宫》要不要用洋乐队？常香玉发言说：“西乐也可以用，只要能丰富就成。”我觉得，这个问题是可以讨论的。我谈了自己的看法：“咱们这次文代会讨论的事，会关系到将来的文艺方针。我认为，对洋音乐，现代戏可以使，古典传统戏不能用。咱们的京剧《闹天宫》是什么时代的？它演的是唐朝的事。唐朝离现在2000多年了，人家一个国家的历史还没这么长呢！我们怎么就用洋音乐？中国人就这么没志气？民族的东西就应当有民族性。现代戏要求音乐丰富还得另论，但这《闹天宫》搁上洋音乐，就像奶油就着臭豆腐，它不是个味儿！”我当时说这些话，并没觉得怎么着。我那时候相对年轻，说话锋利，北京腔快，吐字又清楚。侯宝林坐在那儿，他本来不太说话，就抽烟、喝茶。这会儿，他绷不住了，觉得我这牙口可够厉害的。那时，他正好一口水喝在嘴里，嘴里还刁着烟，水咽不下去，又不好意思吐出来。结果，他这么一乐，水从两个鼻孔里冒出来了。见他这狼狈样，大家“哗”地就乐了。侯宝林自己也在那儿直乐。我还开逗。我说，这倒不错，“腾云驾雾”还加上“二龙出水”了。他们说：“哎哟，杜近芳说话跟侯爷的相声差不多。要不然，侯爷您就收她做徒弟吧。”侯宝林说：“你别说，我真想收她做徒弟。”我说：“哎哟，那我行不行礼呀？”大家伙儿直乐。我们这间屋里的笑声这么大，结果，把其他小组的人都给吸引过来了。大家不开会了，都跑来看：怎么这屋里这么乐呢？有人说，侯宝林今天收学生。大家就说：“哎哟，那要庆祝。侯宝林收谁呀？”那人说：“收杜近芳啊。”这大家伙儿一听，就觉得更乐了，因为他们只看到我平常文绉绉的，没看见过我淘气的一面。西苑宾馆那时候有茅台酒，但得自己买。有人就说，侯爷今天收徒，要喝酒。侯宝林说，行，你们喝吧。

我跟侯宝林为什么这么熟呢？因为“文化大革命”前，每年到春节的时候，中央领导过节，侯宝林他们给中央领导说相声，我们给毛主席唱戏。我和侯宝林经常见面。侯宝林拜过萧长华，是萧长华的学生，我见到侯宝林喊他师叔。他觉得我是鬼灵精，什么都知道。有一次，我问侯宝林：“师叔，您今年高寿？”他说：“我这么年轻，你说我高寿？”我又问：“您属什么的呀？”他说：“我属猫。”我说：“那您是真老虎还是纸老虎呀？”侯宝林觉得我脑筋动得快、聪明，很喜欢我。

戒药瘾迎来“春天”

我是在 20 世纪 80 年代初开始戒烟、戒酒、戒安眠药的，已经很多年了。现在，我避免一切有麻醉的东西。演员由于工作性质，比如参加各种应酬活动，免不了要喝点酒。演员演完戏已经很晚了，往往由于兴奋睡不着觉，所以，慢慢地就会有服用安眠药的习惯。而我的烟是从各种政治运动开始的时候才抽的。那时候，我的神经总是紧绷着，总感觉压力特别大，晚上根本睡不着觉，只好大把大把地吃安眠药。有一次，我吃安眠药吃得太多了，第二天起来头晕目眩，晕倒在房间。大家要排戏了找不到我，敲我的门没人应。有人爬上房门上面的气窗一看，才知道我晕倒在屋里。他们赶紧从气窗翻进屋，把我送到医院。就这样差点死掉的事故，我发生过好几次。我后来烟、酒、安眠药过量，都是因为在“文化大革命”中，那种高度的压力和工作负荷，使我不得不借助这些来缓解过度的紧张，暂时摆脱烦恼，能合上双眼睡一觉。

在那 10 年中，我的性格确确实实发生了某些可怕的、不可逆转的变化。以前，我是一个文文静静唱青衣的青年，平常日子里不爱说话，即使说出来也是轻声细语的。出门打三轮车，车子就在马路对面，我都不愿意高声喊，宁愿自己过马路到跟前去说。我觉得说话费嗓子，有玩闹的时间不如多背背戏。

20 世纪 50 年代的政治运动开始，对于我这个只上过扫盲识字班的京剧演员来说，听也听不懂，就在台阶上坐着。这时候，就有人跟我说：“哎，你抽一点儿烟，挺香的。”后来经常开会，开会使人心里着急得很。这一急，慢慢地，我就开始抽烟了。我自己也知道，抽烟毁嗓子。比如头一天没有抽烟，第二天吊嗓子，是一种嗓音。今天太累了抽一支烟，第二天再吊嗓子，声音就不一样了，老发涩。等到了“文化大革命”的时候，我一天抽 40 支烟都不够，为的是麻醉自己的神经。那时候，我的牙都黑了。现在呢，我戒烟已有很多年了，而且已经闻不得别人抽烟。我觉得，没有改不了的事情。

酒呢，我是从小就会喝一点的。唱戏、练功太累的时候，喝一点酒有好处，能够活血化瘀、缓解疲劳。到了“文化大革命”最厉害的时候，我就变成了一顿饭能喝一瓶茅台。没有茅台，二锅头也成，总之就是烈酒。

这烟和酒还不算什么，我最严重的问题是在“文化大革命”期间吃安眠药。为了能睡着，我吃了大剂量的安眠药。那时候，我的神经始终是高度紧张的，心一直是悬着的。有时候刚吃完安眠药，突然有人叫我起来。我还是混沌状态呢，赶紧烧咖啡、泡茶喝下去，把安眠药的药力压下去。就这么着，我的安眠药量越吃越多。因为吃了安眠药之后晕乎乎的，我的脸还摔骨折过，人也苍老得不得了。

“文化大革命”后，我又重新登上舞台，恢复舞台生活了。其实，我那时候的身体很差，面容显得非常苍老，身体和精神都很虚弱，别人看不出来，但我自己知道。有一件事，促动我正视和解决自己的身体健康问题。

20世纪80年代初，我们的一位好友非让我们一家三口去北海公园。在那时，北海公园属于禁地。我心里想，好不容易活着走过来了，咱们别再招惹是非了吧。我就婉拒了，但我们的这位好友很是着急。他和周总理的关系非常密切。我想，他如此这般地邀请，必有所为。最后，我们一家还是去了。到了北海公园门口，守门的是一位姓郭的女士。看我们几个人来了，她对我们说：“前面在修缮，请您到五龙亭。”等到了五龙亭，发现有警卫，亭子里还坐着一个人。同行的袁大夫说：“是余秋里。”这时，驶进来一辆黑色的轿车，我感觉肯定是中央首长的，脱口而出：“要戒严！”我爱人和我女儿都很诧异地看着我。我一看，周总理的秘书赵炜从车上下来，并赶紧去开门，邓颖超大姐从车里走了出来。这时，邓大姐也看到了我们，非常热情地招呼我们过去。我们很久没见到邓大姐了，非常激动。邓大姐夸赞我家官人为了我的艺术作的贡献，并特别强调，要我把身体搞好，一定要健康。我和我家官人止不住地点头，我们说：“感谢周总理，感谢邓大姐！我们一定听总理和大姐的话，一定把身体搞好……”邓大姐抱住我们的孩子，我们是边说边流眼泪……

和邓大姐见面后，回到家里，我家官人就先动员我去医院检查身体，他说：“你光在家吃药不行。”我也不像以前那么固执，听进去了。后来，

⊙ 杜近芳与六龄童（左）、李小春（右）在全国政协会议期间合影。

我的小姑子和我家官人劝我去北医三院戒掉安眠药药瘾。我已经意识到，安眠药瘾已经严重影响到我的工作和身体，我必须下定决心把安眠药瘾彻底戒掉。这样，我就住进了北医三院。等住进医院一看，来戒药瘾的人太多了，人满为患。很多人没有病房，就躺在过道上。医院对我们这些戒药瘾的人有严格规定，两个人住一间病房，晚上，方便盆就放在床底下，不许下地，睡不着觉也不许坐着。

我进医院前的安眠药瘾大到什么程度呢？比如，吃了 10cc 水合氯醛，别人要睡死 24 个小时，我 10 分钟就醒了。吃舒乐安定，我从前吃过 50 粒，甚至 100 粒，还根本不起作用。水合氯醛，人家一般吃 10cc，我有的时候吃 50cc。有时候，我晚上睡觉从床上掉下来都不知道，因为我整个人有时候都没感觉了，麻木了。我的声带也出现了麻痹，我那时候连自己唱的是什么味儿都不知道。记忆也变差了，哪年入的京剧院，或者更小时候的事，什么都想不起来，脑子里想的就是怎么样斗争。我不愿去想这些，但没办法，这些东西就是在脑子里面乱跑。我在性格上也出现了很大的变化。医生问我："杜老师，3 分钱一根冰棍，我给你一毛五，能买几根啊？"我算不上来。医生嘱告我病情挺严重的，就觉得很紧张。我感觉自己的神经已经不是绷得很直了，而是已经到了崩溃的边缘，再往下一步，可能就要得癔症了。医生跟我说，让我一定把安眠药戒了，这样，我还能恢复到原来记东西的程度。我说，不敢。大夫的用心、我自己的努力，咱们试试看。什么话都不敢说绝了。

有一天，我正昏昏沉沉地躺在床上。忽然，有一个慈祥的声音在呼唤我："近芳，近芳……"我抬头一看："哟，齐大姐，您怎么来啦？这边路这么不好走……"原来是习仲勋同志的夫人齐心大姐来看我了。我非常激动，齐大姐让我别激动。齐大姐说，是仲勋同志让她来看我的，并嘱咐我要把身体搞好，将来还有很多事情要做。听到这些话，真是暖我的心啊，给了我巨大的力量和动力！想起习老和齐大姐几十年来对我的关怀、关心，我至今仍然铭记肺腑，永远感恩！记得在我房倒屋塌的时候，齐大姐戏也不看了，前前后后地奔走做工作，找文化部、国管局、中国京剧院，来来回回地协调，给我调换房子，才使我们一家没有后顾之忧，能安心地生活、搞工作、搞艺术。在我入党的问题上，齐大姐亲自向习老汇报。习老又亲自给文化部领导打电话了解我的情况，并嘱咐我要以共产党员的标准严格要求自己。后来，我终于真正地成为一名共产党员，完成了我一生中最光荣的一件大事！在1989年政治风波期间，我专心致志搞艺术，在剧院复排了经典名剧《桃花扇》。习老和万里同志都亲自来看我的戏。习老还带来齐大姐的亲切问候，关心我的艺术生活。不仅如此，习老亲自打电话过问，齐大姐亲自帮我写信，向有关领导反映为我留艺术资料的急迫性。齐大姐每次见到我都要嘱咐我多收学生，一定要把前辈艺术家的艺术传下去。多年来，我也是按照齐大姐的要求这么做的。正是领导和同志们的关怀，才使我有了后来艺术的第二春和继续为京剧艺术又奋斗几十年的努力工作。

当时，我虽然信心满满、态度坚决，然而，我也知道，自己长达10多年的安眠药瘾，要戒起来是十分困难的。好多人因为受不了都走了。我这时候倔劲又上来了，我决定，既然已经住进来了，不把药瘾戒了，就绝不出去。连那一年的春节，我也是在医院里过的，没回过家。

北医三院不是给我一下子撤药，因为心脏和神经长期依靠安眠药，一下子不吃了，心脏就不跳了。医院也不是用一种安眠药代替另一种，而是用脑复康等，一点一点把我以前吃的安眠药减下来。越减，我越睡不着觉，心里闹腾。我治了半个月，就觉得难受极了。有30天的样子，我都不吃饭，也不想吃饭。有时候实在受不了啦，就向医生讨药吃，像小孩儿一样，这就是药瘾犯了。另外，还要做一些康复训练，我可是从小练毯子功、翻跟头长起来的。最后不用药了，我难受到什么程度？医生让我们站成一排，把双手举起来。我前后摇晃，汗直往下淌，天旋地转。后来，我就跟着一位老奶奶练太极拳，每次一练都是一身汗，像从水里捞出来的。戒药瘾一个疗程是30天，两个疗程60天，我从进去到出来整整4个疗程。后来，我的病历上写着，这是成功的一例。我在里面足足待了120天。

等到从医院出来的时候，我的药量是多少呢？安定片10粒、埃斯苏伦10粒、小系安定10粒、非那根6粒，我一天得吃这么多药，但和以前比已经是很少很少了。我原来要吃五样安眠药，才能睡得着觉呢。我家官人看着我吃药，还让我女儿监督我。我说：“你们不用看着我，我绝不‘二进宫’。”医院的医生也说了，戒安眠药的，你要是戒不掉，重新吃那么多，医院就绝不再接收。我在戒药瘾的时候看《读者文摘》，还有群众出版社出版的《啄木鸟》。那时候，我不看自己的戏，我对自己的戏已经想不起来了，一句词都想不起来。我也不着急。我起码将来成为一个健康的人，就算做家庭妇女，也比之前不死不活的强。就这样，我通过自己的毅力，终于把安眠药给戒了。直到现在，我只是因为第二天有重要事情，需要睡个好觉，最多吃 2—4 粒安眠药，平常情况下不吃。再之后，我把酒和烟也彻底地戒掉了。我觉得，戒掉成瘾的东西，对人的健康和生活质量是大有好处的。

八、盛世华彩

《宇宙锋》在京汉沪港掀热潮

1984年，我戒了安眠药，病好了，但嗓子不行了。怎么办呢？我想在51岁渡过难关，争取第二青春！我学戏去吧！我就想起《宇宙锋》这出戏了。这个戏，我已经几十年不唱不演不练，非常生疏了，于是，就去找贾世珍老师，重新学习、打磨《宇宙锋》。贾老师住在南城，我专门去拜访他，并告诉他，我想恢复演出梅先生的《宇宙锋》。那时，贾老师虽然年岁大了，但他对梅先生演的戏很用心，对梅先生表演的接受能力比我强，毕竟待在一块儿的时间长，记得非常准确。我就天天去他家里，把《宇宙锋》演给他看，并问他："您看，我跟原来的对比，哪点儿不对？"让他指出我哪点儿错了。我们谈到梅先生在1952年教我这出戏时作的48处改动，贾老师说："近芳，你很用心啊。"就这样，我大概用了一个月的时间，恢复了这出《宇宙锋》。

1984年之后，我一直没有放下《宇宙锋》，一有时间就打磨它。之后每一年，我都拿出一个月时间来背《宇宙锋》，一直到1990年年底1991年年初，完整的这个戏，我在北京没演过，也没露过。在举办徽班进京200周年纪念演出活动时，剧院里很多人都上了新戏。我自己想，就算没

⊙ 京剧《宇宙锋》中，杜近芳饰演赵艳容，景荣庆饰演赵高。

⊙ 京剧《宇宙锋》中，杜近芳饰演赵艳容。

人给我排新戏也不要紧，我就演一演梅先生给我改过48处的《宇宙锋》，拿这个“老古董”给大家看看。当时，我也在暗自筹备，自己去做服装，照着梅先生的样子，让蒋连起和郭师傅把梅先生的东西抱着，到服装厂让做行头的师傅拍下照来，照着这个画，再把东西抱回去。赵艳容的“头”（指头饰装扮——笔者注）也是我自己梳，和王玉香研究弄甩发，并告诉梳头师傅怎样做，一边说，一边做。梳头师傅就说了：“梅先生真是太讲究了！”我说：“还有一个更讲究的呢。找时间，咱俩再研究。”

因为《宇宙锋》这出戏很吃功夫，所以，我想在北京正式演出前多练练。正好过年期间，在袁世海老师的建议下，组织一个临时队伍去河北邯郸。这次去演出的阵容不简单，袁世海老师挑梁，有武丑张春华、老生张学津、武生高牧坤、小生张学济，还有袁老师的学生陈真治，年轻的有于魁智。在邯郸的时候，我主要演两出戏，一出《宇宙锋》，一出《凤还巢》。《宇宙锋》里的赵高是陈真治演。这次出去演了大概三个月，《凤还巢》打炮，接着就演《宇宙锋》。我唱了大约47场，《宇宙锋》唱了十几二十场。我算是把《宇宙锋》这出戏都找回来了。在当地演出时，观众的反应非常热烈。一个农民老大爷包了三排座位，请自己的亲朋好友来看《宇宙锋》。我们很奇怪，就问他：“您买这么多票，得花多少钱啊？”他说：“我从银行取的钱。你们这个戏好，能学历史、学文化。我让我们家的小孩都来看，长知识，懂道理。”

我在北京演的第一场《宇宙锋》，是在人民剧场。因为我在邯郸都把这出戏练顺溜儿了，在北京再演《宇宙锋》，观众的反应极其热烈，谢幕下不来了，我演了好多场。我演这出戏时，师父已不在了。我在节目单上

⊙ 京剧《宇宙锋》中，杜近芳（右）饰演赵艳容。

写了，这出戏是梅先生教导的。内行中有曾经和师父同台者，看了这出戏，他们很感慨地说："老爷子（指梅兰芳——笔者注）是真教，有新发展。这徒弟可真有造化！用心哪！"《宇宙锋》这出戏又变成我的代表作了。许多观众给我写信、写诗。有的观众在信中说，我的《宇宙锋》能跟我的《谢瑶环》媲美。

过了不多久，剧院安排我在中山公园音乐堂演出《宇宙锋》。那天，观众上满了，听说还有从美国来的，有的观众只能站着，卖了站票。前面的戏，是优秀大靠武生高牧坤的《拿高登》。接下来，是我的《宇宙锋》"修本、装疯、金殿"。我觉得，我们专业院团搞业务的人，要懂得安排戏码，没有大武戏不成戏，没有大文戏不成气。那天，我觉得发挥得不错，观众非常欢迎。

⊙ 京剧《宇宙锋》中，杜近芳饰演赵艳容。

我那天忘记带演出通行证了。演完出来，我没洗脸，坐车走到朝阳门那儿被截住了。查证，我没有，就是不让我走。后来，来了一个年纪大的警察，问了情况，知道我是杜近芳，才放我走了。我怕再忘了通行证误事，就把水衣子钉上兜，把通行证搁水衣子兜里。

后来，为北京亚运会集

资，我还是拿的《宇宙锋》，在人民剧场演。

1988年，湖北武汉举行大型演出活动。参加这个活动，非常有意义，因为湖北武汉是京剧的发源地之一。我对主办方提出了我的意见：“我们京剧要跟徽剧、汉剧穿插起来演，能不换人，尽量不换人。这是因为，我们京剧的祖师是徽剧和汉剧，京剧繁荣发展了，不能忘记曾经哺育过我们的老师。”我让他们先找徽剧班，问问能不能跟我们一起演出。可惜，徽剧班已经散了，他们说：“我们感谢杜近芳老师没有忘了根本，让我们跟她一块儿唱。”当时，有湖北的汉剧团参加演出。我们就跟汉剧一块儿演，是汉剧、京剧一台。

我们从北京去的京剧演员一行人，有梅葆玖，有新得梅花奖的于魁智和江苏的黄孝慈。玖哥（即梅葆玖——笔者注）和我一块儿，跟关正明老师合作《大登殿》。如果玖哥唱大轴的《大登殿》，我就在前头清唱。如果我唱大轴，玖哥就在前面清唱。压轴戏由于魁智与黄孝慈合演，他们也是京、汉合演《四郎探母》。比如，黄孝慈“坐宫”的铁镜公主、汉剧的杨四郎，唱完慢板以后归座；这两人进去后，接着是于魁智的老生、汉剧演员的铁镜公主，唱后半截。

当时，这个演出是挺轰动的。我们在湖北会堂头一次演，这儿是武汉市文化局兼管的武汉唯一的人民剧场。武汉原本不是“戏窝子”，老百姓看戏不行，从来没有上过满座，但那次，演出太火爆了，票价卖得很高，还有人根本就买不上票，后台也挤满了观众。我进后台，都得有人在前边给我让开一条路。还有人拿着一大堆票子找我，要跟我买张戏票。来看戏的人有好多，不住旅馆，吃住都在豪华游船上，上岸听戏，听完戏住回船上。

他们给我安排《宇宙锋》打炮。我那出合演的《宇宙锋》效果非常好。陈伯华的学生演“修本”，我演“装疯”，陈伯华唱大轴演“金殿”，甭提多热闹了。陈伯华演完大轴，观众不让她下去。最后谢幕是我搀着陈伯华。她的年龄比我大得多，她跟言慧珠差不多大。

唱“修本”的时候，汉剧演员饰演乳娘。等到我的“装疯”，就换成京剧演员饰演的哑奴，但饰演赵高的还是汉剧演员。我在后台把我的身段走给他看，我说：“您看，我给您走走身段。您说，我这么走，跟陈伯华大姐有什么不一样吗？”汉剧演员说：“杜老师，身段有相似的地方，但跟您配合有难度啊。”

从武汉回来，上海约请我。我的《宇宙锋》在上海打炮，言兴朋在头里垫戏。《宇宙锋》的黑市票价钱卖得很高，即使这样，还有人买不上票。那时候，观众不让剧院关门，开着门听，连街上都是人。我后来听说，李炳淑、夏慧华对王家熙说："除了梅兰芳贴《宇宙锋》，也就是杜近芳能做到这种程度。"后来，我去香港演出，也演了这出《宇宙锋》，是景荣庆先生陪我演的赵高，反响一样非常热烈。

两次香江饮盛誉

1985 年，为了庆祝中英关于香港问题的谈判取得成功，我们组织了一个高规格艺术团去香港演出。我参加了这个团，还有袁世海老师、大武生厉慧良，老生是北京京剧院的张学津，小生是于万增。

⊙ 京剧《龙凤呈祥》中，杜近芳饰演孙尚香。

我们去香港前，有点儿风波。他们有人建议说："有些艺术家的票卖二百元，杜近芳应当卖一百五十元。"我没有言语，直接写了三个类似店里的标签牌子，我说："咱们在人民剧场，或者在香港那儿搭摊，看谁先卖光了票谁就得卖二百元。咱们要不要试试看？"我是有些生气，搞三六九等，我挺要强的。他们赶紧说："别，别，别介。"

到了香港，头一天由厉老师打炮，本来定的是《长坂坡》。后来改成唱《钟馗嫁妹》。袁老师演《群英会·借东风·华容道》，主要在最后的《华容道》上。我演《白蛇传》，还演过《龙凤呈祥》中的“洞房”。有时候，我和袁老师合演《霸王别姬》。我跟袁老师建议，霸王出场借鉴唐韵笙的做法，用“朝天子”曲牌，显得磅礴大气。

⊙ 京剧《桃花扇》中，杜近芳饰演李香君。

我这个人从小养成的习惯是，演戏前就爱一个人待在屋子里闷着，该吃吃，该睡睡。我在屋里背戏，一门心思想的就是把台上的呈现弄好点儿。这已经成为我的习惯了，就是演戏前要守一个“静”。1985 年在香港演出的时候，有一天，我要演全出的《廉锦枫》。结果当天白天，主办方约我上票房唱《四郎探母》。这打破了我的习惯，而且，我特别怕上票房。我到了票房就要求提前唱，因为晚上还有戏。尽管我的戏在后面，但心里还是不踏实啊。在票房唱完了，我连酒店都没回，直接就去剧场后台，就穿着水衣子背晚上的戏。所幸，晚上的演出比较圆满。

1985 年在香港，可以说是我一生演出中比较重要的时期了。28 场戏，我就参演了 21 场。

1990 年，为了纪念徽班进京 200 周年，文化部决定组织队伍去香港演出。中国京剧院、天津京剧院、战友京剧团和北京京剧院的 130 人，参加这次赴港演出。参加者除了有我外，还有梅葆玖、谭元寿、张春华、李世济、叶少兰、刘长瑜、梅葆玥、景荣庆等人。张君秋先生是总团长。

文化部副部长高占祥召集大家在文化部开会，讨论具体办法。有这么多主演，怎么办呢？决定主要演员一个人要准备四出戏。另外，大家还要合起来演《龙凤呈祥》。

去了香港，在星光剧场演出。那地方是“戏窝子”，但舞台的条件并不好。

第一场打炮的是《龙凤呈祥》，让角儿们都露露脸。我和梅葆玥唱“洞房”，玖哥唱“别宫”，后面的“跑车”是尚明珠唱。

第二天是我的《白蛇传》中“断桥”一折，唱大轴，于万增的许仙，陈淑芳的小青。第三天是《宇宙锋》，我和景荣庆一起唱。第四天白天要唱一场，说就让我和孙毓敏上。孙毓敏在头里垫一出《棒打薄情郎》，我唱《桃花扇》的“宝珍庵”。一个喜剧，一个悲剧。《桃花扇》的效果也挺好的。

我第一次去香港的时候，《龙凤呈祥》中“洞房”唱的是四句。演出结束后，有一位老先生找到我，把自己保存的梅先生的照片都送给了我，还送给我一块头巾。他跟我说：“杜近芳，你演得不错，掌握了根本。你跟谁学的戏？”我跟他说：“王瑶卿先生是我的恩师，是他教我怎样演戏，要带着怎样的七情六欲去演。”老先生说：“你刚才唱的那四句，是梅先生晚年的。你千万别唱这个，要唱梅先生在抗战前的‘老六句’。”我回到北京以后，就找到崔学全对戏。我说：“我会唱梅先生的老六句，但是怕不准确。我唱给你听听，看对不对。”所以，这次我再来香港演《龙凤呈祥》中的“洞房”，唱的就是梅先生的“老六句”。现场气氛太好了，六句六个炸窝。大家没听过，戏友问戏友，她唱的是哪一派？既不是王派，也不是梅派。他们不知道。

我们演戏，上座率是没有问题的。观众有从内地去的，也有中国香港的、中国台湾的，还有美国的、法国的。有些观众买不到票，票价卖得高着呢。当然，“断桥”一折是最受欢迎的戏之一，刚一贴出去，票就没了。那天去了很多观众，咱们这儿有北京的、天津的、香港的，还有很多人从台湾过来看这出戏。除了内地的演员，香港的名票李尤婉云，台湾的演员郭小庄、王海波等人，也过来演戏了。这是大陆和台湾的京剧演员首次同台。郭小庄和李尤婉云的戏，我都去看了。

访宝岛盛况空前

1993 年，中国京剧院第一次组团去台湾演出，取得了空前成功。台湾同胞对我们的欢迎简直太热烈了，非常轰动。此后，大陆各个京剧团形成了几乎每年都去台湾演出的惯例。那次，我在台北演了《白蛇传》，在台南演了《龙凤呈祥》，再到台北社会教育馆演了《凤还巢》，最末一场演了《龙凤呈祥》。

这次演出，有两件事印象较深。一件是恢复上演《凤还巢》。这次不同以往，我在家面壁多日，重新从各个方面思考这出戏，每天就是想程雪娥这个人的岁数、身份、文化，她的思维意识是什么样的。我在台湾演《凤还巢》，票卖得很好，很轰动。

再一件是我单撒手《穆桂英挂帅》中“捧印”一折的成功演出，为包括《穆桂英挂帅》在内的一些新中国成立后的新编历史京剧剧目在台湾演出打开了一扇窗。事情是这样的：有一天，晚场是中国京剧院的青年老生于魁智按照李少春先生的路子演出《打金砖》。应该说，于魁智那时候刚崭露头角，年轻嗓子冲。《打金砖》这出戏先文后武，边唱边翻，还是有市场的。有人担心他年轻，觉得后面一定要有位老艺术家蹲底，怕不卖座。这次到台湾演出，基本上以大戏为主，而且上座率极佳，几乎每场演出都是爆满，所以，不希望这场演出掉下来。结果问了一圈人，谁也不接。袁世海老师说：“我要带着袁小海来出《古城会》，台底下非得‘嗵’（指叫倒好——笔者注），让秋玲来吧。”人家问杨秋玲：“你给垫一出什么戏呀？”杨秋玲说：“我这出《杨门女将》，带着糖尿病，我就够呛了。我没有戏垫。”他们就找我来了。我想，这几位都觉得在那么火爆的《打金砖》

⊙ 1993 年“台湾行”，演出京剧《龙凤呈祥》时，杜近芳（左）饰演孙尚香，王晶华饰演吴国太。

⊙ 1993年“台湾行”，演出京剧《凤还巢》时，杜近芳饰演程雪娥，于万增饰演穆居易。

后面不好演呀！那我唱什么呀？因为是第一次到台湾演出，台湾的相关部门对于剧目，要按照他们的逻辑进行“审查”。那时候，不允许唱梅先生的《穆桂英挂帅》。因为台湾国民党当局认为，梅先生排的《穆桂英挂帅》是为新中国成立10周年献礼的剧目，所以，这出戏在台湾不许演。我想，这是一个机会，就说：“这样吧，您就写《穆桂英挂帅》中的“捧印”一折，以毒攻毒。他们不是不许演吗？这杜近芳要是演，您问问他们允许不允许。我们到这儿来是友好的，是庆祝汪辜会谈取得成功的，不是来打架的。”结果一问，人家说：“什么戏呀？”我们的人说是《穆桂英挂帅》。“不，不能演。”我们又说，

⊙ 1993年，杜近芳在“台湾行”演出招待会上致辞。

⊙ 1993年“台湾行”，杜近芳演出京剧《穆桂英挂帅》后，现场观众热情献花。

就演“捧印”一折，是杜近芳演。他们研究以后，给的答复是“可以演”。观众看《打金砖》是很过瘾的。我这“捧印”有什么呀？但观众没走，中间休息完了，观众还在，走道上都坐满了，观众的反应很热烈。这说明梅先生这出戏是成功的、经典的，也说明我的演出是得到台湾观众认可的。更重要的是，为更多的新编历史京剧在台湾演出打开了一扇窗。

我们在台湾时，许多当年从大陆去台湾演出、后来留在台湾的名角们都来看我们演出，并且在一起聚会。我在台湾，人生地不熟的，但我认识李桐春、李圜春，因为我小时候就长在李万春的鸣春社科班里头。我们到了台湾以后，他们代表台湾的京剧同行来迎接，在公开的欢迎场合讲话的时候，我表达了我的想法：“谢谢大家。我到这儿来演出，就是我们这些年做了一些工作，上这儿汇报，请台湾的同行帮着我们提高。”之后呢，我就没那么客套了。我对李桐春说：“二叔，您怎么忘了我了？我是‘小白猿’哪！”他说：“我不敢跟您这国际演员套近乎儿呀。”我说：“二叔，您怎么跟我这么客气？您这叫什么话呀？”我又对李圜春说：“五叔，您怎么不理我了？”李圜春说：“你怎么还跟小时候一样？”我说：“是啊，要不然，我该是什么样呀？”他说：“你现在可是国际演员了呀。”我说：“国际演员，小时候不也在科班吗？”虽然多年不见，我跟他们还是那么亲切，像走亲戚一样。大家有的送我相片，有的跟我照相，还有的送我书。他们每天晚上陪着我，

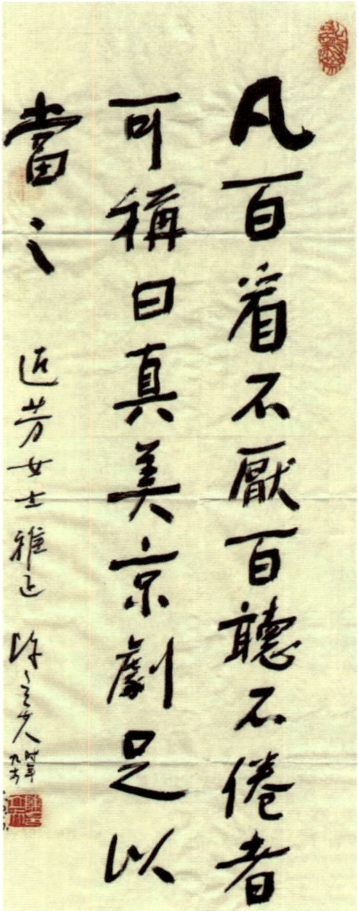

⊙ 1993 年，杜近芳进行“台湾行”演出期间，陈立夫赠送多幅手书，这是其中的一幅。

他们周围那些人全是我的观众。这些都是熟人，知根知底的。别的地方，我就不去了。

还有件有意思的事。台湾的著名须生胡少安是富连成坐科的学员，他的父亲胡宝安是文场乐队的三弦兼唢呐，跟我父亲关系很好。多少年前，有一天，胡宝安对我父亲说，他想去台湾演戏挣钱，但苦于没有资费。我父亲就对他说：“我的官衣（指一种戏服——笔者注）在当铺里，你把它赎出来卖掉，就有钱了。”谁知，胡宝安连官衣和当票一起卖了。大家的关系不一般，我父亲说：“卖就卖了吧。”这样，胡少安跟着胡宝安到了台湾，后来就留在台湾，成为台湾著名的须生演员。我在台湾碰到胡少安。大家见面后非常高兴，我就开玩笑了：“胡大哥，您来的时候，知道有个故事吗……”他一听，大概知道我要说那事儿了，马上打断了我：“小师妹，咱们别说别说。”挺好玩的。胡少安单请了一桌酒席，还请来很多政界、商界的客人作陪。

在台湾，当时许多国民党的大佬、军政要人欢迎并宴请我们。我们见到了张学良、陈立夫、辜振甫、郝柏村等人。陈立夫先生头一次请我们吃饭的时候，我那天有戏。我就赶紧给他写了一封信，大概的意思是说：“我从北京来的时候就想看望您，不巧的是我今天有戏。我有戏向来是不到外头吃饭的，因为我紧张，我怕我晚上演不好。咱们台湾的观众看京戏的水平都高。这次谢谢您老人家，等哪天演完了戏，我专程来看您。”我就让我们的团长把信封上，里头搁我演出《凤还巢》的照片。

等我唱完《凤还巢》之后，陈立夫先生又请吃饭。当我们走进会客厅的时候，我一看，那儿用红底金字写着：热烈欢迎中国京剧院。他一个人请了两桌，一桌20人，很多是台湾相关部门的要人。当时还有王叔铭。王叔铭是台湾国民党当局原空军总司令，人称“王老虎”，对京剧在台湾的发展有很大贡献。王叔铭来我们这桌作自我介绍，说他叫王叔铭。我就说：“王老前辈，在台湾这儿有京戏，得感谢您老人家。您在台湾这儿唱京戏，是开山老祖。”大家说，这杜女士说话就是不一般。我对王叔铭说：“听您说话，好像是咱们齐国人。”他说：“哎，对，我是山东人。”我说：“您不爱吃米饭。您要是什么时候高兴了，回家去吃点儿煎饼。我到过山东，那煎饼太好吃了，干的，鲜的。”有人就说了：“杜近芳难怪是政协委员，听她说这话，多厉害呀。”我现在还有陈立夫先生亲笔给我写的题词。他老人家94岁了，不简单啊。他说：“我给你的是我自己写的。”我说：“谢谢您老人家。我回去后，得找一个保险的地方把它裱起来。”

版8

本·周·推·薦·藝·文·活·動

粉·墨·春·秋 ⊙風信子

青衣名伶第一人
杜近芳高舉京戲薪傳火炬

▶杜近芳雖已年近六十，仍戰戰兢兢的從事於薪傳的工作。

⊙ 台湾媒体刊登杜近芳访台演出专题报道。

那天，陈立夫挺高兴的，他在接见我们并请我们吃饭的时候说了：“你们是品质好、艺术好、作风好。你们的一言一行，都是最好的。”

尽管我们在台湾无论是演出还是参加其他活动，都受到热烈的欢迎和友好的接待，但毕竟两岸隔绝了几十年，还是遇到一些较为棘手的场面。我本人就遭遇了一次。《白蛇传》在台北的演出非常轰动，观众欢迎的场面热烈极了。第二天，在台北中山纪念馆的一个厅里召开与观众的见面会，来了非常多的观众，不但座位都坐满了，而且，过道上也坐着许多人。我发言的时候，表示了对各个方面，特别是对热情观众的感谢。观众朋友非

⊙ 1993年“台湾行”，杜近芳演出京剧《白蛇传》后，举办讲座，现场气氛热烈。

常踊跃、热情，争相提问。有一个观众问：“您在大陆演出《白蛇传》是全的，为什么在台湾演出不带‘合钵’？”我一听这个问题，不是太好回答。好在我比较镇静，我回答的大体意思是，台湾有很多佛教徒。“合钵”这场戏里，法海的形象不好。为了不引起台湾广大佛教徒在宗教情感上的不适，我们考虑再三，还是割爱了。现场观众对我的回答，报以理解和赞赏的掌声。

“梅韵杜骨”《凤还巢》

1993年，中国京剧院首次组团赴宝岛台湾演出，受到的热烈欢迎是现在不可想象的。那次，我演出了《白蛇传》《龙凤呈祥》《凤还巢》和《穆桂英挂帅》中的“捧印”一折等剧目，受到台湾同胞的高度评价和赞赏。对其中的《凤还巢》，很多人反映，我演得不但有梅派意蕴，而且赋予程雪娥这个角色新的内涵。

《凤还巢》这出戏，我曾向王少卿先生认真学过，后来又向徐兰沅先生请教过。这出戏的身段动作，向姜妙香先生的夫人、冯志孝的姑母冯金福老师学过。《凤还巢》这出戏，梅先生没给我下挂（意为一招一式地教戏）过，我也没有看他演过。他年轻的时候在北京演《凤还巢》，我没能赶上。新中国成立以后，他在外地也演过，我也未能看到。到了1956年，我只是拿到过梅先生唱这出戏的一份录音。对《凤还巢》，我更多的是从他身边的人、他的合作者口中，了解梅先生年轻时候演这出戏的景况。像姜妙香、冯金芙，我们中国京剧院的张盛利、李世霖、萧盛萱等人，在1945年以前，都看过梅先生演这出戏。我就向这些叔叔、大爷们请教：“梅先生这点儿怎么演法？”他们就告诉我，梅先生年轻的时候演这出戏是怎么演，可不是后来别人这么演。

梅先生的《凤还巢》，在1945年以前和以后的演法，差别太大了。1945年以前，梅先生演这个戏要唱两个晚上。后来，梅先生问我，《凤还巢》这个戏是跟谁学的，我说："王少卿大哥。"梅先生说："好，别改，就按学的唱。"梅先生非常认可我跟王少卿先生学的梅派戏，因为王少卿先生是梅先生创作和演出的左膀右臂，许多梅派的唱段和唱腔就是王少卿先生设计的。梅先生曾经不止一次地跟我说："你要是真喜欢我的唱法呀，就演我年轻时候的，别演我在抗战后的。我8年不动戏，8年不吊嗓，唱了一年的昆曲。你别跟他们一样，你得按我年轻的时候那么唱、做、舞。"老唱和老不唱是不一样的。梅先生在抗战期间8年没唱，8年过去了，岁数不对了，嗓子的情况也不如以前。

⊙ 京剧《凤还巢》中，梅兰芳饰演程雪娥。

20世纪50年代，我们中国京剧院一团排《凤还巢》。当时，中国京剧院的风气就是老戏新演，传统戏、流派戏都得取其精华、去其糟粕，都要进行整理，我们一团就更是这样了。当时，叶盛兰先生好像没怎么跟别人演过这出戏，即使演过也不多。他对穆居易这个角色有很多想法。叶先生提出的问题既有水平又尖锐。他说，穆居易一家是被刘瑾所害。刘瑾不死，穆居易不敢出来，即使出来，也是找亲友。他怎么可能是出来观赏风景的？于是，叶先生把头场穆居易出场改为找人，这就比较合理了。我们是边研究，边改剧本，边排。戏更集中、精练，有一些新的设计和改动。我们彩排的时候，请梅先生来看并指导。梅先生看完后对我们说："真好哎，改得好。我要是能唱，就按你们的唱。"得到了梅先生的认可，我们就对外公演。这出戏的剧情本来就拿人，观众喜欢，加上我们一团演这戏，四梁四柱都是好角儿，各有特色，所以，往外一贴，准客满。

⊙ 京剧《凤还巢》中，杜近芳饰演程雪娥。

演《凤还巢》的时候，饰演穆居易的是叶盛兰先生。饰演程浦的是张盛利先生。饰演元帅的是李世霖先生。饰演诰命夫人的先是王玉敏先生，后来是李金泉先生。饰演公公的是王玉让先生，后来，他不在了，就请来景荣庆、苏维明二位老师。有的时候是袁世海老师来饰演，捧捧这出戏。这些都是有分量的前辈演员。那时候，程雪雁是由萧盛萱先生演的。一开始，萧盛萱要演朱千岁，但我们觉得，丑大姐非他演不可。他的程雪雁就是正扮，不丑化地扮，因为萧盛萱先生扮上就寒碜，这是他的一绝。旦角的脚，不能是十字，起码是并脚，并脚还不能并齐了，要一前一后、一虚一实。那彩旦的脚步呢，是八字，脚腕子后头都合上了。萧盛萱饰演的丫头程雪雁走起路来都是八字，但上头还打着偏袖。对这丫头，我们也得给她说戏。比如，她说："有请大小姐。"她得高声地叫起来，为什么呢？因为大小姐没在门后面藏着，这会儿是上树打秋千了，还是在踢球呢，丫鬟也不知道。大小姐要是在打秋千，丫鬟的声音小了，她听不见。所以，丫头就得高声叫起来："有请大小姐！"还得先望高处，得寻找，不知大小姐在哪个秋千上呢。言下之意就是：哎哟，大小姐上哪儿去了？赶紧快来，不然，老爷、太太怪罪啦！萧先生呢，也不能就在上场门儿搭架子，因为丫头不是那么快就出来的，而是在远处搭架子。"来了来了来了"，声音由小变大，逐渐放大音量。观众一听，就知道她是跑着来的，而不是走着来的。萧盛萱这一出来，打着偏袖，脚底下走着鸭子步，他这鸭子步还得并膝。就他这一出来，台底下就炸窝。他在这儿演的时候，并不像现在这样故意去丑化程雪雁，他要表现的反而是程雪雁刻意注意自己的形象和礼貌。比如，程雪雁进门的时候也考虑了，见高堂，应当仪容端正打偏袖，可惜，

⊙ 京剧《凤还巢》中，杜近芳（左）饰演程雪娥，司驿饰演程雪雁。

⊙ 京剧《凤还巢》中，杜近芳（左）饰演程雪娥，杜福珍饰演程夫人。

脚底下的鸭子步走习惯了，改不了。程雪雁也抖袖，之后也规规矩矩地搁着，但她的抖袖像武旦，因为打惯了秋千，有劲，改不了。虽然动作做出来都那么丑，但是，程雪雁还觉得自己特别规矩，挺端庄、有礼貌。虽然一点儿都不是故意地闹，但在反差中体现出来的是滑稽，很有笑点。

再比如我们的《凤还巢》，元帅和公公都不能去掀绣阁。怎么能让爵位那么高的人去掀绣阁呢？那丫鬟是干吗的呢？像这些问题，我在演戏的时候都会琢磨，不断修正。所以，有的人说，杜近芳演戏麻烦。《凤还巢》这戏，也得她导演。我觉得，我确实对戏的要求很高。

我去台湾前，对于《凤还巢》这出戏，在家面壁了好几天。程雪娥是什么身份呢？她是家里的幼女，又是庶出，就如同《红楼梦》中的贾探春，命运很悲惨。这样的身份，从人物一出场，就应当带入戏中。比如，程雪娥第一次出场，是和老旦一块儿上台。老太太看这个庶女不顺眼，一出场就发牢骚："锦绣操持兼教女"，意思是说，我又得操持家务，还得兼着教育孩子，累死了。程雪娥在老太太面前深恐自己哪儿有不检之处，因此，她不像一般古典大青衣那样出场，爱美一般地托腮看裙底，而是陪着小心，注意自己的仪容。但程雪娥这个庶女，偏偏得到父亲程浦的喜爱。也许因为程雪娥的母亲长得好看，也可能在程雪娥的母亲没过世的时候，程浦往她们屋子里去得多，对于程雪娥从小就挺溺爱。也许程雪娥的母亲早年死了，留下一个小女儿，程浦想更多地关爱她。所以，程浦一看到穆居易，就想到把他配给程雪娥，这就构成了矛盾。老太太一听就不依，于是，念白中就有这样的言语："老爷，此言差矣。哪里有妹妹出嫁，姐姐

⊙ 京剧《凤还巢》中，杜近芳（左三）、梅葆玖（左二）、李维康（左一）、马小曼分别饰演程雪娥。

尚在家中。连长幼之序、嫡庶之分都不晓得了吗？”程雪娥听到这样的话，心里像刀扎一样，酸痛万分。这个情绪，应当在眉眼中表现出来。我师父王瑶卿就常说：“眼睛里头得有戏，不然就是有眼无珠。”这话虽然比较尖刻，却让我一生难忘。程雪娥的眼泪虽然没下来，但眼眶湿了，应当带着这样的情绪下场。我们京剧里就讲究“带戏上场，带戏下场”。如果不带戏上场，观众也入不了戏；不带戏下场，观众就走了，不看了。比如，程雪娥第二次出场，仍然要带着小姐的身份上场。虽然是父亲程浦单独召见，但家里客人来得多，仍然要左右托腮，注意仪容。几个动作就能体现出来，在这个家里，程雪娥过得是小心翼翼，与正门正出、随心所欲的程雪雁形成一个鲜明反差。再比如，我唱“日前领了严亲命”这段慢板时，底下观众是炸窝的。这段，我唱出了七情六欲，这是一辈子的大事，情胜于歌。我为什么要在这里做腔呢？因为这儿还是接着上一场的情绪，要反映出人物情绪的波动，这种波动是和唱腔的节奏配合在一块儿的，因此，就需要对节奏快慢的把握和强弱的对比。再比如，老太太使调包计，程雪娥的婚事不成，她下场应当带着抑制不住的委屈。我那么想，她一定跑到自己睡觉的屋子哭去了。这些情绪，都应当前后呼应，要连贯，要合理。

另外，还要注意一些小的细节。比如，程雪娥在家里是不能穿帔的，应当穿褶子。褶子在戏曲里如同家常的衣裳，帔就相当于正装了。谁没事儿在家里穿正装呢？所以，程雪娥看到程雪雁穿着帔，才会觉得奇怪。大晚上的穿着礼服出来，是要上哪儿去呢？有什么大事吗？这是要注意的。

再有，在基本的程式当中，通过仔细分析人物情绪，我会有一些身段的变化。比如，“左思来，右想去，心中难忍”。我的水袖起来，再下来，再起一番，是双的。实际上，想要体现的是咱们正常人在心里特别痛苦、特别难受的时候，咽喉哽塞，说不出话来，想要说的话又不能说的状态。在程雪娥这个角色的体验上，我认为，她是一个很不简单的女孩子，质本洁来还洁去，做一个清白的身儿也含笑九泉。实际上，这句话对长辈来说是非常硬的，但程雪娥有她的傲骨。与老太太争辩那段唱，从原板到流水，其实是一个递进的过程。当重新再去演这样的传统流派戏时，我的理解和创作与之前是不一样的。这恐怕也是人们觉得我后来的表演不一样了，或是进入新境界的原因所在。

从台湾回来以后，1993 年 10 月份，我到上海时也演了《凤还巢》。我邀请景荣庆老师演公公、朱秉谦大哥演洪公。我跟朱秉谦说：“大哥，你捧捧我吧，一块儿到上海去。在那儿，一台都是生人不行。”那时候，北京刮大风，到了机场，飞机不能起飞。我一个人就在机场待着，修理上台用的东西，因此得了感冒。等到了上海，我在感冒之外还加了咳嗽，嗓子一字不出，没音了，盯不住了。自己带的消炎药吃完了，我只好通过马博敏，求助于当时在上海的汪道涵伯伯，能否提供一些特效药，我超量吃一点儿，保证第二天的戏。汪道涵伯伯派秘书专门给我买了日本药。汪道涵伯伯是京剧票友，梅派戏唱得好着呢。那天晚上，我睡不太着，吃了点儿安眠药。中间只要醒来，我就拼命喝水，再吃两片药，也不管该不该吃。如此反复，直到天亮，嗓子竟然可以出点儿音了。我就给琴师李门打电话，我说：“李门大哥，你一夜没睡觉，辛苦了。我晚上大概问题不大，现在嗓子能出点儿音了。”他说：“告诉您，我已经 40 多岁了，您下回可别这么吓唬我。”在上海，我还找了王梦云。我说：“梦云，你捧捧我。”她说，她不来这活儿。我说：“我知道你不来这活儿，但请你捧捧我。”王梦云答应了。作为老旦名家，她还是有水平的，演得非常好。

《凤还巢》在上海演出的时候，票价卖得很高，“黄牛票”就卖得更高了。观众非常热情。因为买不到票的观众很多，上海专门派了电视转播车，向观众保证，通过电视直播让他们看上戏。当时，买不到票的观众站在马路边看电视直播，就这么仰着脑袋看一晚上。剧院里头叫好，外头也叫好，挺热闹的。

流传后世“音配像”

“中国京剧音配像精粹工程”，是在李瑞环同志创意和指导下实施的一项宏伟的文化工程。这个工程历时21年，70多个单位、3万余人次参与其中，录制的剧目有460部。我非常有幸参加了这个工程，为自己的《白蛇传》《谢瑶环》《柳荫记》《桃花扇》的早年录音配像。同时，由我的弟子、学生或优秀中青年演员，为我的《蝴蝶杯》《玉簪记》《桃花村》《佘赛花》《白毛女》《西厢记》《女起解》《三堂会审》《十三妹》《奇双会》《凤还巢》《吕布与貂蝉》《周仁献嫂》《白蛇传》（国际版）等早年录音配像。

我的信息比较闭塞，平常没有特别重要的事，不大愿意出门。所以，刚开始录“音配像”的时候，我不大知道是怎么回事。后来，有关方面给我打电话，向我说明李瑞环同志主持抓的“音配像”的情况，我非常兴奋。可以说，这是一件功在当代、利在千秋的大好事。根据各方面的意见和我个人的思考，我准备第一个戏先弄我的代表作《白蛇传》。

我首先找到我家官人的同学、我称之为“高人”的喜雨亨，也可以说是我的老师。他出身书香门第，外语非常好，他和他爱人都在对外文化联络委员会工作。而更为可贵的是，他在京剧方面的造诣比一些专业演员还强。喜雨亨从小就爱好皮黄、昆曲，家里人看他这么喜欢，就请来教唱的、教把子和练功的、拉胡琴的老师，全方位地教他“四功五法”，所以，他可以说是一个戏迷、票友和京剧研究家。特别是对于我的戏，他全部看过，非常熟悉。我就请他首先帮我分析《白蛇传》的剧本，一个问题一个问题地谈，一场一场地进行整理。比如，在1985年，我就把白素贞与许仙的

⊙ 京剧“音配像”《谢瑶环》中，杜近芳饰演谢瑶环。

情感基础问题解决了，将“说许”这场的四句〔西皮摇板〕“许郎夫他待我百般恩爱”改为〔徽调四平〕，按照周总理生前提出的要求，要体现白素贞、许仙二人的甜蜜感情。没有前面的甜蜜，后面的白素贞、许仙被拆散，人物就恨不起来，观众也恨不起来。那样改动以后的唱腔、表演和舞蹈身段，充分反映了这一点。无论是在全剧的演出中，还是单独的彩唱，我这段表演的反响都是非常强烈的。所以，在“音配像”“说许”的前半场，法海上场前的场次是重新录的。我唱〔徽调四平〕，那么，叶少兰为他的父亲叶盛兰先生配许仙，许仙上场时的唱腔也要与我的统一起来，“江边买得时鲜果”这段也唱〔四平调〕。

《白蛇传》的录音是1958年密纹唱片的静场录音，质量比较好，但是不全。有些场次，包括音乐、锣鼓甚至唱和念白需要重录，进行拼接。有些唱的腔没有变化，但我后来润腔的方式、节奏都有了新的变化。比如，“游湖”这一折最后下场前的一句唱“莫叫我望断秋水想断柔肠”，非常重要，它是表达白素贞对许仙爱慕的重要一句，而且引领下一场。我准备“音配像”时，在听这个录音的时候，有了新的理解。这句唱的腔，我不变，但在节奏和润腔的音色上，要把白素贞女性的柔美和爱慕的情感表现出来。前面的“莫叫我望断秋水”，是白素贞对着湖中许仙的人影唱。等到了“想断柔肠”的时候，我觉得，白素贞得看一眼许仙了，看了之后又觉得羞涩，赶紧用“万福”的身段表示感谢，来遮掩自己的羞涩。为了这一看一羞一谢的表演，“柔肠”这两个字，我重新录了一下。等唱完之后，我还有一个“回眸一笑”的身段。这就是再加强一下白素贞的情感，化用了唐诗“回眸一笑百媚生，六宫粉黛无颜色”的意蕴。对这个“回眸一笑”的表演，我经常揣摩，不能对着镜子练，否则，在台上是找不到范儿的。怎么恰到好处，掌握住表演的分寸，是需要下功夫的，是不容易运用的。

⊙ 京剧“音配像”《谢瑶环》中，杜近芳饰演谢瑶环。

李瑞环同志对“音配像”提出了许多很有指导意义的意见。比如，他说:“你们要配的剧目，把所有的原始的录音都配上像，最后编辑研究的时候，不需要的可以剪掉。要是你事先就没配上，到时候再想配就不可能了。”这条意见非常对，节省了配像之前来回研究的时间，同时，消除了少录、补录的后顾之忧。

“音配像”是一项极其复杂又具体的工作，需要方方面面的人员协同作战、分工协作、互相配合，心往一处想，劲往一处使，才能完成。比如，“音配像”得先有录音，那就得发动大伙儿，把当年高质量的录音提供出来。倘若我记得或者我知道当年哪个广播电台录了我的什么戏，我也得去找出来。当时，具体组织“音配像”工作的是原天津市委宣传部部长谢国祥。我常常在“音配像”工作遇到问题时，向他请示和求助。比如找录音，我就请谢国祥部长给开介绍信，我亲自到广播电台的仓库里，请仓库管理员帮着我一块儿找。《白蛇传》用的是开盘带，大家都听到了，录音质量是非常好的。对我的录音师潘洪择老师，我永远感恩、纪念他。他当时肝不太好，已经退休了。都是在别人下班以后，他开始为我们工作，加工开盘带。我的录音和 1958 年的密纹录音接得非常自然和谐，全赖他的过硬技术。潘洪择老师得病去世后，我听到自己的录音就会想念他。可以说，1997 年、1998 年录的《白蛇传》“音配像”版本被大家认可，认为配得非常好。但是，这个戏的配像过程一波三折、曲折不断，既有客观原因，也有主观原因。当时，大规模排戏之前，是小范围的主演、导演、技导等人商讨、研究。曹韵清先生担任《白蛇传》这出戏的导演。结果，日程出来了，大家都准备好了，他本人也做好准备，要开始排戏了，曹老师却病倒了，住院了。怎么办呢？这时候，我想起一个人来，就是常贵祥。我经常看到他在剧院排戏、抓总，就对常贵祥说：“你愿不愿意参加《白蛇传》

⊙ 京剧“音配像”《白蛇传》中，杜近芳饰演白素贞。

这个戏？文的戏我可以说，武的你来排。当然，你要能排文戏更好。”常贵祥表示很愿意，那么，我就开始给他介绍《白蛇传》的情况，对每个场次、每个人物的要求详细作了说明。当时，我们是在中国京剧院的食堂里吃完中饭，就地开会、说戏，我们是一天两班，中午就在食堂吃饭，我请客。吃完饭，大家休息一会儿，等食堂的服务员把地面打扫干净后，就开始谈戏、说戏。大家说：“常贵祥，行嗨，你又会一出，杜老师还得对你‘忠实坦白’。”工作了一段时间后，曹韵清老师的身体好多了，就加入进来，常贵祥继续配合曹老师做排戏的工作。等到我们较大范围地排戏了，这时候不去排练厅就不行了，跟院里说，院里也同意了。我当时已经66岁了。为了以比较好的艺术质量来进行配像，我必须练功、活动，使自己的艺术状态达到较好水平。我每天早上7点起床，洗漱后不吃早饭，拿着好几包茶叶就去剧院了。到了排练厅，先踢腿，再下腰，跑跑圆场，练练身上，然后，我开始小声地、走步式地回忆背戏。特别是，我的一位老师给我提的方方面面的问题和建议，我得自己琢磨，先在排练厅里走走位置，试验不同的创意办法，找到最合适的修改方案。

这些准备工作做好之后，就进入排戏阶段。《白蛇传》中的许仙是叶盛兰先生的录音，理所当然，就由其子叶少兰来配像。小青是由我们中国京剧院资深武旦艺术家刘琪配像。这排戏是一个大工程，为什么呢？因为我们既要根据录音来排，又要补足原录音缺的场次和部分。同时，我们还要更进一步，根据新的理解和创意，重新进行声腔、表演和调度上的设计。比如，《白蛇传》中缺少的“盗仙草”“金山寺”等武戏的锣鼓，都进行了现场录音。再如，“游湖”“说许”“合钵”中的部分唱段和念白，进行了补录与重录。

另外，在我的“音配像”中，唐云生付出了心血，非常辛苦，做了许多组织、协调、调度工作。后来，他积劳成疾，病魔夺走了他的生命，我也很怀念他。

挫折磨难后　配像“样板”出

京剧艺术是有它的独特规律的。话剧导演来排戏总是从第一场开始往后排，我们京剧则不同。曹韵清老师就是一位很有经验的京剧导演，他先排“酒变”“游湖”“断桥”。当然，《白蛇传》这个戏本身已经是经典剧目，另外，我们这几个人对这个戏不但熟，而且研究得很透，不需要导演抠戏。我要说明的是，曹韵清老师先排“酒变”“游湖”“断桥”这样的文戏，然后再统一排武的、群的场面戏。这是京剧排戏的规律：文戏、武戏分开，因为两者在演员、表演和舞台调度上的差别大。文戏排完以后，在舞美道具这块儿出现了点儿问题，比如“盗仙草”没有宝剑，“金山寺”没有双枪。遇到这样的情况，我的心情非常不好。加上前一阶段排戏时的劳累和紧张，我的左眼开始往下“掉黑纱”，实际上就是眼底出血，以致视力急剧下降，慢慢地，看不清东西了。在这种情况下，“音配像”《白蛇传》只能暂时停止，我开始求医治疗。每天早上起来洗漱完毕，因为眼睛看不见，我要打车去医院。打不到车，我就靠自己摸着道走。可去了医院，遇到难题了，给我进行诊断的年轻医师们都没有有效的办法，挺着急的。突然，有一个穿白大褂的女医生叫我：“杜近芳。”我答应。她看我没反应，就问我：“你不认识我啦?”她一说，我想起来了。原来，她是我家官人的同事兼病友。她与我家官人在同一时期得的肺癌。她是协和医院眼科的资深医师，姓费，这天查房碰见我了。真是天无绝人之路，我遇见贵人了。她听我谈了情况，开始给我检查。她让我每天到医院输液，输的是云南白药、丹参等中药，每次 3 小时，让眼睛慢慢地吸收。她要求我每天早上起来一定要走路，注意饮食的营养，不要睡午觉，不许看书、看电视。我说：“想看，我也看

⊙ 京剧“音配像”《白蛇传》中，杜近芳饰演白素贞，叶少兰饰演许仙。

不见呀！”什么时候复查，听她通知。等到输液将近100天的时候，我还是看不见。费大夫让我第二天来，请了董大夫会诊。然后，在一间黑屋子里，不知道用的什么技术，给我的眼睛“激”了一下，让我睁眼，但睁眼后还是瞧不见。又过了一会儿，他们说：“你再睁眼看看。”我一睁眼，喜出望外，看得倍儿清楚。我非常感谢这两位医生的妙手回春。她们还嘱咐我，这段时间可以工作，但还是不许看电视、看书，等眼睛慢慢恢复、适应。

就这样，休养加治疗用了三个多月的时间，我的身体情况终于能够适应“音配像”的工作了。在这期间，就工作过程中遇到的阻碍，我向谢国祥同志汇报和求助，谢部长就指示进行舞美制作。“音配像”《白蛇传》需要的部分道具和制景准备就绪后，我们整个剧组又重新投入到了拍摄中。

排练挺顺利的，大家觉得已经耽误时间了，就抓紧拍摄。然而，福无双至，祸不单行，又出事故了。在排练“盗仙草”这场武戏的过程中，不知怎么的，剑穗上面的疙瘩扫到了我的右眼上面，我的右眼也开始“掉黑纱”了。我赶紧跟剧组说：“你们先排别的吧。”哎，真是一波三折！我又去找费大夫，又是每天跑医院的治疗过程，又是四十几天的时间。这次右眼和上次左眼不一样，是一点一点、慢慢开始恢复视力的。这次，大夫就警告我了：“你不许蹦跳，练功时要多加注意，两只眼睛不能再伤了，不能看书、看电视。你就一门儿心思把该完成的配像工作完成好。”

李瑞环同志很关心我的身体，对我说：“近芳，你的眼睛都看不见了，让别人配吧，你当导演。”我说：“没事儿，一只眼睛看不见，我还可以教学。”李瑞环同志知道我病了，就责怪主持“音配像”的谢国祥等领导。我知道以后，赶紧找谢部长，我说：“我愿立‘军令状’，不管在‘音配像’的工作中出现任何问题，都由我自己负责，跟其他人没有关系。”谢部长说：

京剧“音配像”《白蛇传》中，杜近芳饰演白素贞。

“那怎么行？哪能这么玩命！”

由于这两次事故的耽误，“音配像”《白蛇传》从 1997 年拍到了 1998 年。拍好以后，在中央电视台进行了反复播放，收到的各个方面反馈都非常热烈。许多人说，杜近芳的眼睛怎么那么水灵啊！天知道，我的眼睛多灾多难，受了多少苦啊！

许多报纸都给予热情洋溢的赞赏，有的评论赞誉《白蛇传》为“音配像的样板”。李瑞环同志看后，非常高兴、非常满意，许多人都向他反映《白蛇传》拍得好。李瑞环同志指示：让杜近芳继续拍。我和周围许多朋友听到的舆论，都是对“音配像”《白蛇传》的欢迎。好多朋友给我打电话表示祝贺。有一次，我接到一个来自美国的越洋电话，对方自称是我的老观众，但我想不起来了。他说：“你的《白蛇传》，我们都看到了。你跟别人不一样，你的是新京剧！”我赶忙表示，我是在传统老戏基础上进行创作的。他说：“不！你不一样，你的是新京剧。美国很多票房都在唱你的戏！”还有一次，我打车，上了车一听，司机在放《白蛇传》“许郎夫他待我百般恩爱”这段唱。我心想，这“音配像”《白蛇传》总算没有白拍。

为什么“音配像”《白蛇传》获得了如此大的成功？我觉得非常重要的一个方面，就是参与配像的同人们都是对艺术高度负责任的人。我们开始配像是从文场的“酒变”开始的，就以“酒变”为例：“酒变”这场戏有一个表演许仙独自思忖，然后拿着醒酒汤，拨开白素贞的帐幔，看到白素贞的原形被吓晕过去，舞台上是用一个“僵尸”的技巧。那么，在单拍叶少兰给其父叶盛兰配像的这段表演的时候，我正好补完妆，找电视导演阎德威谈点儿事。他跟我说：“这（叶少兰摔‘僵尸’）已经是第八个了！”我当时也很吃惊。就在我们说话的当口儿，叶少兰又摔了第九个“僵尸”。最后摔到第十个的时候，叶少兰才终于满意自己的表现。我大他 10 岁，按说，

⊙ 京剧“音配像”《白蛇传》中，杜近芳饰演白素贞，叶少兰饰演许仙。

那时候，他也是50多岁的人了，真是精益求精。所以当时，我们是以极其认真负责的精神进行配像，争取无遗憾地完美呈现。

摩学真玩意 锻炼后来人

许多老艺术家都非常重视“音配像”的工作。张君秋先生当时是总顾问，他对自己的录“音配像”要求很严格，希望他的学生在配像上能高质量地完成。因此，张君秋先生跟我说过好几次，让他几个比较满意的学生跟我学身段。我说，那怎么行呢？一方面，张先生是大家，有自己的风格。另一方面，很多身段是根据唱腔来的，必须对张派的唱腔非常熟悉才行。后来，李瑞环同志有一次跟我提起来：“君秋跟你说了几次，你都不答应。这样，我让赵秀君拜你。”我说：“那怎么行？这是张先生的弟子，我不能抢学生呀！”后来，我到上海收李国静为徒的时候，对谭元寿大哥说起这事。我说，一位是首长，另一位是大家，都说了拜师学戏的事。结果，我到上海收了李国静，不管天津的赵秀君，好像不太好。谭元寿大哥直劝我说：“你就把赵秀君收了吧。”这样，我给赵秀君打了一个电话，让她向李瑞环同志汇报，择日举办收徒仪式。赵秀君非常高兴，马上向李瑞环同志汇报了。李瑞环同志表示，找一个合适的时间举行仪式。后来，我到天津给赵秀君排了《女起解》《三堂会审》的身段，给她加工了重新改编后的《西厢记》。在李瑞环同志改编的《楚宫恨》中，我一面研究张君秋老师的处理，一面从女性的生理学与心理学方面强化赵秀君的表演。

⊙ 京剧“音配像”《柳荫记》中，杜近芳饰演祝英台。

一次，李瑞环同志在钓鱼台国宾馆召集大家开会，商讨酝酿“京剧像音像工程”，京剧界的同人差不多全出席了。在会上，李瑞环同志就问我和赵秀君："哎，我什么时候参加你们的拜师收徒仪式啊？"我就说了："听您的！"李瑞环同志说："好，今天两件事。一谈'音像'，二就是杜近芳收赵秀君，我请客。"当时，现场气氛非常热烈，大家都特别高兴。许多艺术家开玩笑说，以后收徒弟，就请李瑞环同志安排在钓鱼台国宾馆宴会厅！我觉得，赵秀君那天说得很好。她站起来，举起酒杯，说了一番话。她的意思是，第一杯酒敬李瑞环同志，感谢对她的亲切关怀和培养。第二杯酒敬已在天堂的张君秋先生，感谢对她的传授和栽培。第三杯酒敬我，感谢我对她的严格要求。

我记得，赵秀君配《玉堂春》的时候，我就要熟听张派这出戏的唱腔，因为我学的是王派。我根据张派唱腔来进行身段和表演设计，然后给赵秀君说戏。后来，拍《西厢记》的时候，很多京剧行内的、电视台的同志议论说，赵秀君的表演和身段提高了一块。大家都认为她进步很大，这是很让我高兴的。

在"音配像"的过程中，我感到自己已经步入晚年了，人也比较胖了，有些戏配起来不合适。而且，下一代的学生们有些戏演得多，比较熟练，她们可以胜任演出与配像。比如，我和叶盛兰先生在20世纪50年代演出并实况录音的《凤还巢》，这个戏还有个特点，两姐妹是一俊一丑，特别强调主要角色程雪娥的扮相要漂亮，所以，我就不能勉为其难地配这个戏了，这样会对比不强烈。这个戏后来是让李胜素配的。关于《凤还巢》，我要说两句。《凤还巢》这个戏是王少卿先生给我说的。梅先生早年演出，是上、下本两个晚上的戏，后来慢慢精简成单本一个晚上的戏了。确实，原来的情节中有些地方不合理，叶盛兰先生和我都觉得需要动一动，把不合理的去掉，让戏精简、精练一些。比如，叶先生对小生穆居易的一些情节安排不满意。他说，穆居易落魄了，穿着"富贵衣"（指打补丁的破衣裳——笔

⊙ 京剧"音配像"《柳荫记》中，杜近芳（左）饰演祝英台，叶少兰饰演梁山伯。

者注)，还在赏花，这不符合人物的身份和当时的环境。于是，叶先生和我以及中国京剧院一团的其他同志，在保留梅派艺术精华和原剧好的地方不动的情况下，作了一些加工和提高。所以，我们在彩排的时候，特地请我们的院长梅兰芳先生来看。梅先生看完后，不住地点头说："你们改得好。以后我要演，也这么着演。"这出戏唱得也很红，观众非常欢迎，一贴就满。不光是因为叶先生和我唱得精彩，我们一团其他的角色也过硬，观众看得过瘾。

《柳荫记》的服装、道具、布景都是新做的，所以，拍出来的画面感很好，整体效果，我是比较满意的。唯一遗憾的是，拍《柳荫记》的时候，我的腿没有拍《白蛇传》时那么好了。

1996 年配到的我的像，是《西厢记》中的红娘。我看过董圆圆的《天女散花》《霸王别姬》等戏，觉得这个演员基本功好，很全面，红娘这个角色，她是能演好的。那么，我就给董圆圆说戏。最后配像时没通知我去，为此，董圆圆很是遗憾。这是因为，配像的时候，年轻演员还是希望有老艺术家去把把关，更何况我是原排。

我的一些花旦戏、花衫戏、带武打的刀马旦戏，我这个岁数已经配不了啦，就让中国京剧院的花旦演员唐禾香配了《佘赛花》《桃花村》《十三妹》。《佘赛花》是很好的一出戏，念京白，舞蹈身段多。我的学生丁晓君、窦晓璇先后排演了这出戏，演得很红，观众很欢迎。我的《桃花村》摘了筱翠花的很多东西，我觉得他的花旦艺术是一绝。《十三妹》这出戏是王门的代表作，我是认真学习过的，新中国成立后与叶盛兰先生演过。但由于几十年不演不背这出戏了，为了能原汁原味、不丢不拉地把这出王派戏的特色体现出来，我带着唐禾香，去了同门师姐妹谢锐青的家

⊙ 京剧"音配像"《桃花扇》中，杜近芳（左二）饰演李香君，叶少兰（右二）饰演侯朝宗。

⊙ 京剧“音配像”《桃花扇》中，杜近芳饰演李香君。

里。谢锐青拜了王瑶卿先生，长期在中国戏曲学院做教学工作，很有成就。由于她经常向学生传授王门的这出《十三妹》，所以，她的这出戏既实授又记得牢靠。我请她为唐禾香传授、把关，并特别要求，在这出戏的“音配像”光盘上要注明谢锐青指导的字样。

《蝴蝶杯》这出戏的唱腔设计是周昌泰，他是荀慧生先生的琴师，为荀派艺术是作出过贡献的。这戏是由我在江苏省京剧院的学生黄孝慈配像。

《玉堂春》这出戏，各个流派都唱，几乎所有有一号的旦角都唱它，各有千秋。这出戏，我唱王派的。有人说，王派太老。我不以为然：王派有它独特的地方，是别人比不了的，所以这出戏，我按王派的唱，我不改。我师父王瑶卿先生说，这出戏有三点要注意：不能咆哮公堂，不能跪那儿听戏，青衣唱、花衫演。

为了抢救、传承和振兴京剧艺术，李瑞环同志和广大的各界同人奋力拼搏，取得了巨大成绩。我想，“京剧音配像”这项浩繁的文化工程，可以称得上是功在当代、利在千秋、功德无量，是一项文化艺术创举，为祖国的文化艺术事业留下了一份极为宝贵的财富，是我们祖国的国宝！

附　　录

京剧传承要“追源溯流”

杜近芳　陆　蕾

继承与发展京剧艺术，需要极大的心力、体力、毅力，我今年八十有六，仍在不断丰富、不断更新自己的思考，上下求索。

说起学戏与继承，我有五字体会，当谓“学源不学流”。我 12 岁拜入王门，跟四大名旦之师王瑶卿先生学习王派，后又得拜梅兰芳先生，实乃殊幸。“学源不学流”，正是王、梅众位先生教戏时对我的要求，也是他们身体力行之准则。

流是手段，是根据个人条件和理解发展出来的东西。那么，“源”是什么？在我看来，其一，源是京剧的“原生态”。我小时候，父亲经常让我背口诀：“生旦净末丑，行行都有九，四十五种怎么开口，四十五种怎么行走。”即京剧的每个行当有九种类型，每个类型又有一种讲法和特性，一共四十五种。就我学旦角来说，青衣与闺门旦、花旦、彩旦等等的身形、步法、指法、演法，我都得明白，而且能严格区分。京剧的规矩、讲究，皆来源于此。

“源”之二义，是创作的源头，也就是戏情戏理、塑造人物的方法和创作思想。要分析思考，艺术家是怎么创造角色的，为什么这么创造，有哪些好东西可以为我所用。演一部戏之前，要先把这个故事的来龙去脉弄清楚，知道它的朝代、年代、政治历史背景，人物形象的年龄、家庭、性格、身份、受教育程度等，知道了这些源头，才能明白人物为何这样打扮穿戴、唱念做打为何如此运用。王瑶卿先生教我学戏，总是从正面或反面向我提出各种问题，循循善诱地启发、引导我自己动脑筋，为的就是让我

⊙ 1988 年，在上海海内外梅派艺术大会演活动中演出京剧《穆桂英挂帅》后，杜近芳（右二）、梅葆玖（左三）、梅葆玥（左二）、梅绍武（右一）、屠珍合影。

找到源头。梅兰芳先生鼓励我学习他早年、盛年时的梅派表演艺术，也因那是梅派的源头。1959 年国庆 10 周年，我与张君秋先生、叶盛兰先生合作演出京剧《西厢记》，我演红娘。为了找到这个人物形象的源头，我专门去拜访了荀慧生先生，在荀家待了一整天。荀先生不吝赐教，使我受益匪浅。

既然众流合于一源，那么，多学、多思各流派之长处，无疑也是接近京剧艺术源头之美的必要途径。因此，我虽主学王、梅两派，但学戏练功，却不囿于流派，而是兼及尚、程、荀、筱等旦角各派，更旁及生、净、丑等各行当。我曾在赴世界青年与学生和平友谊联欢节的火车上向程砚秋先生学习发声，也曾是筱翠花先生后台化妆室的常客，不仅学到了筱派化妆之密钥，更得到筱先生"眼神是勾人灵魂的汤"的教诲。我小时候踩过跷、学各种跟头，还练过花脸的髯口功、丑行的轴杆功……所谓"艺多不压身"。后来在与叶盛兰、袁世海、李少春等艺术大家的合作中，更汲取了他们表演的精妙。现在，我教我的学生时，亦鼓励她们多学、多思，不仅要"学源不学流"，也要"学流溯于源"。这不仅是我自己多年来整理、研究、创作和演出的经验，也是京剧传承之正途。

在继承的基础上，京剧要“创造性转化、创新性发展”。京剧现今的所有流派，都是大师们在扎实习得京剧之源的基础上创新发展的结果。回顾我近80年的艺术生涯，我站在巨人的肩膀上，“学王、入梅、出杜”，一直有意识或无意识地探索着属于自己的艺术理念与艺术风格。总结起来，则是“富于古典神韵的女性美”“富于情感化的声腔美”“富于语汇化的身段美”。京剧的四大名旦都是男性，教我旦角的老师们也几乎是男性，如何以女性的身份表现旦角之美，是我一直在思考的问题。要正而不板，清丽而不俗媚，更要体现女性的古典气质。为此，我常从其他艺术门类中寻求灵感。比如，我喜看古画，尤其是古代仕女图、敦煌壁画、观音像等，从绘画的美术造型去体味台上古典美人该有的造型和身段。我爱看《红楼梦》，从曹公笔下那些“质本洁来还洁去”的人物身上，寻找女性的气质与风韵。所幸，我创造出的众多女性艺术形象，如纯真俊美的祝英台（《柳荫记》）、爱国刚烈的李香君（《桃花扇》）、亦人亦仙的白素贞（《白蛇传》）等，都得到了观众的喜爱与认可。在声腔上，我把复杂感情运用于唱腔表达中，力图脱程式而入生活，将女性俏丽清新、悱恻缠绵之意寄于行腔吐字之中，结合王派“猴皮筋”“松紧带”之法吐纳收放，取得了很

⊙ 京剧《龙凤呈祥》主要演员，从左至右依次为：冯志孝、李世霖、张君秋、李万春、袁世海、杜近芳、叶少兰。

好的效果。我学唱《祭塔》之时，王瑶卿先生就觉得我入情入境，唱得他心里“闹得慌”，说我有独特之处。有喜欢我的观众说，我唱腔的一大特点是“信息量大”，即同种腔调、同等时间内，表达的内涵更多，而且动听。有些观众独爱听我的〔四平调〕……我想，这与我的追求不无关系。在身段上，我将身段语汇化。可以说，我使出的每一个身段，都有很明确的指向性，一定是我所扮演这个形象内心活动的外化。所谓“情动于中而形于外”，因为人物的内心视像和心理活动是饱满的，所以，身段虽不繁复，在舞台上也没有盲点和空白处。

如今，中国京剧艺术迎来了新机遇，希望年轻的京剧演员们能狠下心吃苦练功，能静下心学戏磨艺，在舞台表演中“神要守舍，魂要附体”，把生命融入角色，为理想坚韧拼搏。我与张正贵、陆蕾两位同志合作的《杜近芳口述实录》即将出版，这也算是对我80余载艺术人生的总结，希望给青年一代带来一些借鉴和启示。只要还有一口气在，我一定会为京剧艺术的传承与发展贡献自己的力量。

（原文发表于《人民日报》2018年5月10日第24版）

杜近芳：生命是艺术的一部分

张正贵

“注意情绪的准确性，白素贞对许仙是怨大于恨。”“剑要得不对，转身还要接一个鹞子翻身，来，我来。”只见一位耄耋之年的老人，手握单剑，踏步立腰，好一阵剑花翻飞，只道是风雨不透，更像是人剑合一……这位女士就是当年中国京剧院的四大头牌之一、国家京剧院艺术风格的奠基者之一、享誉海内外的杰出京剧表演艺术家杜近芳。2015 年 4 月，笔者有幸在国家京剧院的排练厅，见识到杜近芳给学生排练《白蛇传》的情景。这位已是 82 岁的老人，担任《白蛇传》一剧的艺术指导、总导演和唱腔整理。在近半个月的时间里，杜近芳几乎每天都在剧院的排练厅，全神贯注地连说带讲，为学生启发示范，每次排练都在 3 个多小时，每次又都是学生主动请她休息方才停歇。而很少有人知道，杜近芳是带着身患各种疾病的身躯在顽强坚持着，她脚肿得需要穿上特制的大号布鞋。

几十年来，杜近芳心系京剧的传承大业。到底有多少人得到过她的指教，她自己都记不清了。而拜其为师的十几位弟子中，最大的 73 岁，最小的 24 岁，学生都有三代人了。笑称自己是“80 后”的杜近芳，在 2015 年 1 月 6 日新收了两名“90 后”的弟子付佳、刘琪。收徒之后，杜近芳就决定向付佳传授《白蛇传》，并于 5 月进行汇报演出。2015 年年初，学生给老师打电话辞行，说回家过年，初七就回来学戏。然而，杜近芳说：“你还有时间过年？甭回去了，从明儿起住我家来，我们一块儿学习《白蛇传》。”有人觉得这个老师是

⊙ 杜近芳给学生说戏。

不是太苛刻了，而这在杜近芳来说再正常不过了。杜近芳说，她最担心浪费时间，影响研究艺术。每逢节假日，为了避免不必要的应酬，她会在家门上贴条，并插上两个红包，上写：“家中无人，来人留言，若有红白喜事请自取。”好多人问杜近芳：“您一个人待在家里寂寞吗？”她说：“我忙着呢！”在创作京剧《谢瑶环》时，为了深入分析剧本，她把自己关在房里，将剧本一页一页地拆开围着墙壁贴了八圈，一连 7 天不出房门。1958 年，排现代京剧《白毛女》时，杜近芳和同事们干脆就不回家了，吃馒头，喝白开水，排累了，就地卧倒休息。排练厅常常听到导演的声音：“杜近芳，到你啦，哪儿卧着呢？”彩排之时，周恩来、习仲勋同志与自发前来的首都高校学子在人民剧场观看了演出，并对京剧尝试创演现代戏给予高度评价。用 10 天时间排出的现代京剧《白毛女》，轰动了京城和整个文艺界。

宝剑锋从磨砺出，功夫不负有心人。2015 年 5 月 3 日，《白蛇传》在梅兰芳大剧院的演出一票难求，受到了观众的热烈欢迎。整个晚上，杜近芳并没有坐在台下，而是从学生化妆开始到演出结束，在后台、侧幕整整把场（即指导、督看）近 4 个小时。她说，自己比学生还紧张，但是，看到演出受到观众的赞誉和鼓励，她比学生还高兴。

每当有人问她为什么对京剧艺术如此执着地追求、探索，杜近芳总会谈起 70 多年前的一幕：老北京的一个四合院中，传来一个老人和一个小姑娘的说话声。老人问道：“你是想当好角啊？还是想成好角啊？”小姑娘眨巴着一双透亮的大眼睛，想了会儿，笑呵呵地说：“当然是成好角喽。”“哦，你倒说说看，为什么想成好角啊？”小姑娘认真地说：“师父，当好角是自己把自个儿当角，成好角是大家伙儿都认可你。我要别人都承认我是好角，所以，我要成好角。”听完这话，老人不住地点头：“好小子！嗯，看来你以后能成角！”这发生在 1945 年的北平（今北京）大马神庙。这位 64 岁的老人就是四大名旦的老师、在京剧界有“通天教主”之称的王瑶卿先生；而这个 12 岁的小姑娘就是杜近芳。少小立志，学艺在恒。一颗强烈地为京剧搏动的心，催促着她不断攀援艺术的山峰。

杜近芳的幸运不只是能向王瑶卿学艺。1949 年，16 岁的她拜梅兰芳先生为师。而后，周恩来总理常常为她演的戏出谋划策，田汉、欧阳予倩给她写剧本，叶盛兰、李少春、袁世海与她长期合作，郭沫若、老舍、曹

⊙ 杜近芳给京剧专业中青年教师高级进修班的学员上课。

禹同她谈文论艺、亦师亦友。在长达70多年的艺术生涯中，杜近芳除整理上演了许多传统戏以外，还创演了《白蛇传》《柳荫记》《谢瑶环》《桃花扇》《白毛女》《红色娘子军》等几十出新编历史京剧和现代戏，塑造了大量鲜活生动、感人至深的舞台艺术形象，为国家京剧院的艺术建设作出了突出贡献。特别是她古典美与女性美的艺术气质，大大提升和拓展了京剧旦行的表现力与艺术内涵，形成了自己独树一帜的艺术特色与风格，使京剧旦行表演达到了新的艺术境界和高度。

杜近芳曾多次作为中国艺术团的主演，代表祖国出访欧洲、美洲、亚洲，到访过20多个国家。特别是1957年参加在莫斯科举行的第六届世界青年与学生和平友谊联欢节时，她获得了两枚金质奖章，为祖国赢得了荣誉。1955年，她在法国巴黎演出《白蛇传》时，法国观众一改往日每一幕结束时再鼓掌的习惯。当杜近芳饰演的白素贞刚唱完一大段唱腔，就见全场观众拍墙壁、跺地板，“Angela……”，高呼声响彻5层高的剧场。此时的杜近芳虽面不改色，圆满完成了后面的演出，内心却像打翻了五味瓶，她认为自己唱砸了。原来，这是法国观众被艺术征服后的狂热，“Angela……”并不是叫倒好，而是法语“再来一个”的意思。演出结束后，杜近芳谢幕20多次，观众依旧恋恋不舍。第二天，法国媒体赞誉杜近芳是“东方皇后”。杜近芳为推动中国京剧艺术走向世界、为中华文化的世界传播，作出了积极贡献。

谈起对青年京剧人的期望，杜近芳希望他们“神要守舍，魂要附体”，对艺术、对事业不敷衍，珍惜时间多学习，要适应时代，创作新作品，争取年轻观众。杜近芳对自己有一个“四世论”的总结：生于乱世，长于治世，成于盛世，流传后世。她总是充满感恩地说：“是党和国家培养了我，让我以文艺服务群众，让我在抗美援朝战争最激烈的时候跨过鸭绿江慰问最可爱的人。我感到从一个戏子成为人民艺术家的翻天覆地的变化，可惜，我做得太少，还很不够。但只要还有一口气，我就不会放弃对京剧的追求，因为我太爱我的事业了！”

从 2014 年到 2015 年，适逢文艺界和京剧界举办许多重大活动。本该颐养天年的杜近芳比年轻人还忙碌，其间，突发过一次心脏病，所幸发现及时，有惊无险。如今，杜近芳的日程还是排得满满的。《白蛇传》圆满复排后，她的主要精力放在自叙体回忆录的口述、整理上，为的是总结她走过的艺术人生道路，为后人留下宝贵的艺术经验与遗产；2015 年 7 月，她为京剧专业中青年教师高级进修班的学员传授《红色娘子军》和《谢瑶环》中的经典片段；她还计划分别为两个学生传授并排演《柳荫记》和《谢瑶环》……

老骥伏枥，志在千里；生命不息，研艺不止。是的，“视艺术为生命”常常是对杰出艺术家的赞誉，但我总感到，这还不能完整、准确地定位杜近芳。“生命是艺术的一部分”“没有艺术，生命就没有意义”，也许更能准确地描述京剧艺术中和人们心目中的杜近芳。

（原文发表于《人民日报》2015 年 6 月 4 日第 19 版）

近芳老师——我心中的深爱

蔡英莲

杜近芳老师是我儿时的偶像。她光彩照人的形象、明亮通透的嗓音，成为我的艺术憧憬、崇尚的标杆。我一直在思考，为什么如此喜爱杜老师的艺术。这其中有深层的原因，就是具有艺术的渊源。

缘由之一："根出王门　源远流长"

杜老师自幼学艺在大马神庙，拜师王瑶卿先生。我于 1956 年考入中国戏曲学校。当时，王瑶卿校长已仙逝，但中国戏校的青衣、刀马，多为王门弟子，如华慧麟、程玉菁、于玉蘅、罗玉萍等人，他们是我的老师。我的另一些老师，如李香云、雪艳琴、赵桐珊、荀令香等人，分别属于梅派、王派、尚派、荀派，都没有脱离王门这个总源流。而我年轻时看演出最多的，是中国戏校的实验京剧团；刘秀荣、谢锐青等大师姐演的多为王门剧目，如《穆桂英》《珍珠烈火旗》等。学的是王派戏，看的是王派戏，艺术的同宗同源，形成我的审美观念，杜老师就成为我艺术的标杆、追逐的目标。我记得，师妹李维康在学生时期已经崭露头角，

⊙ 杜近芳（右）与蔡英莲。

学习杜老师的《柳荫记》。我当时羡慕得不得了，便向他们要来曲谱，私下自学，津津乐道。我也知道，这出戏是王瑶卿校长设计的唱腔，曲不离口，喜爱至极。1964 年，我们班排演《白毛女》，这是由李少春、袁世海、叶盛兰、杜近芳共同创作的现代戏。他们传统的功底在现代戏中，更得以展现。杜老师把一个穷人家的姑娘演得栩栩如生：喜儿淳朴可爱的丽质、顽强抗争的张力，让人过目不忘；一曲“大雪飘”的〔南梆子〕，清澈晶莹，沁人心脾。1976 年，恢复传统戏教学，王门弟子于玉蘅先生带我去杜老师家学《捧印》。记得当时唐山大地震刚过，杜老师家还有防震措施，上面是个床架子，她在地上铺褥子，要钻进床架子里休息。她居然在床架子下面安装了电线和录音机，还风趣地说：防震不妨碍学习呀。我深深地理解了一位艺术家的情怀，更深地感受到，她与戏曲形影不离，时刻都在研究、都在思考。我向杜老师学习《捧印》是没有课时费的，她纯属义务教学，但这一切对于她根本不是问题。杜老师教戏之认真，可以说倾囊相送。她讲人物：穆桂英年过半百，对朝廷失望，在家中隐居，因此，脚步足不露裙，眼神安详，神态恬静，以及穆桂英对子女的深爱和厚望、对杨文广夺印回来的震惊、对挂帅的拒绝和接受的思想过程，讲得极为详尽。每个思想过程，都有特定的表演形式。特别是决定挂帅的思索过程，就是一段著名的“哑剧”表演，用〔九锤半〕伴奏一组身段，表现出穆桂英对挂帅出征从犹豫、为难到决定、振奋的思想过程。在两个“空哐以切”的锣经中，调度见棱见角，身段手式有线有点，每个动作都有丰富的“潜台词”作支撑，因此，动作有语汇，就不空洞。特别是杜老师强调脚下有“趋步”，是很多人没有的，正是趋步和水袖的有机配合，把穆桂英的巾帼风骨和飒爽英姿体现出来了。当穆桂英考虑 20 年抛甲胄，还能不能再度领兵，她踌躇、忧虑地低下头。突然，战鼓猛击，号角齐鸣。随着鼓声，她的头猛然抬起。紧跟着是战马嘶鸣，激起她的报国志向，克服年龄大和缺少战将的困难，义不容辞地领兵出征。在强烈的〔望家乡〕的锣经中，唱出脍炙人口的名段“猛听得金鼓响画角声震”。

我和杜老师的感情，还在于她对我高度的信任。当年，杜老师的女儿吴香妹在中国戏校学习时，被分配到我的课堂学习张派的《春秋配》。对于教授名门之女，我作为青年教师，自然会有顾虑。论年龄、资历，我都

是杜老师的学生。再说，我教的是张派，而杜老师宗的是梅派。此时，我接到杜老师的电话，她非常支持她女儿跟我学张派。她在电话中对我说："您都不知道，我也迷恋张派唱腔。我把那录音机放成慢转，听张君秋先生的气口。我实在听不出他在哪儿缓气，因为他学的都是程派的暗偷气，声腔里的气口不露痕迹。"杜老师还说："张派很难学，希望吴香妹能跟您学。您要严格要求她，要求她的脚步，要求她的身上和唱。"我说："老师您放心，我一定尽力。最后，您验收。"我非常认真地教授，并取得了很好的教学效果。

1981 年，在纪念王瑶卿先生诞辰 100 周年的时候，由我们中国戏曲学院主办，杜老师在学院恢复了全部《柳荫记》。用的是学院的班底，她亲自点我演《柳荫记》中的人心。这个角色一直陪伴着祝英台，开始是女装。随着祝英台女扮男装，人心也改为男装，挑担子上学堂。祝英台回家后，人心又改回女装。这是杜老师对我这个多年不上台的教师的信任，也给了我近距离学习的机会。从她对腔、排练到演出，我一直跟随。看她化妆时，因为刚恢复此剧，她说："我都快找不着扮相了。片子怎么贴啊、头饰怎么弄啊，都感觉手比较生了。"在舞台上，我是零距离的相伴。她富有激情的表演，产生了巨大的气场，感染着我。特别是她的唱腔，更是沁人心脾。唱腔是王瑶卿老校长设计的，本身就是精品；经杜老师润腔，更是美不胜收。我体会杜老师的润腔技巧，是以情润腔，深刻体会唱词、唱腔的内涵和心理因素，运用对祝英台的情感体验润色唱腔。杜老师的声音饱满而音色多变，吐字清晰而富有语气。简单的旋律，经她处理，就显得丰满、多彩。合作这出戏，我的角色不大，但收获不小，深深感谢杜老师对我的提携。1987 年，首届全国青年京剧演员电视大赛上，我的学生杨玉洁选择参赛剧目，决定用杜老师的《谢瑶环》。我们为了加强力度，设计把"花园"唱的〔四平调〕、〔南梆子〕和"大堂"唱的〔高拨子〕集中在有限的参赛时间里。由于赛前准备得充分、训练得扎实，赶场、换装也极为紧凑，杨玉洁在赛场上发挥了水平，通过学杜老师的《谢瑶环》获得青衣组金奖。从此以后，这种演法的《谢瑶环》，就成了参赛获奖的"名牌戏"。

缘由之二："张杜二师"　相映成辉

我之所以喜爱杜老师的艺术，还有一个原因就是张君秋老师。杜老师

和张老师既同出王门，又在长期舞台实践中相互借鉴、交相辉映，成为我学习的楷模。

我是在1978年张老师调到中国戏曲学院后，经史若虚院长推荐，正式拜张老师为师。从此，我一直在张老师身旁，边学习、边助教、边实践，陪同他老人家教戏、演戏、赴外讲学、策划并组织“中国京剧音配像精粹工程”这个具有历史影响的工程。可以说，张老师辞世前，我一直有幸在他身边学习、实践，使我受益一生、感恩一生。这个过程中，我深知张老师对杜老师的艺术也很为珍视，他们有很重要的合作，留下传世的名作。早在1959年，为向国庆10周年献礼，创作了重点剧目《西厢记》。张老师饰演崔莺莺，叶盛兰先生饰演张生，杜老师饰演红娘，剧作者是田汉先生，可谓大师级的合作。当时，杜老师还是青年，为演好红娘，特地向常演红娘的荀慧生老前辈请教。大师们联袂创作，为我们留下了不朽的经典剧目、经典唱段。至今，《西厢记》依然在舞台上传演。“文化大革命”期间，杜老师等人创排了《红色娘子军》，杜老师饰演吴清华。张老师被请到中国京剧团，担任唱腔设计。二位老师合作，创作出迷人的天籁之声。吴清华被打昏在黑椰林，迷离中唱的“昏沉沉只觉得天旋地转”，唱出了迷茫无助的意境；吴清华冒失地开枪打南霸天，受到批评教育之后，唱的“一番话字字重千斤”，唱出了豁然开朗的胸襟。这些唱段流传至今，在舞台上演，在票房里唱，成为百听不厌的精品。虽然张老师比杜老师年长，但在艺术面前，不分长幼，相互吸收。杜老师说，她向张老师学习，张老师何尝不在向杜老师学习？有个具体的事例：20世纪60年代，张老师恢复了“金·断·雷”。这出戏是张老师向尚小云先生学习的《金山寺》唱昆曲，《白蛇传》中的“断桥”一折唱腔很少，《祭塔》是大段的〔二黄〕。张老师要加大“断桥”的唱段，提出要“学近芳的‘断桥’”，很认真地研究、学习。当时，张老师临时突击学习，记不住4个“你忍心”的唱词，特地抄写下来备用，以便在台上救急。没想到，他在上海演出时还真忘词儿了，凭借丰富的舞台经验，对付遮掩而过。后台人捏了把汗，前台却丝毫不乱，也成为一段梨园佳话。张、杜二师之间的情谊，使我看到大师之间不分门户、相互珍重、相互吸纳、完善自我。

杜老师在耄耋之年，依然改戏、教戏，永不停歇。她课徒传艺，极为严格，培养出几位高端人才，有的获得梅花奖、文华奖。最年轻的丁晓

君、窦晓璇已成为梨园新锐，熠熠发光。在我心目中，杜老师的艺术已经进入开宗立派的境界，她具备形成一个流派的基本条件：演唱特色鲜明，代表剧目丰富，学生从20岁到60岁有多个年龄段，专家认同，观众拥戴。成为“杜派”，当之无愧。

承兰芳之竟体　展神韵满天下

——记我的恩师杜近芳

陈淑芳

我在 1972 年考入当时的中国戏曲学校。记得第一次听到杜老师的大名，是在 1976 年的一天午后。我突然听见，音乐科的教室里传出悠扬甜美的声音，便急切地开门询问："老师您好，这放的是什么戏？怎么如此美妙动听？是哪位老师唱的啊？"老师说："是中国京剧团的杜近芳老师演唱的《白蛇传》。"我一下子就记住了杜近芳这个名字。后来，我又听到《柳荫记》和《桃花扇》，那声音真是甜美至极，着实吸引了我。从那一刻起，杜近芳老师就成了我今生心中的偶像。

⊙ 杜近芳与陈淑芳。

每当课间闲暇，我就会跑到音乐科，跟着杜老师的录音学习唱腔，模唱时，心中便萌发出个念头：如果我将来能成为杜近芳老师的弟子，该多好啊！当时虽然觉得自己的梦想遥不可及，但是，在我幼小的心灵深处种下了一颗希望的种子。于是，我更加奋发图强，经音乐科老师照顾，在很短的时间内听会了整出《白蛇传》的唱腔。

1979 年，我以优异的成绩毕业于中国戏曲学院，同年进入由学院建立的实验京剧团，成为主演。在 7

年的光景里，我学习并在舞台上实践和涉及了大量不同行当的传统剧目，拓宽了戏路，也丰富了舞台经验。1987 年，我调入中国京剧院一团工作。这次调动让我惊喜非常，意味着私下里就能与我的偶像杜老师近距离接触了。刚投入工作不久，我就与老艺术家冯志孝、张春华老师分别合作演出了《苏武牧羊》《秋江》等戏。剧院为了让我今后能有更长足的发展，提议我拜杜近芳老师为师。院领导邀请给杜老师伴奏的京胡、京二胡伴奏家李门和李超老师，成为我的“拜师牵线人”。

记得那天，杜近芳老师与袁世海老师在北京展览馆联袂演出《霸王别姬》。散戏后，两位李老师带我来到后台与杜老师合影，只见一位古代美女站在我的面前。杜老师问：“这个小姑娘是谁呀?”两位李老师就开始介绍我，以及我想拜她为师的愿望。杜老师很认真地在听，表情非常和蔼可亲。最后，她说：“你们说的，我都听明白了。可是，我还没有看过这孩子在舞台上的演出啊。”当时，我就心急如焚地说：“杜老师，我的演出刚结束。下面的日程，团里目前还没有安排，但是，我有以前的演出录像，您看看行吗?”杜老师高兴地答应了。

与各位老师告别之后，我兴奋地飞奔回家，将之前所有的演出剧目录像：文戏包括青衣、花旦、花衫，武戏包括武旦、长靠，还有现代戏与新编历史剧的精彩场次，综合成一盘录像带，以最短的时间送到杜老师手中。几天之后，便得到了杜老师的回应：“我太高兴了！这孩子的专业条件非常全面，速办一场拜师会!”我听后，高兴得跳了起来。经过各方面快速的安排、部署，1988 年 8 月 20 日，在人民剧场贵宾厅举办了隆重的拜师仪式。因为杜老师在京首次收徒的缘故，各级领导，以及享誉盛名的众多艺术家、评论家和北京各大媒体都云集于此。《中国戏剧报》《北京晚报》全程跟踪报道，并发表了《“速办”的拜师会》《京剧艺术的传承：梅兰芳—杜近芳—陈淑芳》等头条文章，取了个三名同“芳”的好彩头。

我有幸喜得贵人相助，可望而不可即的最初梦想终于如愿以偿，感激之情无以言表。我拜师后中国京剧院立即安排以我为主演的新编戏《香港行》，参加在天津举行的全国新剧目会演，荣获旦角组第一名的好成绩。那时，我暗暗下定决心，要终身跟随师父刻苦研修京剧艺术，传承杜老师的精品力作，不辜负所有帮助过我的领导、老师和同人们。

我拜师的时候，杜老师正值盛年，舞台实践繁多。我每次学习，都是趁杜老师的演出空当，抽时间说戏；还有一部分时间，就是我站在侧幕条边，拿着杜老师的水杯，零距离地认真观摩。对这些学习机会，我都无比地珍惜。至今令我难以忘怀的，是向杜老师学习的第一出戏《霸王别姬》。

有一次，剧院安排出国演出任务，本该是杜老师演出《霸王别姬》，但杜老师希望我能够在舞台上多多实践，就把这个宝贵的机会给了我，并向院领导打包票："这出戏就让小陈演吧，我给她说全剧，你们放心。"在20世纪80年代，出国演出是何等大事，大家都争先恐后地争取名额，而杜老师不计个人利益，把演出机会无私地给了徒弟。我心里就像一团火，有种说不出的感激，只有憋足了劲儿好好学习，回报杜老师的一番苦心。

去杜老师家学戏时，正属寒冬季节。年轻的我情急之下，竟买了两个大西瓜。那天下午，杜老师与他的爱人都在家中，均身着厚厚的冬衣，满面笑容地迎我进门。刚坐稳，杜老师便对我说《霸王别姬》这出戏的故事人物、历史背景、表演技法等，并提出，让我坐着，先看她表演一遍以熟悉套路，再来模仿她的一招一式。于是，杜老师拿起双剑，边舞边说技巧、要领。就这样，持续了三四个小时，杜老师连一口水都没喝，厚厚的毛衣和棉坎肩一层一层地褪去，也抑制不住她的汗流浃背。到了晚上吃饭时，杜老师由于过于劳累没有食欲，不停地扇扇子。我心里又感激又心疼，一时间也不知怎样去表达。正在这时，杜老师说，要吃我买来的西瓜解渴。我急速拿着切好的西瓜捧给她吃，窃喜误打误撞，买来的西瓜竟可以物尽其用。

学成彩排时，杜老师很早就来到后台看我扮戏，并叮嘱莫要紧张。散戏之后，我本想请杜老师上台合影，谁知，台下竟找不到她的踪影。第二天，我怀着忐忑的心情给杜老师打电话，询问彩排情况，电话中竟传出沙哑的声音。我急切地问："您的嗓子怎么哑了？"杜老师笑着说："小陈，我在后台劝你不要紧张，其实，我坐在台下比你还紧张。你演戏时，我就和你一起使劲儿，结果出了一身的汗。散戏后太累了，我就想赶紧回家，出门就让风拍着了，今天嗓子就哏了。"我听后，泪水不禁湿润了眼眶，心中感念恩师的忘我付出。经过杜老师的悉心教导和我的不懈努力，终于圆满地完成了此次出国演出任务。

中国京剧院为杜老师排演《桃花扇》期间，我逐渐领悟了她的艺术要义。杜老师在艺术方面对自己相当严苛，录音阶段不能留下半点儿瑕疵，

在与乐队说腔时，一个劲头没有合上，她就反复地试唱，并给乐队指出技巧的关键。我在旁边全程录音，回家后不断揣摩其中要义，并反复练习，再加上众多舞台实践，渐渐领悟了杜老师的演唱精髓。多年后，杜老师从电视里突然听到《桃花扇》的唱腔，心里想："我没有在电视台录过这段戏呀。"她走到电视旁定睛一看，原来，中央电视台戏曲频道正在播放我演唱的《桃花扇》唱段。她高兴地打来电话，表扬我学得扎实。

第一次与杜老师同台，是剧院参加在香港举办的纪念徽班进京200周年演出时，我们演《白蛇传》。因为要缩减人员，考虑到我既能演出，又能照顾杜老师，所以，安排我给杜老师演小青。闻讯后，我在心中激动之余，也有些许忐忑。排练期间，杜老师不但要完成自己的表演，还要给我说戏，在表演上对我的层次递进要求十分严格。直到演出上场前，她还细心地叮嘱我一切注意事项。这次演出，让我深深体会到杜老师强大的感染力，真是受益匪浅。杜老师是一位提携后人非常无私的艺术家。经过不懈的努力，这次师徒同台时，我已"晋升"为白素贞了。演出的前半部分，杜老师"墩底"（指最后一个——笔者注）演"断桥"一折。令我感动的是，杜老师扮好了戏，就坐在侧幕条边认真观看我的演出，散戏后又给我指出不足之处，加深了我对人物表现尺度的把握。

在学艺的道路上，杜老师要求学生做到德艺双馨。记得在纪念中国戏剧梅花奖创办20周年演出中，组委会安排我演出《白蛇传》。进入排练阶段，正赶上杜老师身体不适。她不顾自己的安危，在病房里给我说戏：先把唱念逐字逐句地通过，接着说身段表演，在原有的基础上深加工。此举在我的内心深处烙下一个印记：燃烧自己，照亮他人。将来，我也要做一名无私的教师，以杜老师的美德与艺术传帮带！

我自从开始教学，才深深体会到杜老师的不容易，真是体力加脑力的考验。受杜老师委托，我参加了由中国京剧艺术基金会举办的京剧专业中青年教师培训活动，与师父通力合作教学，第一期就来了将近30名中青年京剧教师。杜老师每天都满怀欣喜地坐在练功厅，审视我教授的《谢瑶环》《红色娘子军》。老人家聚精会神地注视着每一个学生，时而激动地站起来点评不足，时而意味深长地讲述人物、剧情。我的主要任务则是训练剧目的唱念和身段，从讲解发声开始，每句唱腔都要反复地练习。杜老师对我的演唱技法和教学水平打了高分："你是我所有学生中唱得最好的。"

这让我感到无上的荣光。第二期培训时杜老师由于身体不适，没有来现场指导，她在电话里用沙哑的声音说道：“小陈，我很遗憾，没有参加这次培训，你辛苦了。《谢瑶环》‘公堂’这段唱是小生的范儿，人物表现要有力度，你多带带她们啊。孩子们从全国各地来一次，不容易啊。下次培训，我一定到。”教学过程中，杜老师拖着病体还心系学员，隔三差五就来电话询问进展如何，激发了我们前进的力量。培训结束时，每一位学员都完成了科目训练，并在自己原有的基础上取得了进步。

如果人生需要有标记，杜老师的座右铭是：戏比天大。杜老师就是这样一位既可爱纯朴，又接地气的艺术传承者。能成为她的首徒，并在学习生活中形影不离地跟随恩师研修国粹经典，是我今生最大的荣幸。我要在有生之年，将恩师给予我的所有能量传递给需要的人，将中华传统文化的真善美播撒到每个学子心中！

永远的榜样

赵秀君

杜近芳老师是我国著名的京剧表演艺术家，是继梅兰芳先生之后最杰出的旦角大家，是梅派艺术承前启后的一代巨匠，也是我们中青年一代京剧工作者永远的榜样！

杜老师对前辈无不尊敬，对同辈团结友爱，对后辈爱惜扶植，对我的爱护和教导更是难以言表。在我心中，杜老师就像母亲一样地关怀和疼爱我。我和杜老师结缘，是从我的另一位恩师张君秋先生开始的。那是1996年，张先生和杜老师一起在北京看我演出的《西厢记》。开戏前，张先生把我带到杜老师跟前对她说："秀君是我的小徒弟。近芳，以后你要多帮助她，特别是扮戏、表演、身段，多给她说说，让她得到全面发展。"由于杜老师非常尊重张先生，又感激张先生在杜老师排《红色娘子军》时对她的帮助，所以，杜老师在受张先生托付之后，对我给予了极大的关照。多年来，她对我的唱、念、做、表、化妆、扮戏、包头、服饰等方面都给予全面教导，对我演出的《西厢记》《金山寺》《断桥》《雷峰塔》《楚宫恨》《刘兰芝》等给予了细致入微的加工指导。为了更好地向杜老师学习，经李世

⊙ 杜近芳与赵秀君。

济老师介绍、老领导支持，2002 年，我正式拜杜老师为师，延续了我和杜老师更亲密、更深入的师徒之谊。2013 年，为更好地完成京剧电影《秦香莲》的拍摄工作，杜老师把我叫到北京。在家中，她不顾年事已高、腿脚有疾，从剧本分析、人物讲解、唱念要领、动作尺寸、锣经运用、化妆的注意事项等各个方面，给予全面、系统的指导。小到片子怎么贴，大到戏怎么唱，点点滴滴，无微不至，连续教导了 5 个多小时，有了杜老师的教导，京剧电影《秦香莲》拍摄得十分成功，受到行内外一致好评，这不能不说是杜老师的功劳。

我和杜老师相处十几年来，她就像我的母亲一样对待我。无论事业上还是生活上，她都给我亲人般的照顾。我感谢杜老师、尊敬杜老师、学习杜老师，学习杜老师对事业的执着、对人的善良、对青年人的疼爱、对京剧艺术的无私奉献！愿杜老师永远健康、快乐，也愿杜老师把京剧旦角艺术推向更高峰，培养出更多、更好的优秀人才！

终生难忘的日子

——记为著名京剧表演艺术家杜近芳先生配像有感

唐禾香

正当“中国京剧音配像精粹工程”取得丰硕成果的时候，我接到了为杜近芳老师的《桃花村》《佘赛花》《十三妹》配像的任务。我怀着兴奋和忐忑的心情进入工作程序。

首先是听录音，这份录音是当年杜老师和叶盛兰先生的演出实况，我被他们的声音吸引着、感染着。听着两位艺术家美妙的唱念，我仿佛已经看到当年他们在舞台上的风采，是那样的鲜活、细腻，使我越发感到他们的声音是种魅力。这种魅力更源于他们塑造人物的能力，因为每个人物在声音上都能表现出很大区别，那样深入角色、完美无缺，我被他们的艺术折服了！我反复聆听，从唱腔韵律、念白等不同方面感受角色的个性、特点，体会每一句台词的感情、节奏、气口，直到严丝合缝、

⊙ 杜近芳（左）、叶少兰（右）指导唐禾香，进行京剧“音配像”《桃花村》的配像排练。

烂熟于胸为止。

《桃花村》这出戏，我没学过。“杜老师那么大的艺术家，会一招一式地给我说戏吗？如果只是指点一二，那我可怎么办呢？”这种紧张的情绪使我有些不安，到了排练场，自己的身体都有些发僵了。正在我犯嘀咕的时候，笑容满面的杜老师走了进来。我正准备鞠躬致意，没想到，杜老师却先开了口：“小朋友，你猜我给你带什么来啦？”说着，她从包里掏出一根麻绳比画起来。这样的见面真让我感到意外，更让我揪着的一颗心放了下来。杜老师这一声“小朋友”，立刻让我感到自己就是那个聪明、顽皮的小丫头春兰了。而杜老师手里的麻绳，已经把我拉入了难度最大的一场戏——“绣楼做鞋”，这场戏身段多，念词少，录音里都是伴奏音乐，节骨眼儿非常难找。同时，杜老师还要求我把握人物的内心。“既然是个‘鬼丫头’，心里劲自然很重要，再配合灵巧的动作，人物才能活灵活现、神态合一。”杜老师就这样不厌其烦地，一字一句、一招一式手把手地教我，使我深深地感到，她对晚辈是如此亲切，对待艺术是如此严谨、钻研。我看到了一位表演艺术家的人格魅力。艺术成果来源于千百次的磨炼。纳鞋底这一情节，不知练了多少次。从钉钉子的高度、距离，到搓麻绳的方向，两根麻绳要朝同一个方向搓，并成一根后，要表现出麻绳绞在一起的力量，手绝对不能松懈。纳鞋底的时候，先用锥子用力扎个眼儿，然后把麻绳穿过去，再用锥子绕住紧一下。这一系列的动作，杜老师不但讲得清清楚楚，而且用拿来的麻绳等道具一样一样做示范（其实，舞台上不用真的麻绳。那是为了我能先有个实物，加深理解）。杜老师说：“越是虚拟动作，越要做得准确、逼真。”戏中哪有一句念白、哪有一声小锣，都要配合录音，做到严丝合缝，杜老师的身教，更使我领悟到艺术来源于生活、高于生活的真谛。

《佘赛花》是杜老师的又一代表作。排练时，杜老师特意把资历颇深的李金鸿老师请来共同指导。由于录音的关系，对“行围射猎”一场进行了修改，杜老师还特意增加了宝剑的运用。这样，遇虎、刺虎、放箭等技巧一气呵成，使“行围射猎”这场戏更加合理、丰满。

《十三妹》是王（瑶卿）派的经典剧目之一。杜老师得知我在戏校时，跟谢锐青老师学过此戏，就建议把谢老师请来。我向谢老师转达了杜老师的意思，谢老师爽快地说：“我和近芳都是王（瑶卿）门弟子，什么请不

请的!”就这样，二位老师一位说戏、一位把关，向我传授王派精髓。到《十三妹》的录制工作真正开始后，我已感到松弛、舒展了许多，能够更好地配合录音，把人物性格表现到位，力求通过王派这一艺术风格，把侠女十三妹的人物气质完美地展现。排练时，杜近芳、谢锐青二位老师总是有共同的艺术见解，同时，也让我见识了她们扎实的幼功。配像结束后，杜老师特意陪我到谢老师家登门致谢。杜老师不但教给我精湛的技艺，也教会我做人的道理。杜老师的艺术、艺德，让我看在眼里，铭刻在心中!

京剧“音配像”的排练，还使我有幸得益受教于更多的恩师，比如：德高望重的曹韵清老师是舞台导演，功不可没。著名表演艺术家叶少兰先生亲自为我监督、把关。尤其是《桃花村》一剧，我有幸与叶老师同台合作。在他身上，我看到了一位艺术家对事业的执着与钻研，如此的敬业精神深深触动着我、激励着我……在此，我向杜老师以及其他几位恩师表达深深的谢意!

整个配像过程，让我亲身感受到，杜近芳这位真正的艺术家对艺术的一丝不苟与精益求精。这种精神使我汗颜，更为之震撼，也让我拓宽了视野，使心灵受到洗礼。作为年轻一代如何继承与发扬民族艺术，是值得我们冷静思考的。面对前辈艺术家为我们作出的榜样，我们只有加倍努力，更快地提高自己各方面的水平与修养，塑造出更好更多的艺术形象来回报我们的恩师、回报社会与祖国!为杜老师配像，是我终生难忘的日子……

师父教我演戏做人

——记我的恩师杜近芳

丁晓君

我是于2006年夏天正式拜在杜老师门下的。十几年来，我亲眼、亲身体会师父对京剧表演艺术的那份忘我、执着和一丝不苟。她为艺术献身的奋斗精神，是她给我的最大的精神财富和最宝贵的艺术人生指南。

下面，就把我自己亲身经历的几个记忆犹新的小故事与大家分享。

一、观众才是上帝

师父远离舞台已经很多年了，但与她相处的时间久了，你会发现，作为我国杰出京剧表演艺术家的她，在内心深处对观众有着常人难以想象的挂牵。记得拜师后的第一堂课，我和师父面对面坐着。师父素着脸看着我，半天没说话，看得我心里有点儿发毛。突然，她低声地说："你是要当好角啊？还是成好角啊？"我一时答不上来，也不明白师父是什么意思。她接着说："当年，宗师王瑶卿先生就曾这样问我。今天，我来告诉你答案：'当好角'是自己把自己当好角；'成好角'则是观众对你认可，观众真的承认你，才真的是'成好角'。怎么才能得到观众的认可？

⊙ 杜近芳与丁晓君。

怎么才能得到观众的承认？要时刻想着观众需要什么，要时刻站在观众的位置审视自己，时刻想着我要是坐在台下看戏，我的感觉是什么。时代不一样了，观众和我们以前的观众比也不一样了。戏如果不跟着时代走，就活不久！你要永远记住这句话。”

二、细节决定一切

老子说：天下事必做于细。在师父心中，舞台上的事就是她的“天下事”。她对舞台上每个细节的重视，超乎任何人的想象。我永远忘不了师父教我《霸王别姬》的剑舞时的情景。记得那是 2008 年的春节，外面下着小雪。我踏着飘飘的瑞雪像往常一样，向师父家走着、跳着。师父终于认可了我的学习积累，要教我这段我渴望多年的剑舞了，心情有着说不出的激动。敲开门，师父哼着小调，满面笑容地把我迎进屋内，还一个劲儿地问我冻着了没有。在开始说戏之前，师父突然问我：“你知道舞台上虞姬用的是什么宝剑？”这一问把我问懵了！我一脸的懵懂，很惭愧地摇摇头。师父看着我笑着说：“我们舞台上的双宝剑叫‘鸳鸯剑’，而在太极剑中用的双剑是‘龙凤剑’。”说着，师父拿出了她的练功双剑。我接过来一看，没想到竟然是钢剑，比舞台上的宝剑重了好多。接着，师父讲起梅兰芳师祖创作这段剑舞的故事。她说：“虞姬的剑舞排演之前，梅先生请了一位武术教师，学习太极拳和太极剑；又向王凤卿先生学了《鸿门宴》和《群英会》的舞剑、《卖马》的耍锏。梅先生是把这些加以提炼、变化，同时吸取中国武术的太极剑，汇合编制而成。如果想把舞台上这段剑舞演绎好，光看梅师祖《霸王别姬》的剑舞还不够。有时间，你一定要去观摩、品味、学习这些给了梅先生创作灵感的源头，正所谓‘学源不学流’。并且，练习时要用钢剑，到台上才能游刃有余、收放自如。”接着，师父又说：“你帮着我唱，我把这段剑舞给你走一遍。”说着，她站起身活动了一下膝关节，便从抱剑上场开始，一边走动作，一边讲解。当时，我真的看傻了，甚至忘了帮着唱。我不敢相信，眼前高龄的师父舞动的身姿竟然那样曼妙。她花了整整两个多小时的时间，直到深夜，一口气将这套剑舞传给了我。师父对每一个动作、每一个眼神、每一个脚步、举手投足每一个细节的来龙去脉，京剧程式中“四功五法”的配合，甚至连正确与错误的对比，都讲解得仔细、清楚。第二天，我就去买了一对钢剑，对照师父头一天教学的录像、梅师祖的演出视频，以及《群英会》《鸿门宴》《卖马》、太极剑等等一切可以找得到的影像资料，仔细品味、琢磨，越看越觉得对每一个细节的把握是如此重要，越练越觉得师父对舞台艺术的完美呈现，取决于每一个细节。

三、八十高龄　继续开拓

人活七十古来稀。多少人没到五十岁就告老养年，开拓创新与他们基本上毫不相干了。但是，师父不是这样的，她说：“我就是为京剧而生的，来世就是让我跑龙套，心也甘。”从中看到了师父把京剧视为生命。2013年，杜老师听说我们战友文工团京剧团决定复排《红色娘子军》，甭说有多激动了。她作为当时吴清华的扮演者，虽然有30多年没有登台演这出戏了，可我吃惊地发现，她一点儿也没有忘记，每一招、每一式都记得清清楚楚。也就是说，这戏在她脑海里不停地反反复复整整演了30多年呀！在讨论复排的剧本时，为了使复排的《红色娘子军》具有时代感，满足当今观众的艺术欣赏要求，她创造性地提出了许多非常具有时代感的建议。比如，师父认为，吴清华的第一个出场亮相和第一段唱腔“打不死的吴清华还活在人间”，冲击力不够，要让观众充分感受吴清华身处逆境的反抗精神和斗争精神。这是我第一次和师父一起研究、讨论创作问题。让我印象最深的是师父在设计新添加的导板唱腔“逃、逃、逃”时，倾情投入地反复念诵这三个字，念诵还不够，接着是大声地喊着唱，把我和同去的琴师都吓了一跳，瞬间就被师父进行创作的积极状态所感染。我也跟着师父大声唱起来，并催请琴师记谱。一会儿的工夫，就涌现出来五六种旋律。

战友文工团京剧团为庆祝建军86周年，于2013年8月1日在国家大剧院复排演出的《红色娘子军》，被公认为所有复排的京剧现代戏中最成功的一部，也是最具创新力的一部作品。杜老师功在千秋。

其实，我经历过许多与师父在一起的难忘时光。每一段经历都深刻、感人，由于篇幅有限，在这里，我也只能随便拿出几个故事与您分享。我很想将来有机会，系统地把我和师父的故事好好梳理一下写出来，以飨读者。

我与师父的不解情缘

窦晓璇

一个人在成长的路上，能遇到几位好老师，是一辈子的幸运和福气，将终生受益。记得我在上幼儿园的时候，就懵懵懂懂接触到京剧，不知不觉中，喜欢上了这门神奇的艺术。正是在妈妈的鼓励和支持下，我 10 岁考入天津市艺术学校。从中专、大学到参加工作，经过老师们的口传心授和精心培育，我在艺术上打下了坚实的基础。更幸运的是，我遇到了我的恩师——著名京剧表演艺术家杜近芳先生。

我在少年时期，就听说了杜近芳这位大名鼎鼎的艺术家。我第一次看杜老师的戏，是京剧电影《野猪林》。李少春、袁世海和杜近芳等前辈艺术家的精湛技艺令我折服。作为学旦角的我，更关注杜近芳老师扮演的林娘子。她实在太完美了，我真是由衷地敬佩和喜欢。杜老师成为我心中崇拜的偶像和女神。有人说，我的长相和气质与杜老师比较相像，我便沾沾自喜，心中有过憧憬和期待。我相信缘分……

一切在意料之外，又在情理之中。当我的艺术之路刚刚起步时，命运垂青于我，把我与心中崇拜的杜近芳老师联系在了一起。我刚到北京京剧

⊙ 杜近芳与窦晓璇。

院不久，在北京市原常务副市长张百发爷爷的关心、引荐和操办下，2007年，我拜在了仰慕已久的杜近芳老师门下，仿佛天上掉馅饼，荣幸地成为她的入室弟子。时光穿梭，一晃跟随师父12年了，点点滴滴浮现在眼前……

师父是一个非常要强的人，艺术上十分较真儿和拼命，还特别善于学习、思考。我跟师父学的第一出戏，就是她的代表作《白蛇传》。师父教戏亲力亲为，从唱念做打舞，给我进行全方位的梳理和细抠；尤其对重点场——《白蛇传》中的“断桥”一折费了不少功夫，要求我情感充盈、演唱细腻。记得第一次演《白蛇传》，师父亲自为我把场。她说，比她自己演戏还紧张，两手提着我的彩鞋帮我赶妆，不离我左右。的确，师父在我身边，我很踏实，站在舞台上更有自信。上学期间，我没练过“出手”。为了演好《白蛇传》，我现练，演出时由自己来踢“出手”。我心里暗下决心，要像师父那样，在艺术上严格要求自己。

师父对我的要求非常严格，说戏不仅仅是做示范，她更注重讲人物、讲故事、讲戏理，要求我把剧情和人物研究、琢磨透了，注重演内心，而不是演技巧。她还强调眼神的重要性，要求眼睛里要有戏、有内容、有神气。在吐字发声方面，师父的要求也很高。她要求我必须口齿清楚、嘴上有功夫，坚持练声、喊嗓，唱腔的每个辙口音都要练好、练瓷实。这样唱起来，音色都很漂亮、均匀，唱哪个辙口都没负担。唱念必须让观众听得清楚、看得明白、感觉舒服。她说：“假如我是观众，在台下看戏，半天听不清演员唱的是什么，肯定没兴趣往下看，下次就不来了。我们演戏，首先要让观众看懂、听清楚。唱的、念的有韵味，给人以艺术享受，人家才爱看。多来看，喜欢京剧的人就会越来越多。”

这些年，我跟师父在一起相处才知道，她是如此地酷爱京剧，爱得纯粹，爱得深邃，爱到了骨子里。我觉得，她就是为京剧而生，一辈子为京剧事业奋斗，视京剧为生命。她老人家这辈子，就是一位不折不扣的“戏痴”。师父总说：“我这辈子，戏没唱够，等下辈子还要唱戏。”每次到她家去，我们师徒在一起聊的永远都是戏，经常是一说起戏来，少则连续几个小时，多则八九个小时。刚开始，我不理解，也不太适应。慢慢地，我懂师父了。师父是一个对艺术极端负责和执着的人，一生只为京剧这一件事，京剧是她生活的全部。每次令我纠结的是，既想跟师父多学东西，又心疼师父，怕把她累着。每次聊戏时，面对她那兴致勃勃与滔滔不绝的表达，我真不忍心打断，只好让师父敞开心扉，把她心中的火花和溢彩绽放出来。这是师父一生的心血与结晶，我细细品味，尽力吸纳并消化师父传递给我的艺术精华和养分。我常常受师父感染，随她一起沉浸在那迷人的京剧世界里如痴如醉、不能自拔……

我很喜欢师父的另一部经典作品《谢瑶环》。我潜心向师父学了这出戏，同时向叶少兰老师学习小生的身段表演，向李浩天老师学习武生的表演做派，丰富和提升自己。师父对我演的《谢瑶环》比较满意，我也受到观众的欢迎和专家、同行的赞誉。2008 年第六届全国青年京剧演员电视大赛之际，师父建议我以《柳荫记》中的“思兄·哭坟”参赛，当时教了这两场戏，至今仍印象深刻、记忆犹新。祝英台是个有思想、有追求、有情义的闺门女子。师父说：“要想演好一出戏，必须抓住人物的灵魂深处，不断研究、挖掘。只有先感动自己，才能打动观众，表演才有依托，人物形象才更丰满、更具感染力。”我随后在跟师父学全出《柳荫记》时，用了很大心思。剧中既有旦角戏，又有女扮男装、反串小生表演的戏，从行当上是青衣、小生两门抱，非常锻炼演员。女装时的祝英台温婉秀丽、多情可人；男装时的祝英台却英姿飒爽、潇洒翩翩，是另一番景象。演员通过丰富的表演手段，逐渐走进祝英台的内心世界，最后达到生活在角色里。观众被“梁祝”凄美的爱情故事所打动，为两位主人公的命运而流泪。记得这出戏到台湾演出时，很受观众喜欢，也得到师父和专家的称赞。演《柳荫记》这出戏令我感触很深，每次演完，都沉浸在祝英台的情感世界里难以自拔。这的确是一出很动情、很凄美、有意味的经典之作。

在艺术上，师父的观念比较超前，也很开明。她要求我在学习、继承的基础上，要有自己的思想和见地，通过自身的不断学习、刻苦努力和认真研究，逐步形成自己的代表作。她说：这样，京剧才能前进。而且，师父也非常支持我向其他老师学习、问艺。师父力荐并亲自带我登门向京剧表演艺术家谢锐青老师学演《佘赛花》，取得了很大的收获。师父还特别嘱咐我，一定要学习昆曲。在师父的鼓励下，我向著名昆曲表演艺术家、教育家张洵澎老师学演了昆曲《游园惊梦》，开阔了视野，得到了锻炼，丰富了自己。

师父从不阻止我参加新剧目的创作，并要求我们按照梅兰芳大师“移

步不换形”的原则去尝试创作新戏。2014 年，我们北京京剧院创排新编历史剧《屈原》。我在剧中扮演婵娟，师父在表演上给予了指点。彩排时，李恩杰院长请专家指导、把关，也请来我师父，专门听取她的意见。原以为她对该剧有不同看法，不料，师父力挺《屈原》这出戏，并欣喜地称赞剧组演员，用师父的话说：是一台嫩得跟小水葱似的青春阵容。这是师父对后辈们的希望。同时，她对该剧提出了一些很好的建议。

2016 年，我参加国家艺术基金资助项目梅派艺术人才培训班的学习，借此机会，跟师父学了《玉堂春》。这出戏属于骨子老戏，我以前也演过。这次，师父让我重新归路，完全按照纯王派的路子教我。首先，要求我弄清、吃透苏三这个人物，并在唱腔方面下功夫。在声腔技巧方面，师父要求我既要唱得声情并茂，而且要俏，达到情感与技巧的完美统一。在行当上，以青衣为主，糅进花衫的表演，既端庄稳重，还要透出苏三多情的一面。通过唱，来突出苏三命运的“苦”字，对黑暗恶势力的“恨”字，幼年被卖的“怨”字，遇到崇公道这一善良者的“欣喜”；特别是对心上人王金龙的“爱嗔与期待”，还要注重与崇公道、王金龙及潘必正、刘秉义之间的交流和反应，使剧情层层递进。外形方面，要充分体现苏三神形兼备，称得上名满京城的“玉堂春”。按照师父的指教，我的演出产生了不一样的效果。

生活中，师父活泼开朗，心态超好，总说自己是“80 后”。别人称师父为“国宝”，她却说是“活宝”，竟如此的风趣幽默。师父的说话声音柔美好听，神态古典，很优雅、很京剧，她说现在演旦角的有时候站在台上像个“大萝卜”，真是一个可爱、可亲、可人疼的“老小孩”。师父虽已是 80 多岁的耄耋老人，但身上洋溢着青春少女般的娇媚与纯真，骨子里散发着一位大艺术家的神情、气质，我们一辈子也赶不上。

师徒情缘，今生笃定。师父待我像亲闺女一般，不仅在艺术上倾囊相授、毫无保留，生活上也特别关心我、呵护我。我生病了，师父总是放心不下，牵挂着我，到处托人给我找医生。我去她家学戏，师父亲自给我做饭吃。我不忍心，饭后主动去刷碗，师父也舍不得，她说：“你要唱戏，必须保护好你这双手。”每逢农历八月十五，我都要陪师父吃饭，吃她喜欢的烤鸭什么的。赶上工作忙，我有段时间没去她家里，也没给她打电话，师父着急了，反而打电话问候我。记得在给我说《霸王别姬》的剑舞时，师父的腿不好，脚底下不太利落了。为了说戏方便，她最后干脆把鞋脱了，光着脚一遍遍给我示范剑舞，当时感动得我快要哭了！师父为了我、为了戏，就是这般的痴迷和不顾一切，真是痴得可爱、迷得可敬。

每次我演出前，师父总要再给我下下挂，也就是说，再作一作提示和规整。哪怕是已经学过、演过的戏，也是如此。师父认为，我挺像她的，我的条件和气质符合她的要求，扮相和感觉都适合她的戏路。我明白，这既是师父对我的喜爱，更是寄予我厚望。她也常常聊我的发展，在艺术上为我分析和规划。师父说，我特别适合排一出京剧《红楼梦》，而且是林黛玉的不二人选。

我时常怀着一份深深的感恩之情，感谢我所在剧院领导的重视、栽培，感谢所有教过我的老师们、支持和帮助过我的同人与各界朋友们，更感谢我的恩师杜近芳先生。她老人家不顾年事已高，慈母般手把手、心贴心地教导我、指点我、关心我、爱护我，让我走向更高的艺术境界。我深深懂得，舞台上认认真真演戏、生活中端端正正做人是硬道理。千言万语凝结为前进的动力，学好戏，演好戏，做好人，以报答组织的培养和师父的教诲。

敬业传道歌杜师

付　佳

我出生在河北承德，自幼受家庭熏陶，酷爱戏曲艺术，10 岁考入天津市观璎戏曲专修学校，接受系统的京剧课程学习。那时候的学习生活十分充实，老师要求严格，每天学戏、练功、吊嗓子，为我打下了很好的基础。我在刚刚学戏的时候，就对杜近芳老师的艺术十分仰慕。我身边的老师也大多是杜老师的晚辈，并受过杜老师的教导和提携。那时在学校，每周都有艺术赏析课程。记得有一次，播放的是李少春先生和杜近芳老师主演的京剧电影《野猪林》，那是我第一次看杜老师的戏。我被她细腻动人的表演和经典好听的唱腔深深地吸引住了，可以说，是师父杜近芳让我爱上了京剧艺术。京剧是一门综合艺术，对演员基本功的要求十分严格。在中专坐科的学习过程中是不分流派的，主要以打基础为主，对文戏、武戏，昆曲和戏曲理论知识，都要进行系统的学习，为的是提高个人的基本功和戏曲素养。有了扎实的基本功，才能有空间学习更多的东西。因为我对杜老师艺术的酷爱，到了五年级，我的主课老师高淑芳（杨荣环先生的弟子，曾向杜近芳老师问艺），为我教授了杜近芳老师的代表作——《白蛇传》中的“断桥”一折。我倍加珍惜学习机会，学戏时加倍用心，努力体会人物。课后，高淑芳老师还给我讲了许多杜老师的光辉事迹，并对杜老师的艺术以及品德给予高度评价。这让我对杜老师产生了极大的仰慕之情，那时甚至想，要是杜老师能亲自为我说说戏、指导指导，该有多好呀！

⊙ 杜近芳与付佳。

2008 年，我考入上海戏曲学院，

跟随陆义萍（魏莲芳先生的弟子，推崇并酷爱杜近芳老师的表演手法）老师学习梅派艺术。大学的生活多以实践演出为主，演出机会很多。我当时也是上海戏曲学院青年京昆团的演员，《洛神》《西施》《廉锦枫》《穆桂英挂帅》等等都是我们经常演出的剧目。因我酷爱杜老师的艺术，并结合我个人的特点和情况，陆义萍老师为我授课时，会有意识地加入一些杜老师的表演手法和元素，这让我在艺术上有了很大的进步和飞跃。2010 年，我代表上海戏曲学院，参加首届全国戏曲院校京剧专业学生电视大赛，并取得了良好的成绩。与此同时，国家京剧院向我抛来了橄榄枝。这让我既感到意外，又无比开心，因为国家京剧院这片福地，是我仰慕的梅兰芳院长和杜近芳老师两代艺术家，以及众多前辈大师辛勤耕耘、工作过的地方，那是多么的荣耀呀！

毕业后，在国家京剧院领导、老师的关怀下，我光荣地被分配到国家京剧院三团。进团后，我得到剧团领导和同事们的器重与提携，在努力完成演出任务的同时，也不忘时刻激励自己，发奋学习，珍惜演出机会。与此同时，我还有意识地关注杜近芳老师的一些社会活动，希望有朝一日，可以见一见这位我心目中仰慕已久的大艺术家。我有时做梦都会想，要是杜老师能收我做徒弟，该有多好呀！或许是我的真诚感动了上苍，2014 年 12 月，由国家京剧院院长张凯华牵线，杜近芳老师欣然答应了我拜师的请求。此刻，无以言表我的心情。对于我这个“90 后”来说，能够拜在杜近芳老师门下，可以说是个奢望，因为师父的年纪是我奶奶辈的，我想都不敢想。可没想到，这个愿望成真了，我觉得，这是我家几辈子修来的福气，也是和师父的缘分，更是京剧艺术把我们聚到了一起。

2015 年 1 月 6 日，是我一生中难忘的日子。一大早，国家京剧院的畅和园高朋满座，大家都来见证这个美好的时刻。一杯清茶、一束鲜花，我正式拜在了杜近芳老师门下，感谢领导的关怀，感谢师父不嫌我愚笨，也感谢老师们对我的培养。拜师过后，院领导和杜老师为我制定了演出计划，于 2015 年 5 月 3 日演出京剧《白蛇传》。院里把这出戏首演的日程安排在 5 月份，当时离演出只有短短的几个月时间。对于《白蛇传》这样一出唱念做舞的大戏来说，时间非常紧迫，况且，《白蛇传》这出戏文武并重。杜老师在这出戏的人物塑造上付出大量心血，每一个场次都有极其细致和意想不到的安排。我必须马上开工，把这出戏拿下来。可是，当时离春节已经很近了，我怕打扰师父春节休息。正当我为难的时候，电话响了，是师父打来的。师父对我说，她过年时在家，等着我开工说戏。我怕她累，让她好好过年、多休息，学戏的事情等年后再说。师父说，时间紧迫，学戏要紧，就这么定了。在师父身上，我第一次感受到她对艺术的执着，看到了戏比天大的精神。就这样，我和师父杜近芳老师度过了一个令我一生都难忘的春节。说起学戏的过程，我第一次去还是有些忐忑的，因为师父对艺术的要求特别严格，这是京剧界人所共知的。我又怕自己不能胜任师父教授的技艺。谁知，到了师父家里，彻底打消了我之前的疑虑。师父对教学，很有自己的独到方法和特色。她先让演员充分了解剧情和每个角色的来龙去脉，并讲解当年排演过程中的前因后果，充实演员在理论上的理解和认知，行话叫“把戏吃透”，再加以辅导身段、讲解要领、推敲剧本、加工唱腔。在师父的细心辅导下，短短几天过后，我就对《白蛇传》这出戏有了全新的认识。说完戏，师父还给我亲自做饭吃，总是给我加强营养，把学生就当成自己的孩子，关心体贴。师父给我说戏的时候经常会忘记时间。我有时一大早过去，晚上十一二点才从师父家离去。赶上下雪天师父还嘱咐我雪天路滑，要我多加小心。现在想起来，这是一段多么快乐、难忘的日子！可师父当时毕竟是 84 岁的老人，连续几天给我说戏、做示范，晚上还要修改剧本，她的腿和脚都浮肿了。就是这样，她依旧放不下手里的事情，为我说戏、做示范还是那样亲力亲为。我几次劝她休息，她都始终不肯。有时候说起戏来，他一上午都顾不得喝口水，叫人看着心疼。这样一个淳朴的老人，让我在戏里戏外都无比敬佩。时至今天，师父仍然为她热爱的京剧事业奋斗着。

经过师父的细心教导，加上我个人的努力，《白蛇传》这出戏如约成功展现在观众面前，并获得一致好评。演出当天，师父早早地就来到剧场，为大家鼓气加油。从下午化妆、包头到试音响，师父一直在后台为我把关、指导。演出开始前，领导让师父到台下看戏，师父坚决不下去。她说，在台下看我们演出，比她自己演还紧张。她坚持坐在侧幕边，结果，一坐就是 3 个多钟头为我把场，全神贯注地看完整场演出。我看着师父，心里有说不出来的滋味。我心想，您对我们学生怎么这么好啊！您万一累病了，我该多心疼呀！散戏后，观众久久不肯离去，对《白蛇传》这出戏和杜近芳这位年过八旬的老人报以热烈掌声。演出后的第二天，师父认真地对我

这出戏进行修改、挑毛病。至今《白蛇传》这出戏，我已演出近百场，也有了自己的心得和体会。我参加日本和墨西哥举办的交流演出之前，师父把我叫到家中，告诉我出国演出的重要事项、需要注意的地方，并给我讲解她当年出国演出时的盛况。此次演出被国外观众认可并得到良好评价。18 场演出几乎场场爆满，受到使馆领导亲切接见，观众给以热烈掌声和高度评价。我深深地知道，这和师父的付出是分不开的。师父平日少言寡语，不善于聊大天儿。可一谈起艺术来，她便是如鱼得水，嘴里的话题就多了。在《白蛇传》巡演结束后，师父又教授我《柳荫记》《起解·会审》《谢瑶环》，对我真是用了大量心血。记得 2017 年排《谢瑶环》的时候，我们几乎是全天排练。怕师父的身体吃不消，我就和她商量，只让她盯半天，剩下的让副导演来盯。师父没同意，说："大家这么辛苦，每天都在为这出戏付出。我没有理由回去休息，我一定要在这里陪着大家，和你们奋斗在一起。"一位 80 多岁的老艺术家对待工作如此尽心尽责，我们这些青年演员真的特别感动。晚上，师父回到家也不休息，还要继续修改剧本。师父曾经跟我说，她年轻时，自从上了扫盲班，开始了文化学习生涯。她特别爱看书，只要是戏里不明白的问题，就会查阅很多资料、书籍。如果书上没有，她就请教专家。所以，这么多年来，她养成了爱记录的习惯，并经常对我说："我写了一辈子，把中指都给写变形了。"可见，师父这样一位大艺术家一生都在学习，从来没有停止过，这就是我们要向她老人家学习的。为了研究艺术，她可以废寝忘食，一门儿心思投入到艺术当中。她常常教导我们，学如逆水行舟，不进则退。她总挂在嘴边儿的话就是：活到老，学到老。她对学生诲人不倦，无论是拜她为师的青年演员，还是没拜过的，只要向她请教，她从不保留、有求必应。直到现在，她虽已年过八旬，但说戏、教学仍然是她生活中不可或缺的重要部分。这就是我的师父杜近芳先生—— 一个纯粹的人。可以说，她的一生都在为京剧事业作贡献。

近些年，国家大力扶持文化艺术，文化和旅游部对杜老师艺术的传承、发展高度重视，并给予大力支持。我作为传承人之一，会加倍地努力学习，不但要继承师父杜近芳先生的艺术，还要学习她高尚的品德以及刻苦钻研的精神，以我的师父杜近芳先生为榜样，不断地严格要求自己。在艺术领域，没有捷径可循。只有孜孜不倦、永不停息、刻苦研究、精心推敲的人，才能在攀登艺术高峰的路上取得理想的成绩。

我心目中的师父——杜近芳先生

刘　琪

2015年1月6日，是我生命中最难忘也是最值得纪念的一天。这一天，在国家京剧院领导、团领导的大力支持下，我荣幸地拜在著名京剧表演艺术家杜近芳先生门下，正式成为她的入室弟子。当时，我内心的激动与兴奋是不可言喻的，更多的是不敢相信这是真的。

其实，从学习京剧起，我的心中就有一个“杜近芳情结”。这个情结源于我的老师——北京戏曲艺术职业学院的滕莉老师。杜近芳先生是滕老师的偶像。滕老师曾经跟我说过，她最敬佩、最欣赏的京剧演员就是杜近芳先生。我记得那时候，是跟随滕老师学习师父创演的这版《白蛇传》中的“断桥”一折。在正式学习“断桥”之前，我就已经通过师父“音配像”的光盘把唱腔都学会了。那时就是觉得唱腔特别好听，也愿意去听，所以，不怎么费劲儿就学会了。那是我初次“结识”师父。那时候的我，刚刚上中专二年级，信息非常闭塞，每天都在学校，也不懂得查阅资料，唯一的信息来源就是滕老师。记得有一天，滕老师带我去梅兰芳大剧院看丁晓君师姐的《谢瑶环》。我记得，当时每位观众可以领一张海报，那张海报上是丁晓君师姐“头公堂”和“花园”的剧照，最上面是师父年轻时的一张生活照。我拿着海报问滕老师：“这就是杜近芳先生吗？”她说：“对啊，是位大美女。漂亮吧？”那时，我在心里感慨了无数次，杜近芳先生真漂亮！后来，我上了大学，查阅资料方便了，看了很多师父的戏，便渐渐跟师父“熟悉”了。我记得在读大学的时候，我们有一堂剧目赏析课，是由陈国卿老师上，看的第一出剧目是《野猪林》。我还记得，当时我们全班这些“90后”

⊙ 杜近芳与刘琪。

的同学，看到 20 世纪 50 年代师父的第一个出场时，都不约而同地发出了一个声音：“哇！”因为师父太美了，太惹人怜爱了。这出戏中，林冲英俊潇洒，林娘子楚楚动人，鲁智深仗义可爱，再加上陈国卿老师的讲解，我们不仅了解了当时这出堪称里程碑的经典剧目强大的演员阵容，还了解了剧目的拍摄过程。这出戏从此在我心中扎了根。我很单纯地喜欢这出戏，很多次都是看着这出戏入睡。当然，那时的我绝对不敢想，有一天自己会演这出戏，还是由师父亲授；更不敢想，我可以用“师父”这两个字，称呼杜近芳先生这位美丽的艺术家。因为在我心里，这出戏中的三位主演都是神仙级的人物，真是太遥远了。我想，这样的事是绝对不可能发生在我身上的！没想到，幸运女神眷顾了我，让我这个幸运儿不仅有幸拜在师父杜近芳先生门下，还有机会学演《野猪林》这出扎根于我内心的经典巨作。我拜得良师、高师，从此，把“不敢想”变成了事实。

在拜师之前，我从来没有跟师父接触过，我还记得第一次见师父时的情景。那是拜师前几天，院领导把我和付佳叫到办公室，将我们介绍给师父认识。那是我第一次见到“真佛”，又紧张又激动，根本不敢相信这是真的。看到师父，我鞠了一躬说：“杜老师好。”当时，我感觉自己的声音在发抖。师父慈祥地伸出手与我握手说：“小姑娘你好。”我太兴奋了，手也在发抖。我们坐在师父旁边，听她说了半天的话，90% 的内容跟京剧有关。我仍记得她当时的一个比喻：她比喻自己对京剧的痴迷犹如得了“戏癌”。我当时听到这种说法，感觉师父好幽默，可是后来回味这话，不由得心生敬畏。师父对事业的热爱已经浸透骨髓，才会有此一比，她的执着是我们的榜样。

拜师后，去家里看望师父就逐渐频繁了。师父已年过八旬，她经常幽默地形容自己是“80 后”。虽年过八旬，她依然很独立，自己一个人生活。阿姨每天只来半天，为她做饭和做家务。我每次去家里看她，都希望能为她做点儿什么，她却什么都不让做，什么事情都亲力亲为。有时候，说戏说得太晚了，师父会留我在家吃饭，吃饭时会不停地给我夹菜，我真的觉得自己特幸福。吃完饭，我想帮她刷碗，可她只让我把碗放在池子里，什么也不让做，还说：“千万别动。演员的手最重要，如果伤着了，怎么演戏？我已经不上台了，伤着就伤着了。”当时听到这席话，我真是感慨万千。我何德何能，可以有幸成为杜近芳先生的弟子；又哪来的福气，得到师父如此的关爱。我又不禁感慨，舞台上那么光鲜亮丽的艺术家，私底下却如此朴实、慈祥。

跟师父相处，我最喜欢听师父讲戏。也是跟师父接触后，我才知道，学戏可以这样有意思、有趣味。每次听师父讲戏，都跟听故事一样。每出戏的朝代、历史，包括每个人物的身份、成长经历、内心历程，她都会悉数说到，让我的内心特别饱满、充实。我跟师父学的第一出戏是《玉堂春》。这出戏，大家都很熟悉；剧中的唱腔，但凡喜爱京剧的观众也都能哼上几句。自从跟师父学过这出戏后，我对《玉堂春》有了更深的认识。在学“会审”时，师父经常强调的一句话是：“在台上，不允许不买票免费听戏。”这是因为，“会审”这一折中，苏三是被审的犯人，从头至尾都是跪着听审，在演唱的时候要有戏，同时，在不演唱的时候也应该有戏，不能够表现得跟自己没关系，从始至终都要有人物感。苏三是个死刑犯，也经历过刑讯逼供，所以，在审案期间一定会格外警惕，时刻担心自己会被再次用刑甚至砍头。师父还说：“这是三堂会审，不是开茶馆。”台上的四个人，都是有自己的想法与目的的。苏三是个犯人，时刻提心吊胆，小心应答，生怕自己稍有不慎就被责罚。而王金龙曾是苏三的情人，一心想开脱苏三，又不能被旁边的两位大人察觉，所以故作镇定。蓝袍是个仕途处在上升期的年轻官吏，言行比较犀利、莽撞，执法严厉、苛刻，有时会对苏三采取诱供手段，故意使王金龙难堪。红袍是一个上了年纪的官吏，面临退休，只想平安度日，不想再生事端，心里也深知王金龙是个过路的官，糊弄糊弄就过去了，一切得过且过。台上的这四个人各有各的盘算，但目的还是审案，并不是耍贫嘴、逗乐子。每个演员心里都要有一个角色基调以及本角色的心路历程，这样刻画出的人物才能够立体，演出的戏才会好看。听师父分析完每个角色后，我觉得每个人物都活了，都是有血有肉、真实存在的。在表演时，我也觉得自己找到了着力点，内心始终是满的，不会再有空洞的时候。我觉得，跟师父学戏不是简单地学一出戏，而是跟师父学会了如何去创造、丰富人物，以及设计自己的潜台词，从而使整个人物以及整台戏都生动、灵活起来，而不再是拘泥于一个造型、一个身段。造型和身段是为戏服务、为人物服务的，只要基调对、人物感觉对，做哪个身段是不重要的。

师父是个爱动脑筋而且内心丰富的人，同时，她的艺术也是与时俱进

的。师父跟我们说："戏要跟着时代走，不然就活不久。"所以，她塑造的每个角色不仅是饱满的、有血有肉的，而且是很具有时代感的。对头饰、服装，随着时代的进步，她也会吸取新鲜事物，进行恰当的改动。

我很庆幸能够拜在如此杰出的艺术家门下，有机会感受、学习师父的艺术与精神。我祝愿我的师父能够健康长寿、艺术青春永驻。

我的师父杜近芳

闫文倩

每当提起我的师父杜近芳先生，我内心都感到无比的幸福，因为杜老师是我艺术生涯的良师，是我毕生追求的偶像。

第一次接触到杜老师时，我只有 13 岁。当时，杜老师在京剧电影《野猪林》中饰演林娘子。即使隔着电视屏幕，杜老师的演技也给予我极大的震撼。再到后来的《白蛇传》《谢瑶环》，杜老师每一次表演都能将剧中人物刻画得淋漓尽致。看完这些经典剧目，我就萌发了要拜杜老师的想法。缘分使然，在李门老师的介绍下，我终于如愿拜在了杜近芳老师门下。

杜老师是一个艺术追求极其完美的人，在给我们说戏的过程当中，不仅讲解戏文、纠正腔调，也从团队创作、服装设计以及音乐配合等角度，将自己的理解毫无保留地悉心传授给我们，让我们对戏的理解更加全面和透彻。

⊙ 杜近芳与闫文倩。

杜老师还时常勉励弟子要学习文化。我每次去杜老师家时，都能看到她在学习，她总在感叹自己的时间不够用。杜老师无时无刻都在学习，剧本看了一遍又一遍。几遍下来，剧本上已经密密麻麻，写满了她对剧本每个细节的理解。每天晚上，杜老师都会观看央视戏曲频道，从头认真看到尾。她经常教导我们一定要多看戏，三人行必有我师，只要谦虚、认真地去学，在每一

出戏和每一位演员身上都能够学习到很多东西。

杜老师对学生的传授是毫无保留的。每次到杜老师家，她都会从我一进门就开始说戏，一直到晚上，我经常要赶最后一班公交车回家。她对学生总有说不完的话、聊不完的戏，恨不得马上把自己毕生的技艺都传授给我们。

杜老师对艺术的追求，还体现在每个生活细节上。她曾说过：“我们的手是不由自己而属于舞台的，一定要保护好。”杜老师要求我们平时尽量穿舒服的运动鞋，因为这样可以随时随地练习脚步和圆场。她还经常叮嘱我们：“嗓子是戏曲演员的根本。”戏曲演员不吃辣、不沾凉，是基本要求。面对我们这些学生，她既对每一个细节都极其严格地要求，又总是将自己的经验倾囊相授。

作为一位德艺双馨的人民艺术家，杜老师的艺术成就犹如高山，是我们一生的艺术追求；同时，她对待生活和艺术严谨认真的态度也是我们的一面镜子，让我们时刻警醒，在追求艺术高峰的道路上不再迷茫。

难忘拜师情　终身谢师恩

赵　澜

2018 年 7 月 10 日，我夙愿得偿地拜在杜近芳先生门下，20 多年的梦想终于成了现实。

1981 年出生于天津的我，自幼对京剧有着浓厚的兴趣。一次，父亲带我到中国大戏院看戏，舞台上的仙子给我留下了很深的印象。随着走上专业道路，这位儿时印象中的仙子，便成了我心中的女神。这就是师父——“东方皇后”杜近芳先生。

⊙ 杜近芳与赵澜。

第一次走近师父，我还心怀担忧，可是一见面，所有的紧张、纠结、担忧，都被师父的简朴、礼貌、和蔼、幽默以及对艺术的执着打消了。师父的家非常简单，除了生活必需品，就是一尘不染的干净。要说“奢侈品”，那应该就是为了给学生说戏而留出的一方空间了吧。您对生活这样没有要求，与您对艺术的精益求精、一丝不苟，形成了鲜明而又强烈的反差。

《谢瑶环》应该是师父倾注心血较多的一出戏。我每到师父家，从上午 10 点半到晚上 11 点，几乎是离不开戏的。一出戏，从人物的出身、背景，包括季节、

天气，唱腔、动作的运用和处理，以及头饰、服装的繁简搭配等等，师父都事无巨细地讲解、说明。您在各种跳跃式的聊天中，当说到“南梆子”的唱腔时， 会从《谢瑶环》讲到《双官诰》，再讲到《霸王别姬》，解说同一个板式用在不同剧目中的不同表现。您还会从唱腔设计讲到人物心情，再到吐字归韵。说到具体某处，您会告诉我这句翻高，为什么翻，拐弯为什么拐。在唱腔节奏上，师父善于借鉴、转化。例如，《谢瑶环》头场“金殿”，一大段流水板的收尾，按平时的唱法规律，我们会作“撤尺寸”的处理。而您则借鉴了李少春先生“四击头”的节奏，前面缓行腔，后面加速催上去。这样，每次演唱都会有一个满堂彩的效果。而在服饰改动方面，师父熟读唐史，全面了解了武周时代的制度、发型、服饰后，改京剧“音配像”时传统的古装头正凤，变化为唐代拢发高髻的发型。这样的改动，让舞台画面呈现出一目了然的朝代特色。因为《谢瑶环》是女扮男装，前后有小生、旦角两种扮相，在人物表演上，师父要求腰身的力度、脚步的节奏都要前后统一。小生下来之后的“花园”一场，不能让观众觉得换了一个人。以一个传统青衣或闺门旦的表演方式处理，肯定是不合适的，会有人物形象前后脱节的感觉。因此，师父要求“花园”一场要有力度，腰身要挺拔，脚步要坚定，这样才能与前面小生的形象统一起来。

师父对人物的理解、处理、运用，都是您倾其心血、千锤百炼、不断揣摩而来的。对于戏，您说：戏无技不惊人，戏无情不感人，戏无理不服人。

拜师杜近芳先生是我从艺路上的大事，也是我艺术生命一个新的起点，每一次杜门立雪都犹如南山问道！我每次到师父家，都是心心念念地来，恋恋不舍地走，虽有不舍，但都会带着满满的收获返回青岛。而在回程的路上，我心中自会暗下决心，一定要继承好师父的艺术及其艺术理念，演好每一出戏，不辜负观众的厚爱，不辜负师父的期望！

后　记

早在2013年，我曾为写作叶少兰先生的艺术评传而登门采访过杜近芳老师。2014年9月，由我撰写的《根深叶茂叶少兰》一书出版。随后，我呈送给杜老师指正。当时，恰逢杜老师要寻找新的传记作者。不久，我就接到杜老师的弟子、江苏省京剧院著名艺术家黄孝慈女士的电话，代其师邀我执笔。国家京剧院艺术指导委员会办公室的同事也告诉我，杜老师点名要我执笔。我婉拒了。

2015年年初，国家京剧院负责同志找我谈话，要我负责杜近芳先生传记的执笔工作，我仍然没有应承。

之所以未答应，是因为我对这项工作有畏难情绪：一是杜老师的口述传记于2014年就已经由院外人士整理完成，但在版权、署名等相关问题上出现了分歧，后经法律仲裁，该书稿未能出版。这件事对我有一定的影响。二是虽然我很崇拜杜老师的艺术成就，也留意过杜老师的各种艺术资料，但我确实对杜老师的性格、经历等不太熟悉，况且，年龄、思维方式、认知状态等差别很大，若要进入、运行并维持平稳良好的工作关系，恐怕要投入大量的时间和精力。三是我在剧院的工作相当繁忙，工作压力很大，常常要加班。我感到，很难保证有足够的时间、精力来圆满地完成这项工作。事实证明，果然前后用了4年半时间。

就在院领导第一次找我谈话后，我就拨通了杜老师的电话，感谢杜老师对我的信任，并解释了我胜任不了这一工作的原因。杜老师非常客气，但很委婉也很坚定地邀我执笔，而且不顾我的请求，直呼“张老师”，令我很是不安。言谈中，杜老师有一句恳切的言语使我很感动：“张老师，若您今年忙，我可以等您一年。”面对这样一位艺术大家、耄耋老人的殷殷期盼，我不知怎么回答……在此之后，剧院领导又先后两次找我谈话，向我说明这是剧院的决定。这么一来，我确实也无法推辞这项工作了。

承担这项工作的第一个问题是，这本书用什么方式来呈现？人物传记通常有两种记述方式，自传即第一人称叙述和他人写传即第三人称叙述。自传按叙述方式的不同，又可以分为亲笔自传和口述自传。我倾向于该书用口述采写的方式。在我的阅读经历中，胡适口述、唐德刚记述整理的《胡适口述自传》，梅兰芳口述、许姬传等人记述整理的《梅兰芳舞台生活四十年》，是这类口述自传中给我印象较深的两部，具有较强的史料价值和学术价值。这一方式还可以最大程度地让读者从文字阅读中建立起对传主的直观感受，好似身临其境地听传主叙述，所以可读性较强。另外，根据杜老师对该书版权的要求，口述采写的方式也比较适合。

2015 年 2 月 2 日，我开始了本书的采访，对杜老师进行了第一次采访。我的设想是先进行几次采访，约略地知晓杜老师的人生艺术经历，设想把大体框架定下来，然后就每一时段、每一专题进行集中重点采访。我自认为因之前采访过杜老师的原因，对杜老师的说话风格有一定的感性认识，但实际操作阶段却完全不像设想的那样简单。杜老师是一位很纯粹的艺术家，也是一位饱经世事的高龄老人，具有独特的“杜氏”语言风格：时而正襟危坐、时而俏皮诙谐、时而犀利刁钻、时而童趣四溢，既有老北京人的“嘎嘣脆”，又有梨园人的独特风味，充满了真性情、热衷肠、孩儿气。这一语言风格的优点在于雅俗共赏、引人入胜，落成文字会使读者感到好读好看、欲罢不能。而其难点也正寓于“杜氏”语言风格之中。据我的感受，不能说杜老师不擅理性。从某些角度、某种程度上来说，杜老师的艺术理性是很高超、很前沿的，比如在剖析剧中人、分析表演、阐述京剧艺术规律等方面。但艺术理性彰显的前提，是在她的形象思维、感性意识占主导并统率艺术实践活动的情况下，像撰书这样对逻辑性、系统性要求较强的著作，杜老师还相当陌生。因此，当我想以目录化、主题性的方式，对她的艺术人生经历进行逐个单段的采访时，杜老师答话中更多的是感性的、诗意的、形象性的张扬，展现出的思维是发散跳跃性的，语言是漫话聊天似的，逻辑是点状联想性的，这就给我的采访和原始记录带来了不小的挑战。打一个不恰当的比方，就好比那儿散落着许多珍稀原矿，要想合成为一件精美的艺术品，就得想方设法地主动搜寻，并粗筛分类、加工提炼。何况，这一原矿的量还比较“大”，种类“繁多”，提炼的工艺比较“烦琐”，合成所需的技术水平也较“高”，其难度可想而知。

杜老师对于采访是很积极配合的，对于每一次定好了的主题也非常认可，但百试不爽的是，只要一谈起来，就会自然而然地滑入自身意识流的行进状态。起先，我不适应、很着急，也不愿意打断她的叙述，后来发觉这样不行。杜老师对这种情况也比较着急，主动提出要我提醒她。所以，我慢慢改变了方式，只要杜老师偏题，就马上提醒，不断地校正。慢慢地，我和杜老师都习惯了这种方式，这种独特的默契贯穿了整个采访过程。即便如此，每一次采访都要在四五个小时以上。我记得，时间最长的一次是上午9点半进杜老师家门，深夜11点才出杜老师家门。这样的采访前后用了近3年的时间。

一开始，每次采访的录音都是请有一定专业素养和水平的专人予以录入。由于杜老师漫话似的录音中有许多特殊指谓、京剧术语、戏班俗语，而且声情并茂，需要联系其表情和动作才能明白意思；所以，我拿到录入稿一看，不但听不明白，标红的地方有很多，而且错误更多。我每次都要重新根据录音进行核对，这样一来，等于和自己录入花去的时间与精力差不多了。后来，我不得不请我爱人陆蕾做这项费时费力伤脑筋的工作。由于我的工作一直比较繁忙（其间曾借调文化和旅游部工作半年多），杜老师也有很多教学任务、社会活动等，所以，杜老师主动提出请陆蕾一起加入工作，希望能够保证时间进度。因为陆蕾不但在出版社做过专业编辑，还是京剧的爱好者、研究者，曾系统地给大学生做过京剧的系列讲座，并且粉墨登台过，也多次和我一块儿采访过杜老师，对杜老师的语言风格有所了解。最后，索性就由陆蕾来录入，做第一遍的录音录入整理工作。

文字的成稿工序可说是翻过来调过去地打磨，前前后后至少要经过6遍整理。第一遍：由陆蕾做原始录音的录入，听录音、扒文字，这是一个体力活。第二遍：根据第一遍的原始录音文字，陆蕾进行第二遍艰苦冗繁的“合并同类项”的整理工作，这往往是相当耗费精力与脑细胞的工作。比如，杜老师关于《白蛇传》的谈话，就分散在近20次的采访文字中，不但要把这些内容找出来，还要去同存异、去粗取精，编织新的逻辑顺序而后成文。第三遍：陆蕾整理好一篇，就交给我一篇，我再做第三遍的文字整理，在胸有全书格局的情况下，分篇分段、设置大小标题、核对史实、联系前后文，在不改变杜老师原意原词和语言风格的前提下再做文稿梳理。第四遍：我带着每篇半成品的文稿到杜老师府上，交由杜老师过目。往往等我下次去时，杜老师已经在原稿上用几种颜色的笔增减删改得密密麻麻，眉批脚注、字里行间、夹缝背面都写满了，有时候还要夹页。所以，我每次去时，都是和杜老师"一手交钱，一手交货"：我给她新稿，她还我旧稿，并在旧稿签上姓名与时间，表明是杜老师过目并认可的文稿。第五遍：我将这文稿带回家，先进行辨认，碰到实在不清楚、不明白的地方，下次再当面问杜老师。然后在电脑前一边录入，一边继续核对、校改、删重、挪移、整理、联系前后文，形成第五遍的文字整理稿。第六遍：由陆蕾做最后一遍的文字校对。这样整理成文字的部分，前前后后、断断续续用去了两年多的时间。

在采写这本书的4年半中，我和陆蕾抖擞精神，常常以"任难任之事，要有力无气"来勉励自己。当我们在4年多的成书过程中遇到各种各样困难时，也会有茫然、无助，甚至灰心气馁的时候，但更多的是感到这件事有意义、有价值，我们从中受到教益，颇有收获。收获在于，对人生与事业、生命与艺术有了许多新的领悟和感受；又好似杜近芳先生作为"导师"，我们作为学生，读了一次4年半的"京剧学研究生课程"。杜近芳先生对京剧独到的、深刻的、博学的、专精的剖析与理解，让我们如入宝山、大开眼界。这本书的出版意味着我们"硕士毕业"，紧接下来，我们还会再读"博士课程"。

在这本书的附录部分，收录了我和陆蕾的两篇文章以及我为这本书新约的稿子。新约的稿子主要由杜老师的部分弟子、学生和曾向她问艺的同行撰写，她们从师生关系的角度为我们展现了学生眼中的杜老师。我们还为这本书精心地挑选了200多张照片作为配图，绝大部分是杜老师的个人收藏，很多都是首次对外公开，很有价值。

本书的策划、写作和出版时间久、难度大，过程艰辛，历经波折，所幸得到各级组织、领导和许多朋友的关心、支持与帮助，才使这一史料、艺术价值较高的口述实录顺利出版。老一辈革命家齐心同志为本书热情题词，使我们无比振奋并深受鼓舞。感谢文化和旅游部雒树刚部长、李群副部长对该项工作的关怀、指导。感谢尹晓东、张凯华、宋晨等历届国家京剧院主要负责人、院班子成员和同事们对该书的出版给予的热情关心和鼎力支持。人民出版社作为国家级的大出版社高度重视此项出版工作，李春生、陈鹏鸣二位社领导亲自指导本书编校工作，部门负责人侯俊智统筹把关。感谢责任编辑侯春做了辛勤的编辑工作，组稿编辑、责任编辑刘志宏不辞辛苦，为本书出版做了大量基础性工作。感谢季伟、何晓敏、周姗、张帆、张睿琦等对该书的帮助。还有许多朋友不同程度地予以相助，恕不一一列明，在此一并表示由衷感谢。没有大家的帮助，这本书是无法与广大读者见面的。

张正贵

2018 年 3 月初稿

2018 年 8 月修改

2019 年 10 月终稿